厚德博學
經濟匡時

匡时 信息管理文库

面向数字化转型的企业知识服务体系

郝晓玲　戴志宏　黄海量　韩松乔 ◎ 著

Enterprise Knowledge Services for
Digital Transformation

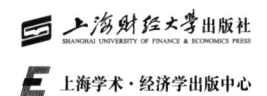

上海财经大学出版社
SHANGHAI UNIVERSITY OF FINANCE & ECONOMICS PRESS
上海学术·经济学出版中心

图书在版编目(CIP)数据

面向数字化转型的企业知识服务体系/郝晓玲等著.
—上海：上海财经大学出版社，2025.7
（匡时·信息管理文库）
ISBN 978-7-5642-4392-0/F·4392

Ⅰ.①面… Ⅱ.①郝… Ⅲ.①企业管理-知识管理-研究 Ⅳ.①F272.4

中国国家版本馆 CIP 数据核字(2024)第 096903 号

国家社会科学基金项目：基于整体性治理视角的公共数据服务平台治理机制及其实现路径研究（编号：20BGL287）

□ 策划编辑　台啸天
□ 责任编辑　台啸天
□ 封面设计　张克瑶

面向数字化转型的企业知识服务体系

郝晓玲　戴志宏　黄海量　韩松乔　著

上海财经大学出版社出版发行
（上海市中山北一路 369 号　邮编 200083）
网　　址：http://www.sufep.com
电子邮箱：webmaster@sufep.com
全国新华书店经销
上海华业装璜印刷厂有限公司印刷装订
2025 年 7 月第 1 版　2025 年 7 月第 1 次印刷

710mm×1000mm　1/16　15.25 印张（插页:2）　219 千字
定价:76.00 元

序

当前人工智能与数字化浪潮席卷全球,企业知识体系的系统构建与高效运营已成为企业数字化转型战略的核心内容。本书围绕这一主题深入研究,提出了面向数字化转型的企业内部知识服务体系的运作机理,系统阐述了其模型方法及应用实践。

本书重点对知识服务的内容构建进行了深入研究,从海量的显性且离散的信息中挖掘企业所需的知识体系,构建完整的知识服务内容。提出了面向核心关注点的企业知识服务模型,利用文本信息抽取技术挖掘结构化知识点,借助知识图谱技术建立知识点间的逻辑关系,形成系统化的企业知识体系。该体系不仅使企业的知识资源得以有效整合,更为企业构建内部学习型组织提供及时、精准的知识服务。

此外,本书还着重探讨了知识服务推荐方法。数字化时代的信息过载问题使企业员工难以从海量信息中筛选出有价值的内容。基于深度学习的多维知识推荐法,根据员工需求和行为数据,实现了个性化、精准的知识推荐,从而提高员工的知识获取效率。本书构建了知识服务评估体系,全面、客观地评估知识服务的价值和效果。该评估体系不仅可以帮助企业掌握员工对知识服务的反馈,还能及时发现并解决知识服务中存在的问题,从而更有力地推进企业学习型组织的建设。

总体而言,《面向数字化转型的企业知识服务体系》是一本理论与实践相结合的书籍,它不仅创新地提出了企业数字化转型中知识服务的关键理论,更体现了它在实践中的有效应用。期待这本书的出版能够助力企业在知识管理领域的探索与实践,通过打造集成化、动态化、智能化的知识体系架构，以及精细化的运营管理，进一步推进知识的有效积累、快速传播和深度应用，为企业的可持续发展注入不竭动力。

中国大连高级经理学院副院长　王大刚
二〇二五年四月

前　言

随着科技的飞速发展,企业数字化转型已成为一种必然趋势。数字化转型不仅能提升企业的运营效率,还能优化企业的服务质量,创新业务模式,增强企业竞争力,满足消费者需求,优化决策支持,优化资源配置,并推动可持续发展。知识服务体系建设是数字化转型的重要组成部分,它可以帮助企业更好地实现数字化转型,提高企业的经营效率和服务质量。知识是企业创新中最基本的生产要素,知识的创新决定企业创新发展的能力和水平,企业知识创新能力的提升源于精准高效的知识服务获取。在互联网+时代,企业数字化转型加快,数字化新技术拓展了知识服务的内涵,并推动知识服务各环节的深度数字化。在此背景下,如何面向数字化转型构建更科学、更高效的企业知识服务体系对于持续提升企业内部创新能力,进一步提升企业的核心竞争优势具有重要的理论意义和现实意义。

本书重点研究面向数字化转型的企业内部知识服务体系的运作机理和模型方法。构建了面向数字化转型的企业内部知识服务体系框架,提出了知识服务体系的概念模型并分析业务模型和逻辑架构。重点围绕企业数字化学习场景下的企业知识服务,从知识服务内容的构建方法、知识服务推荐方法以及知识服务评估方法三方面开展研究,提出基于知识图谱的企业知识服务构建方法,构建基于深度学习的多维度的知识推荐方法,从知识服务的质量视角构建知识服务评估体系。其主要特色有如下几点。

(1)提出了面向核心关注点的企业知识服务模型

在知识服务内容构建方面,如何从大量显性且离散的信息中,挖掘出企业所需的知识体系，从而形成较为完整的知识内部服务内容是一个关键性的研究问题。本书提出了面向核心关注点的企业知识服务模型，利用文本信息抽取技术挖掘结构化知识点，借助知识图谱技术建立知识点间的逻辑关系，形成系统化的企业知识体系。以电信行业为例，它以5G技术为核心关注点，以白皮书、专利、学术文献和图书等多类数据源，采用BILSTM+CRF、BERT+CRF等命名实体识别模型进行实验，自动抽取行业、技术和产品实体，建立实体间的上下位、包含、关联和应用等关系。在此基础上，采用Neo4j图数据库建立5G知识图谱，为企业提供可视化、系统化、可检索的知识服务，从而形成围绕5G技术的企业知识服务体系。实验结果表明，基于知识图谱的内容构建方法能够有效挖掘企业所需的知识服务内容，具有现实指导意义。

(2)构建了企业培训课程推荐模型

在知识服务精准推荐方面，如何面向企业员工的个性化需求提供更为精准的知识服务，既是工作实践中的重要需求，也是关键性的技术问题。本书基于企业数字化学习场景，以课程推荐为例，构建了企业培训课程推荐模型。基于学员用户的历史学习记录，利用词嵌入技术对课程文本的语义进行表示，同时利用LSTM挖掘学员的偏好，并加入Attention机制实现学员兴趣的动态挖掘，使得课程推荐更加智能化与个性化。基于LSTM构建的基础课程推荐模型，根据企业内部课程学习培训的特点进行了以下研究：一是通过课程注意力机制，分析学员的历史学习记录对推荐算法的作用；二是设计企业计划注意力机制，在推荐过程中能够关注到企业计划中的技术关键词，分析企业计划对课程推荐算法的改进作用；三是引入了工作岗位信息反映学员岗位上的差异，分析不同岗位对课程推荐算法的提升作用。通过企业实际数据集的不同对比实验验证了各模型的效果，实验结果表明，企业计划及岗位等信息的引入有助于提升和改进课程推荐效果。

(3)设计了企业内部知识服务评估的概念模型

在知识服务评价体系方面，影响评估效果的因素有很多，既包括知识服务的内容构建，也包括知识服务的推荐，以及知识服务的技术支持和制度设计,哪些因素对知识服务的效果会产生较为显著的影响,对此都需要进一步深入研究。本书融合了企业和员工的双重视角,从企业的视角定位知识服务对人才培养和战略实施的贡献度,从员工的视角设计服务感知质量指标,借鉴已有的理论设计了企业内部知识服务评估的概念模型;基于企业的调研数据,采用多元回归计量等方法进行量化评估,发现影响知识服务效果的关键因素,并针对数据分析的结果提出基于知识服务质量提升的数字化学习能力建议,对企业的知识服务发展具有启示意义。

本书丰富了企业内部知识服务的理论,通过分析企业内部知识服务作用的机理,延展了企业内部知识服务的普适性,并据此提出企业内部知识服务体系的框架:(1)提出了基于知识图谱进行知识服务内容体系构建的方法指引。(2)提出了相对有效的融入课程、岗位、计划等企业多维信息的企业内部知识服务推荐方法。(3)提出了企业内部知识服务评估的科学评估方法,确保知识服务体系的有效性。从而为面向数字化转型的企业知识服务提供了理论支持和实践指引。

本书选题来源于国家社会科学基金项目"基于整体性治理视角的公共数据服务平台治理机制及其实现路径研究"(项目编号:20BGL287)和上海财经大学项目"数据在全球高端要素集聚中的乘数效应与实现机制"(项目号 2023110317)。课题组成员郑大庆、田泽金、王诣铭、刘雪、陈心炜等参与了实验研究、书稿讨论和校核工作,在此表示谢意。此外,李明、宋医师等也参与了合作研究,并提供了宝贵的建议,在此谨向他们表示感谢。

作者还诚挚地感谢文中所涉及的相关研究者在前期所做的有效探索和研究,为本研究提供了重要参考,谨在此表示谢意!

限于作者的水平,书中的疏漏、不成熟及错误之处恳请读者批评指正。

作　者
2025 年 4 月

目 录

第一章　绪论/001
　　第一节　企业数字化转型的背景/001
　　第二节　数字化对知识服务的驱动/005
　　第三节　企业知识服务的问题分析/010
　　第四节　研究的理论意义和应用价值/013
　　第五节　内容与结构安排/015

第二章　企业数字化学习与知识服务/019
　　第一节　数字化学习研究现状/019
　　第二节　企业知识服务研究现状/024
　　第三节　知识服务技术的研究现状/030

第三章　知识服务体系在企业数字化转型中的作用/039
　　第一节　企业数字化转型与知识服务体系/040
　　第二节　知识服务体系对战略制定的赋能/044
　　第三节　知识服务体系对业务创新的赋能/047
　　第四节　知识服务体系对组织变革的推动/048
　　第五节　知识服务体系对人才培养的支持/051

第四章　企业内部知识服务体系框架/055
　　第一节　企业内部知识服务的内涵与特点/055

第二节 企业内部知识服务体系的业务模型/058

第三节 企业知识服务的逻辑架构/063

第五章 知识图谱构建方法/069

第一节 引言/069

第二节 知识图谱相关技术/070

第三节 数据预处理/080

第四节 实体标注与识别模型设计/083

第五节 知识图谱构建/090

本章小结/093

第六章 基于知识图谱的企业内部知识服务内容构建方法/095

第一节 引言/095

第二节 企业知识图谱构建框架/096

第三节 实体识别模型/102

第四节 数据来源及预处理/110

第五节 模型训练与实验结果/115

第六节 基于图数据库的图谱生成/120

第七章 基于深度学习的企业知识服务推荐/132

第一节 引言/132

第二节 知识服务推荐的特点及算法选择/133

第三节 数据来源及样本处理/138

第四节 课程特征的提取及学员的偏好抽取/140

第五节 基于深度学习的课程推荐模型/147

第六节 实验及结果对比/157

本章小结/173

第八章 企业知识服务质量评价/174
第一节 引言/174
第二节 知识服务质量研究的现状/175
第三节 服务管理理论基础和相关概念/177
第四节 企业知识服务质量评价模型及其指标体系的构建/180
第五节 企业知识服务质量评价结果/190

第九章 企业知识服务及数字化学习能力提升策略/201
第一节 引言/201
第二节 企业数字化学习能力的提升空间/201
第三节 提升企业知识服务质量的建议/204
第四节 提升企业数字化学习能力的思路分析/208

第十章 总结与展望/211
第一节 总结/211
第二节 展望/214

附录 知识服务调查问卷/215

参考文献/219

第一章 绪 论

第一节 企业数字化转型的背景

随着科技的飞速发展,企业面临的竞争环境日益激烈,消费者的行为和需求也发生了重大变化。为了在市场中立于不败之地,企业必须紧跟时代步伐,加快数字化转型进程;企业数字化转型对于提升企业运行效率、创新业务模式、优化决策支持、提升客户体验和优化人力资源管理等领域都具有重要意义。数字化转型已经成为企业不可或缺的发展策略,是适应时代变革的必然选择。

一、数字技术发展的必然趋势

信息技术的发展沿革进一步拓展了数字化学习的内涵及应用,当前信息技术更全面、更深层次地作用于企业数字化转型。

20世纪中叶,计算机信息技术启蒙发展,数字化作为辅助教学工具开始出现,并应用于教育领域。此阶段的信息技术主要体现为计算机的基础技术,实现应用在学习教育中的基本的自动化及人机点对点的基础对话,是数字化学习从无到有的最初阶段。

20世纪末,由于网络信息技术的不断发展和应用,推进了数字学习的快速发展。一方面,网络传输技术不断升级发展,使得远程传输速率和质量不断提高,远程网络教育也得以快速发展。网络信息技术的发展所推动的数字化学习,极大地拓展了学习点对点的交叉、点对面的空间覆盖性和普遍性,从其内容形式上具有极大的多元性和丰富性,从资源构成上具有相当大的开放性和共享性,是数字化学习从有到多的第二阶段。

21世纪初起,虚拟现实及增强现实技术、云计算、大数据技术和人工智能等技术在数字化学习领域的应用更加广泛。

第一,在内容展示技术方面,虚拟现实、混合现实及增强现实技术极大提升了数字化学习的场景化。增强了新视技术在数字化的学习领域实践应用,基础互联网的多用户虚拟环境支持用户进行交互操作并互动学习,这种融合式的现实场景化教学系统实现了人工智能与计算机动画的有机结合,通过数字化手段模拟出更具真实体验感的课堂场景,有效地提高了教师的教学水平及课堂管理能力。通过计算机模拟虚拟环境,营造场景化环境,提高沉浸效果。在虚拟现实的基础上,混合现实技术引入了真实场景的信息,很大程度上提升了用户体验的现场感和真实感,有效地融合了虚拟与现实的紧密度。增强现实的技术主要是实现了现实世界和虚拟世界的更紧密融合,在现实世界的基础上更有效地构建虚拟世界,并以屏幕为媒介进行两者之间的有效交互。

第二,在数据存储和计算能力方面,云计算技术的应用更广泛地拓展了数字化学习的资源服务。云计算调整计算容量的大小,使用户在 Web 界面便捷地获取和配置计算容量,从而获取资源。云服务覆盖了云计算、大数据、安全等领域的解决方案,并具有云存储、云上数据集成、数据传输等多种服务。云计算的应用极大拓展了按需供给服务模式,以及便于拓展的工具资源模式,具有访问灵活性,并支持在线协作。

第三,在数据挖掘和个性化推荐方面,主要是将知识图谱技术和大数据挖掘技术重点应用在学习分析和自适应学习上的科学性提升方面。在学习分析的应用中,主要是体现为基于学习管理系统,为每个学员进行标签分类,对不同风险标签的学员进行相应的干预措施。学习效果分析与评定云平台支持点对点教学,提供课堂实时反馈和线上互动问答,并根据回答分析学生的知识难点,据此对学生进行分组指导学习。互联教育在线平台将自适应学习工具整合到学习管理系统中,为有不同学习需求的个体提供针对性、差异化的学习内容。同时,使用大数据学习分析技术,科学构建自适应的学习模型,使得根据学生学习活动产生的信息进行科学的分析方法和全方面的数据解读,进而分析提炼学习的具体规律,通过技术方法来有效预测学习的效果,针对每个学习者来有效提供个性化、动态的学习指导,最终实现高效率、高质量的学习。

第四,在人工智能技术和深度学习方面,人工智能技术推进了数字化学习更深层次、更智慧化发展。人工智能对学习的影响作用更大,主要体现为影响学习结果的质量,影响受教育的机会,同时影响对教师的教学技术方法的支持,它将依靠云计算和大数据的技术,有效提高计算的效率和经济效益,协助更优化的模型,促进了深度学习有效应用于机器的视觉和语音领域的识别应用。

信息技术加快了企业的数字化转型。云计算、大数据、人工智能和物联网等新兴技术的出现,为企业提供了更多的数字化工具和平台。这些技术能够帮助企业更好地收集和分析数据,改进业务流程,提高效率和质量,从而更好地满足消费者的需求。

二、企业创新发展的迫切需求

科技创新作为国家的战略性支撑,有力地推动并促进社会生产力和综合国力的提高,在国家发展中处于全局的核心位置,创新驱动发展上升为国家的发展战略。近年来,我国进一步加强对创新的重视程度,凸显创新在经济社会发展中的重要作用,通过创新推进经济体系的现代化发展。因此,创新在引领经济社会发展中已成为第一驱动力。对于企业而言,当前科技革命和产业改革日趋迅速发展,创新成为企业实现健康可持续发展、提升市场竞争力的最具根本性和决定性的力量。企业基于要素向创新的驱动转变,以期实现高科技、高质量、高效率和高效益的发展,进而不断增强自身经营发展能力,建立核心竞争力,扩大竞争优势,实现更高质量的发展。数字化转型已经成为企业科技创新、适应数字经济环境下生存发展和市场变化的必然选择。

在推进企业的创新中,知识是最基本的生产要素,知识的创新决定企业创新发展的能力和水平。而在企业的创新驱动中,员工作为主体是创新发展的根源驱动力。只有让员工更积极主动地研究新趋势、探索新方向、掌握新技术、实施新方法,才能使企业在新科技日益发展的时代,始终准确把握新技术的趋势,不断调整自身,以适应市场趋势的新变化,更好地满足客户的动态新需求,加大力度提高技术创新水平,提升产品创新能力,优化经营管理,打造差异化的核心竞争力,实现可持续发展。

企业员工知识创新能力的提升源于精准高效的知识服务的获取。随着信息时代的快速发展,信息技术的不断推陈出新,也推动着知识服务的兴起发展。在大数据时代下,各类信息和数据纷繁复杂,知识服务呈现碎片化传播。一方面,从员工的角度,面对信息的数量庞大、冗繁量多、真伪难辨、种类杂乱以及信息不断更新发展等情况,在知识的获取和选择上难以做到精准有效,不但时间和经济成本高、效率低下,而且获取的准确性差,效果往往适得其反。另一方面,从企业的角度,需要以企业的战略方向为统领,以行业发展趋势的视角为指引,以工作部署及岗位职责为导向,构建企业内部知识服务体系,建立更系统的知识服务内容,开展更精准的知识服务匹配,实现更有效的知识服务效果,打造真正有效的学习型组织,最终通过提高企业自身的创新能力,实现企业市场竞争力的有效提升。

数字化转型能够推动企业的创新业务模式,增强核心竞争力,应对市场变化。通过大数据分析、人工智能等技术手段,企业可以深入挖掘客户的需求,实现精准营销、定制化生产,进一步拓宽市场。此外,数字化转型还能够促进企业与产业链上下游合作伙伴的信息交互,发现新的合作机会,实现业务模式的创新。

三、消费者行为模式的变化

数字化时代消费者的行为和需求也发生了变化,他们更加依赖数字化渠道进行购物和沟通,这使得企业必须适应数字化时代的要求,进行数字化转型,以便更好地与消费者进行互动和交易。

数字化转型能够显著提高企业效率,降低成本,提升产能。通过对生产、管理、销售等各个环节的数字化改造,企业能够实现生产自动化、信息共享化和管理智能化,从而减少人力物力的投入,提高工作效率。例如,企业可以通过引入物联网技术,实时监控设备运行状况,预防性维护和维修设备,降低设备故障率,提高生产效率。

数字化转型能够为企业提供更优质的决策支持,提高决策效率和准确性。通过收集和分析大量数据,企业可以迅速掌握市场动态,判断消费者的需求趋势,从而做出科学决策。此外,数字化转型还能帮助企业建立数据驱动的风险评估和管理机制,以便及时发现和规避潜在风险。

数字化转型能够显著提升客户的体验,增强客户的黏性和满意度,提高品牌价值。通过优化网站、移动应用等数字渠道,企业能够提供更加便捷、个性化的客户服务,以满足客户需求。同时,数字化转型还能让企业更好地了解客户的反馈信息,及时调整产品和服务策略,提高客户的满意度。例如,企业可以通过大数据分析客户的行为和喜好,从而开发更符合客户需求的产品和服务,提高客户的满意度和忠诚度。

第二节　数字化对知识服务的驱动

一、数字化学习的普及化

围绕数字化转型的要求,企业需要在采购、生产、库存客户管理等多个方面进行全方位转型。相对于生产经营领域的数字化转型而言,人才发展领域的数字化转型具备更强的全局性。在数字化转型过程中,数字化学习应聚焦对内创造价值,从知识管理、平台运营、生态共创等方面助力学习型企业的建设。

近几年,基于移动互联网的教学组织形式、知识传授方式,为传统面授教育提供了新的教学体验,数字化教学的应用突破了面授场地和集中学习的时间和空间限制,推动了学习的规模化发展,为教学培训方式的结构性变革提供了实践基础。综合数字化学习优势,即线上教线上辅导、线下教线上自组织学习、翻转课堂等新模式,将助力构建更加灵活方式、更加丰富资源、更加便捷学习的全民终身学习体系。时代的发展呼唤并推动数字化学习的快速发展,对提升数字化学习能力有着重要的现实意义。

数字化学习为全面学习、广泛覆盖、精准施策提供了重要支撑保障。围绕组织战略变化,企业各级各类对象的学习需求既存在内容一致的普遍性,也具有各级各类岗位不同的特殊性,结合企业数字化的发展场景,需要实施面向"对象"+"场景"+"形式"+"规模"的个性化学习资源组合,通过数字化学习组织形式,以云学习立体化支持体系助力企业数转。在学习型企业的构建中,从组织学习、个人学习到工作支持培训效能的全过程嵌入,通过提升学员数字化学习感知及学习效率,有力推动数字化时代学习的改革创新。因此,从企业战略转型和高质量发展的要求角度,研究数字化学习能力提升具有紧迫性和重要意义。

随着新一代信息技术的快速发展,云计算、大数据和人工智能等技术日新月异,企业的知识服务发生了深刻的变化,学术界普遍关注进一步提升服务模式,以更有效地实现个性化与数字化的融合,同时更加聚焦于企业的知识服务,特别是对企业知识服务模式的创新型探索研究,最终促进企业竞争优势的提升。为此,业界高度关注通过创新知识服务模式增强企业的行业竞争能力。

新兴信息技术对数字化学习的影响深刻、而全面,贯穿学习教育的全过程,并对最终的学习效果产生决定性影响。体现为通过基于虚拟与现实技术,构建更具场景化体验感的学习环境,加强沉浸式的生动性和互动性;通过基于大数据及知识图谱技术,构建更科学、更完整的学习资源内容；通过基于云计算和数据挖掘技术，使得面向学习个体的科学分析与评估更有针对性，提高了学习的个性化和精准化。数字学习在此阶段的特征变现为从量多到优质，即由多转优。基于人工智能的技术手段，提升了个性化学习的有效性，提高了学习质量，并有效地融合了线上和线下的一体化，实现教学效率的提升，同时将培训体系的主观经验判断模式优化提升为定量精细化的模式，实现了有效节省的企业培训成本，提升组织效率。

二、知识服务管理的驱动力

从企业内部知识服务体系的角度来看，数字化学习对知识服务管理的驱动作用主要表现在以下三个方面。

一是知识服务依托于网络技术和信息技术，进一步提升了知识服务资源的数字化发展，加快实现了知识内容存储的高密度化和高效率加工，实现更广泛的传送广播。因此，新技术的智能化体现在知识服务内容的挖掘方法上，具体表现为采用知识图谱等新技术在大量显性且离散的信息中，挖掘出当中隐性且聚合的内容，由此得到更加完整有效的知识服务内容。

二是员工对企业知识服务的个性化需求在客观上要求知识服务的推荐要更具有精准性。互联网信息的快速发展一方面为人们获取信息提供便利，但另一方面人们获取精准信息的难度也越来越大。因此，需借助深度学习的方法来实现知识服务的精准推荐。

三是企业知识服务的效果评估是知识服务系统中的重中之重。影响评估效果的因素有很多，包括知识服务的技术应用、知识服务的内容推荐、知识服务的技术支持和知识服务的管理都会影响知识服务的效果。由此，需要用多元回归计量等方法进行科学的评估，找到影响知识服务效果的关键因素，并有针对性地加以优化改进。

三、知识服务体系的发展趋势

随着知识经济的快速发展,知识服务体系变得越来越重要。本章将探讨知识服务体系的发展趋势,主要包含数字化转型、专业化分工、全球化拓展、跨界融合创新、人工智能技术应用、个性化定制服务、多元化渠道建设和数据驱动决策等方面。

(1)数字化转型。数字化转型是指将传统业务转化为数字化业务,从而提高效率和质量。在知识服务体系中,数字化转型可以促进知识的共享、传播和利用。通过数字化手段,可以将知识资源进行归类、整理和存储,同时也可以提高知识服务的精度和效率。

(2)专业化分工。专业化分工是指在知识服务体系中,将不同的知识领域进行细分,从而形成专业化分工的团队或机构。通过专业化分工,可以更好地满足不同领域、不同客户的需求,提高知识服务的专业性和针对性。同时,专业化分工还可以促进不同团队之间的协作和交流,提高整个知识服务体系的效果和效率。

(3)全球化拓展。随着全球化的加速,知识服务体系也需要进行全球化拓展。全球化拓展可以促进国际知识交流和共享,提高知识服务的广度和深度。同时,全球化拓展也可以帮助企业或机构更好地了解国际市场,开拓国际业务,从而获得更大的发展空间和商机。然而,全球化拓展也面临着语言、文化、法律等方面的挑战,需要采取适当的策略和措施进行应对。

(4)跨界融合创新。跨界融合创新是指在知识服务体系中,将不同领域的知识进行融合和创新,从而形成新的知识和服务。通过跨界融合创新,可以打破传统知识服务的局限,拓展知识服务的范围和领域,提高知识服务的价值和效益。同时,跨界融合创新也可以促进知识服务体系的升级和转型,推动知识经济的发展。

(5)人工智能技术应用。人工智能技术应用是指在知识服务体系中,利用人工智能技术提高知识服务的效率和精度。例如,可以利用自然语言处理技术实现智能文本分类和摘要生成,利用机器学习技术实现知识推荐和预测,利用语音识别技术实现智能语音搜索和问答等。人工智能技术的应用不仅可以提高知识服务的效率和质量,还可以拓展知识服务的渠道和范围,推动知识服务体系的升级和转型。

(6)个性化定制服务。个性化定制服务是指根据不同客户的需求和特点,提供个性化的知识服务。例如,可以根据客户的兴趣爱好、职业领域、语言习惯等因素,提供定制化的文献检索、数据分析、竞争情报等服务。个性化定制服务可以满足客户的特殊需求,提高客户的满意度和忠诚度,同时也可以促进知识服务体系的多样化和差异化发展。

(7)多元化渠道建设。多元化渠道建设是指通过多种渠道提供知识服务,包括线上渠道和线下渠道、正式渠道和非正式渠道等。例如,可以通过官方网站、移动应用、社交媒体、线下活动等多种方式提供知识服务,以满足不同客户的需求和习惯。多元化渠道建设可以拓展知识服务的覆盖面,提高知识服务的可达性和效率,同时也可以提高客户对知识服务的认可度和满意度。

(8)数据驱动决策。数据驱动决策是指在知识服务体系中,利用数据分析和挖掘技术,实现基于数据的决策和管理。例如,可以通过对用户行为数据的分析,了解用户的需求和偏好,从而优化知识服务的内容和方式。数据驱动决策可以提高知识服务的针对性和有效性,同时也可以帮助企业或机构更好地了解市场需求和趋势,从而做出更为科学合理的决策。

总之,数字化转型、专业化分工、全球化拓展、跨界融合创新、人工智能技术应用、个性化定制服务、多元化渠道建设和数据驱动决策等方面将是未来知识服务体系发展的重要趋势。对于企业、机构和个人而言,需要敏锐地捕捉这些趋势,积极适应和把握机遇,不断推动知识服务体系的升级和创新发展。

第三节　企业知识服务的问题分析

从企业知识服务的实践看,国内外众多知名企业已认识到知识服务在培养和提升企业竞争力上的重要性,但从面向最新信息技术的数字化角度来看,其内部知识服务的科学性及有效性尚不足。本书结合通信行业 D 企业的实际案例,调研分析企业内部知识服务的重点问题。

一、企业知识服务现状分析

目前,华为、百度、中粮、中国移动等国内企业积极打造内部学习型组织,通过开设企业大学来更有效地提升专业化、系统化的知识服务。虽然国内知名企业建立了以企业大学为载体的内部知识服务实施主体,但企业内部知识服务的体系化构建尚不够成熟,面向数字化转型的应用缺乏科学性,企业大学在内部知识服务的作用发挥有效性不足。本书选取了具有一定代表性的企业 D 为案例研究对象,对企业的知识服务管理进行调研,挖掘出一些值得关注的现实问题。

以 D 企业数字化知识服务的现状为例,D 企业数字化知识服务依托网上大学平台载体,建立了覆盖整个集团体系的唯一内部数字化学习平台,于 2004 年正式投入使用,历经标准化学习、社会化学习、移动化学习和数字化学习四个阶段的实践与发展,目前已成为国内最大的、较为成熟的在线学习平台之一,成为超过 40 万名员工学习的数字化平台、业务部门关注的绩效辅助平台、企业知识服务平台和人才发展承载平台。其知识服务内容已形成规模,目前平台上的内容分类超过 157 个基准岗位,总计 2 万多门课程,其中 80% 以上为自主开发课程,2020 年 1 月至 10 月自然学习时长超过 1 300 万小时。课程内容形式包括视频、图形、H5 和基于游戏的互动媒体等,且与移动端实现 100% 数据同源以及播放兼容。同时,每年支持 4 万多个面授培训班的开展,以及每年 60 多万人次的线上培训班开展,官方服务微信一年时间内关注的人数超过 40 万,累计采集 5 万余名内外部讲师的授课记录,每年与核心业务条线联合组织、策划大规模学习活动近 20 个,覆盖企业内部八大岗位族群,各族群均常态化组织专业学习及活动。

对于 D 企业大学,从数字化平台的知识服务内容构建方式来看,一方面主要是基于集团总部、省、市三级资源建设体系的"组织结构"需求导向构建,着力满足各级单位的自主运营与推广需求;一方面主要基于全国体系的"基准岗位"任职要求导向构建;相对缺乏从集团顶层规划导向及系统性"知识分类"科学导向构建。从企业培训计划的知识服务内容构建方式上看,目前主要采用的是年度需求计划调研方式,培训需求部门主要根据企业的战略指引和年度工作计划分解,拟定内容构建,编排具体培训计划。由此可见,知识服务内容构建来源相对单一,缺乏行业动态、技术前沿等全面视角,系统性和前瞻性不足;所采用的方式以主观定性为主,缺乏可量化的技术方法分析,科学性有待进一步提升。

在 D 企业知识服务的精准推荐及匹配中,目前多基于"基准岗位"导向,"千人一面"占企业内部知识服务的比重较大。随着互联网+学习的模式逐步深化,D 企业的数字化学习平台逐步尝试以智慧运营理念围绕重点人群,开展精准培训。基于开放平台业务数据的输入,在精准培训的方法论与实践上探索初步形成 CPCP(Customer 人员画像+ Product 内容供给+Channel 渠道推送+Promote 绩效提升)精准培训模式。通过对绩效表现、岗位要求等基本属性的分析,了解学员的特征,并对学员进行画像,有针对性地进行知识内容匹配。但精准匹配多基于岗位族群信息,且数量有限。目前数字化平台在 CPCP 方法论实践方面仅涉及装维、政企、营业厅店长以及客户维系经理等少部分族群,从整个 D 企业全岗位族群来看占比极低。此外,所采用的员工信息多以基础静态属性信息为主,员工动态信息特别是数字化学习过程的动态信息采用很少,缺乏全息化;在推荐算法上,知识服务内容推荐的模型算法需进一步提高科学性,为实现千人千面的个性化、多元化知识服务推荐提供准确支撑。

从 D 企业的内部知识服务的评估现状来看,目前仅限于从员工角度的学习评估,且多集中于调查问卷方法下的学习反应层的评估,缺乏基于学习者实际学习数据及知识和技能提升的客观定量化评估。同时,缺乏从企业角度的内部知识服务进行全面系统的评估,需要提高影响因素细化和评估模型的科学性,聚焦内容构建和推荐中的关键要素,通过采用科学的回归计量模型实现对知识服务效果的有效评估。

二、研究问题提出

基于以上对 D 企业内部知识服务和数字化学习的研究背景分析,挖掘出值得关注的三个现实问题,以上三个问题在企业内部知识服务的体系化及作用机理尚有待研究,每个问题缺少科学的定义及方法验证,且未进行实证论证和应用。目前学术界鲜有从企业内部的视角来研究知识服务,本书围绕面向数字化转型的企业内部知识服务方法进行组织研究,以期对企业构建内部知识服务提供方法指导,重点聚焦以下三个问题开展研究。

1. 如何科学构建企业内部知识服务内容

企业构建内部知识服务内容是企业知识服务的基础和前提,其构建的科学性决定着企业知识服务的质量。当前学者们对企业知识服务的采集和组织方式主要是通过传统文献或网络获取资源,其研究多侧重于定性方法的研究,多以理论和模式研究为主,缺乏方法及应用研究,尤其缺乏面向"大数据"的最新数字化技术方法实证研究(徐孝婷,程刚 2016)。在企业的实践中,知识服务的内容构建往往以主观定性方法为主,缺乏客观的科学方法。同时,大多基于自身企业当前发展的单一视角构建,缺乏系统性和前瞻性。对此,本书研究以知识图谱的方法,从行业发展、技术演进、发明创造和学科趋势等方面,科学客观地构建知识服务内容体系。

2. 企业内部知识服务内容如何实现更精准的推荐

企业内部知识服务内容的精准推荐在很大程度上决定了知识服务的实际质量和效果。目前学者们所提出的方法主要为引文链式和知识元链接,以及对信息的智能处理和语义Web的处理技术,这些方式虽实现了对个体知识共享的目标,但缺乏对个性化需求的满足(马国振,侯继仓2012)。目前在企业实践中,知识服务内容的推荐大多以员工的岗位属性、任职时间等简单维度进行分类推送,难以动态化、个性化实现员工知识服务精准推荐。本书研究以深度学习的方法,把员工的基础静态属性信息与员工动态学习信息相结合,形成科学的推荐算法,为实现千人千面的个性化、多元化知识服务推荐提供科学的方法。

3. 如何更加精确地对企业内部知识服务进行量化评估

企业内部知识服务的评估是对知识服务内容构建和精准推荐的结果性进行效果评估。目前学者们对知识服务的评估主要是关注知识服务的能力,具体包括四项能力,即获取、吸收、创新和应用能力,并设置指标体系,给出评估结果(王曰芬等,2019)。评估缺乏相关的机理研究,难于真正找到是哪些指标因素影响服务效果。企业实践中,对知识服务的评估往往对知识服务的自身过程来具体展开满意度的评价,其评估的完整性和系统性有待提升。本书的研究基于企业实际调研数据,以多元回归计量方法和问卷调研方法相结合的方式,分析知识服务的影响因素,评估知识服务效果,持续优化知识服务体系。

第四节 研究的理论意义和应用价值

一、研究的理论意义

当前,国内外学者对企业内部的知识服务研究较少,本书从企业内部知识服务的视角,提出了面向数字化转型的企业内部知识服务体系。通过研究在理论上实现内容。

(1)拓展了知识服务的研究视角。构建了相对完整的企业内部知识服务体系框架,形成知识服务内容构建、知识服务推荐及知识服务评估的系统性和流程性构建,分析了各部分内容的相互作用机理,建立了企业知识服务的逻辑架构,为企业内部知识服务提供了新的理论依据。

(2)丰富了企业知识图谱的理论体系。目前对知识图谱的研究主要是基于语义网和自然语言处理技术,针对企业知识图谱的具体研究尚缺乏从框架构建到技术体系的全面研究。因此,本书从知识图谱的构建流程和应用方法等方面,系统全面地构建了企业知识图谱的主要流程,丰富了知识图谱构建的理论体系及其在企业内部知识服务中的应用场景,拓展了知识图谱的研究视角。

(3)丰富了数字化学习及知识服务评估的理论体系。基于数字化技术的特性及应用,建立知识服务的内容分析构建、知识服务的推荐、知识服务评估的方法体系。为知识服务质量的相关理论提供了新的现实依据,同时丰富了投入学习理论,拓展了数字化学习的内涵及外延。

二、研究的应用价值

本书提出的知识服务体系框架具有一定的普适性。本书重点以D企业为例分析了企业构建知识图谱的真实需求,并将知识图谱的构建流程与企业知识服务过程对接,并利用实际数据对理论与方法进行了实证检验,具有较高的实际应用价值。

(1)企业知识服务内容体系。具体分析了知识图谱如何应用到企业知识服务过程中,围绕企业核心关注点,基于行业发展、技术演进、发明热点和学科趋势等内容构建知识服务图谱,用图数据库实现了知识图谱的绘制与可视化展示,为企业建立内容资源提供科学指引。

(2)企业知识服务推荐与匹配。提出了面向企业知识服务的推荐方法,根据不同员工的不同需求有效匹配知识服务资源,实现千人千面的针对性和精准化学习,以有效提高企业学习质量和效果。同时也为知识图谱如何应用于企业知识服务,提高知识资源的利用价值,从而为提升知识服务的质量提供了可行方案。

(3)评估知识服务效果。构建企业内部知识服务的评价体系,并从企业与员工双重视角进行效果评估,形成有效的反馈闭环,实现知识服务的有效提升,最终实现企业学习型组织的能力提升,从而更具有实践性。

第五节　内容与结构安排

一、主要内容

本书主要研究内容如下。

第一章为绪论,从创新发展需要、技术发展需要和数字化学习驱动构建企业内部知识服务体系的角度论述了本书研究的背景和意义,结合企业知识服务的现状与问题提出本书所研究的问题,介绍了本研究的理论意义和实践应用价值,以及本书的创新点、所采用的研究方法和技术路线。

第二章为数字化学习和企业知识服务的文献综述,从数字化学习内涵、数字化学习内容与平台、数字化学习效果等方面对数字化学习研究的现状进行研究综述,从企业知识服务内涵、知识服务模式与平台、知识服务评估及知识服务技术等方面,对当前学术界的研究进行了全面系统的回顾,梳理出当前研究的不足。

第三章分析了对数字化转型的定义和内涵进行界定,对知识服务体系在企业数字化转型的战略路径、技术创新、组织变革与人才培养等方面的赋能作用进行了分析。

第四章提出企业内部知识服务体系框架,对企业内部知识服务进行了定义,分析企业内部知识服务体系的构成和构成要素的作用机理,并总结企业内部知识服务的特点;提出企业内部知识服务体系的概念模型,并从资源层、方法层、过程层构建了服务体系的业务模型,分析了知识服务的逻辑架构。

第五章为知识图谱的基本构建方法,介绍了知识图谱相关的技术,包括命名实体识别及条件随机场、长短期记忆网络等,并通过实际数据的采集和预处理、实体标注、模型设计与知识图谱形成等内容展示了知识图谱的构建过程。

第六章将知识图谱应用于企业内部知识服务体系的构建,提出面向企业知识服务的知识图谱构建框架,知识服务体系内容的来源,对学术文献和专利文本、图书文本的获取及预处理。然后针对5G技术实体识别进行了模型分析、包括CRF实体识别模型、BiLSTM+CRF实体识别模型和BERT+CRF网络结构,构建关系抽取和模式,并进行模型训练和实验结果分析,最终基于图数据库生成知识图谱,通过知识图谱洞察企业关系链条、学习路径以及产业关联等信息,为知识服务体系的构建提供依据。

第七章为基于深度学习的企业知识服务推荐方法。(1)分析了知识推荐的特点及算法选择。(2)分析了具体的样本数据来源和学习行为数据,并进行预处理。(3)通过Word2vec模型、CNN模型和LSTM模型进行深度学习模型特征提取及学员的偏好抽取。(4)进行推荐概率预测,包括建立预测模型结构,形成融入课程Attention推荐机制、培训计划Attention机制及工作岗位信息的推荐机制,并确定模型目标函数。(5)通过直连法+LSTM模型、CNN+LSTM模型、LSTM+工作岗位语义模型和多重注意力模型进行基于深度学习的课程推荐模型比对,并结合比对结果进行实验结果分析。本章总体上以深度学习和知识图谱的技术手段,探索适合于数字化学习场景下的企业内部知识服务的推荐算法,并通过企业实际数据来验证算法的有效性。

第八章为企业内部知识服务质量评估方法,对企业知识服务的质量进行评估,构建服务质量的评价模型及指标体系,分析对企业知识服务的影响因素,基于数据进行分析与讨论。

第九章从企业数字化学习能力的提升空间、企业知识服务质量的提升建议以及提升企业数字化学习能力的视角进行综合分析,提出相应知识服务管理的策略,用于指导企业实践。

第十章回顾了本研究的主要贡献,并展望了未来的研究方向。

二、研究方法与技术路线

本书沿着"分析研究趋势—聚焦研究问题—分析研究问题—解决研究问题"的思路具体展开,当前企业为提高自身竞争力,亟待通过建立内部知识服务系统,打造企业学习型组织,以提升员工有效知识的获取,实现创新能力提升,促进企业健康可持续发展。

在对国内外数字化学习及企业知识服务进行系统综述回顾后,发现当前企业知识服务的定义还没有统一,企业知识服务的研究方法多以定性为主,且结合实践案例的研究有限(徐孝婷、程刚,2016),特别是企业面向内部员工的视角所构建的知识服务体系方面鲜有研究。同时,随着新一代信息技术的出现,数字化学习本身的内涵发生了深刻的变化,大数据、人工智能等新技术方法在企业内部知识服务中的方法运用研究还缺乏定量的实证研究。

本书的写作顺序如下。(1)结合知识服务理论以及数字化学习的相关理论对企业的现实问题展开分析,找到研究中需要解决的问题,界定并明确企业内部知识服务的内涵及主要构成,形成知识服务内容构建、知识服务推荐及知识服务评估的系统性和流程性构建,分析了各部分内容的相互作用机理。(2)对企业内部知识服务内容构建进行研究,通过知识图谱技术方法,从电信行业技术发展的角度,构建知识服务内容的知识图谱。(3)对基于深度学习的企业内部知识服务的内容推荐进行研究,通过深度学习和知识图谱技术方法,研究企业内部知识服务的推荐算法,并通过企业实际数据验证以上推荐算法的有效性。(4)对企业知识服务质量进行评估,探索影响知识服务效果的具体要素,并将影响结果闭环回馈至知识服务构建和知识服务推荐环节,从而实现知识服务体系的闭环管理。(5)提出企业数字化能力提升的基本思路与对策建议。

总体而言,本书主要采取了以下几种研究方法。

(1)文献调研法。通过对数字化学习与知识服务领域大量的文献调研,锁定研究方向与问题。再围绕重要的研究点,包括知识服务相关技术、知识服务推荐技术、构建知识图谱所采用的技术情况,全面系统地了解当前的研究成果、最新发展趋势和有针对性研究价值的具体方法,本书通过对文献的全面分析和整体归纳,形成了关于知识服务构建和关键技术的理论体系。

(2)实验研究法。文中所构建的知识图谱方法,经过实际数据的采集,通过对命名实体的识别和关系实体的提取来绘制知识地图,同时验证了知识图谱构建过程的可行性。文中所提出的算法均经过了实际数据的检验,以优化和完善相关的技术实现方案。

(3)实证研究法。采用调查问卷进行数据采集,并进行信度与效度检验,采用计量模型对数据进行分析。本书分析了影响企业知识服务的具体因素,以及在实践管理中的具体应用场景,有效地验证了本书所采用的方法在企业实际的知识服务中所具有的实用价值。

本书创新性工作主要包括以下三个方面。

(1)构建了面向数字化转型的企业内部知识服务体系框架。拓展了知识服务的研究视角,提出以数字化方法贯穿知识服务体系中的主题内容、定制推荐和评估的概念分层以及构成要素之间的机理模型;并建立了知识服务的逻辑架构;推动企业知识服务理论的深入性和普适性发展,为提升企业知识服务水平提供理论参考。

(2)提出基于知识图谱的企业知识服务的内容构建方法。以典型行业为例,以企业核心知识点为核心,以行业白皮书、专利数据、学术文献等异构数据为来源,采用基于深度学习的实体抽取技术,形成可持续更新的知识图谱,将知识管理组织形态可视化,从而对企业内部提供知识化服务。

(3)构建了基于深度学习的知识推荐模型。基于词嵌入技术实现对课程文本的语义表示,利用LSTM挖掘学员的偏好,并利用企业计划以及岗位等信息指导推荐算法,通过历史信息实现学员兴趣的动态挖掘,使得课程推荐更加智能化与个性化。

第二章　企业数字化学习与知识服务

本章首先通过梳理数字化学习的概念内涵和外延的发展,厘清并分析数字化学习发展和技术驱动之间的关系,得出数字化技术的发展是数字化学习外延不断扩展的主要驱动力,因而将最新的数字化手段应用到企业知识服务中是数字化学习的必然趋势。其次,通过对知识服务的概念、模式、技术发展和评估进行了综述,指出当前知识服务研究存在的问题。然后,从知识服务表示技术、知识服务推荐技术、知识图谱构建技术等方面对本书涉及的知识服务相关技术进行综述。

第一节　数字化学习研究现状

一、数字化学习内涵

数字化学习是指在教育领域建立互联网平台,学生通过网络进行学习的一种全新学习模式,又称为网络化学习或 E-learning。它以数字化学习为核心,通过信息技术与课程的整合,不同于传统的学习方式。数字化学习可以提供多元化的学习资源,学生可以根据自己的时间和地点进行学习,以提高学习效率和学习体验。数字化学习还可以进行在线交流和协作,促进学生的自主学习和合作学习。在数字化学习中,教师和学生之间可以通过网络进行实时互动,及时反馈和指导,更好地满足学生的学习需求。数字化学习不仅可以提高学生的学习效果，还可以促进教育的现代化和信息化发展。

企业数字化学习是一种依托数字化技术，通过整合教育、培训、社区等资源来提升员工能力和企业绩效的学习方式。它主要包含数字化教育、知识管理、在线培训、虚拟教室、远程学习、个性化学习、学习分析、数字化评估和在线社区等方面。企业数字化转型对数字化学习提出了多方面的要求，包括建立良好的数字化环境、提供丰富的学习资源、实施科学的评估体系、加强数字化管理能力、促进数字化的交流与合作、确保数字化安全、优化数字化培训以及推动数字化创新等多方面。这将有助于提高数字化学习的质量和效果，满足新时代的发展需求。

与数字化转型相比，数字化学习则更注重个人或团队在职业发展或日常生活中利用数字技术来获取、整理、掌握和应用知识的过程。数字化学习可以包括在线学习、MOOCs、电子书和教学视频等多元化的学习资源，使人们可以根据自己的时间和地点进行学习，更注重具体技术在某一业务场景或流程中的应用。

国内学者们对于数字化学习的认识各不相同，其中有代表性的观点如下：何克抗（2002）将数字学习定义为通过互联网或其他数字内容进行教学，主要是利用先进的信息技术，促进更有效的交流，打造内容资源丰富的学习环境，实现新的学习方式。李克东（2001）对数字学习定义表述为学习者通过使用数字学习资源在数字化的学习环境中学习的过程，数字化应用体现在学习环境的营造、学习资源的建设与学习方法的培训。基于吴峰（2016）的定义，企业数字化学习的对象是成人，过程本质是人力资源开发，手段是基于网络信息技术，因此企业数字化学习的理论是基于成人学习、人力资源开发管理和教育技术的应用。王建虎（2020）等认为知识学习的数字化设备上所进行的教学为数字化学习，其中包括：基于互联网或相关数字化学习资源所开展的学习，充分使用现代信息技术所支撑的全新交流互动机制和丰富的学习资源。国外研究者在 2000 年 6 月所举办的"数字学习的力量：数字内容的整合"会议上提出：数字学习是将数字技术与课程设置进行整合的方式。美国学者 Horton(2009)把数字化学习定义为用信息和计算机技术构建学习的体验。

已有文献从不同角度进行了数字化学习的相关研究,主要包括:数字化学习的理论基础,指出数字化学习的理论来源,数字化学习网络环境主要从连接角度考虑数字化学习,数字化学习平台是从信息系统提供和服务的角度来讨论。从业界研究的情况来看,对数字化学习主要来自管理学、教育及心理学和计算机科学的跨领域研究。其中,管理领域强调组织学习过程、组织间知识转化的过程和方式、组织记忆以及知识管理在数字企业学习中的应用。教育领域主要强调网络学习内容设计、学习模式、学习效果评价及影响因素的研究。计算机科学领域中强调企业学习过程中的知识、能力表示方法、技术系统框架、模型与标准等。同时,它与组织学习理论、知识管理理论和系统论也有着密切的联系(柯清超,2012)。

同时,也有学者认为企业数字化学习是面向成人的数字化,过程实质是人力资源的开发,方法是基于网络的信息技术。基于此,提出企业数字化学习理论是建立在成人学习、教育技术应用和人力资源开发管理的理论基础之上。成人学习原则主要包括有经验学习原则、自我导向学习原则、学习风格;依据学习规律制定学习策略,遵循马斯洛人才类需求层次规律、学习记忆力金字塔和学习遗忘曲线规律。基于技术的学习主要是依据加涅信息加工理论,实施有效的设计教学和绩效技术模型。人力资源开发理论包括 Schultz 的人力资本理论、Becker 的收入分配和人力资本投资理论和 Micer 的人力资本收入模型理论等。

二、数字化学习的内容与平台

随着通信技术的快速发展、网络效率的提升,数字化学习的网络环境也随之不断优化。刘莉琼(2014)等对国内数字化学习研究的知识图谱分析显示,业界对这方面的研究主要聚焦在数字化校园、数字化学习环境、网络课程等学习环境建设等。柯清超(2012)认为企业数字化学习是建立在由信息与通信技术形成的学习环境和相关机制的基础上。

随着信息处理应用技术的推广和发展,数字化学习内容资源也得到了快速的规模发展。业界对此方面的研究聚焦于学习资源数字化处理、数字化资源的存储与传输、数字化资源的网络化共享等。杨晓宏(2013)认为,数字化学习资源是指学生可以在计算机、互联网或智能终端等环境中自主学习和共享的学习资源。陈琳等(2012)明确提出构建数字化学习资源,通过计算机网络获取各种学习资源,包括以文本格式、声音格式、图像和视频格式等存储在光盘上的所有电子数据信息,磁性、闪存和其他非纸介质,以及通过网络、计算机或终端和其他传输或复制介质。

随着新一代智能化信息技术的发展,数字化学习的平台系统的发展也得到进一步的提升。业界对此方面的研究重点包括:数字化平台建设、数字化体系化构建等。数字化平台是推动数字化学习的重要载体,构建数字化平台需要运用传感技术、信息网络技术和计算机技术等,构建多样化的学习平台,全面、全方位地整合和共享学习资源(陈海强,2010)。

三、企业数字化学习效果的研究

企业数字化学习效果的相关研究相对较多,主要研究包括以下几个方面。

一是学习动机及认知与学习效果之间关系的研究。例如,Joo Y. J. 等(2012)认为,学习者的主观动机与自我满意度是学习效果的主要影响因素。针对某大型的韩国企业的 248 名员工的数字化学习效果进行评估,采用结构方程模型,分析了学习动机与学习效果之间的关系。Mbarek R 和 Zaddem F(2013)针对 410 名员工的数字化学习进行研究后发现,影响学习效果的主要因素有交互性、预知的有用性、系统的难易使用程度等,这些因素对于学习成绩有直接影响,并影响学习成果的转化。

二是基于学习设计的视角研究数字化学习的效果。Callan V. J. 等(2015)针对学习项目中的混合式设计进行研究,并且以澳大利亚的一个企业的数字化学习为具体实例,提升学习项目的弹性、反应性和创新性。

三是基于企业学习过程开展的学习效果评估。Strother(2002)针对企业数字化学习的效果评估进行了研究,以柯式模型为基础,根据企业数字化学习的特征,从反应层、学习层、行为层和结果层进行指标设计,在保持原来架构的基础上,进一步拓展了新内涵。

数字化学习在教育学范畴内得到广泛的研究和应用,对企业数字化学习的研究往往是对教育学数字化、分类化、个案性研究的延伸。企业数字化学习通常被定义为企业内部或企业之间的学习过程,通过信息和通信技术加强群体间的沟通交流,促进知识共享,以实现知识的转化和创新,提高企业外部环境的适应性,加强竞争力(柯清超,2010)。吴峰(2016)认为企业数字化学习是基于互联网的企业人力资源开发过程,员工通过网络学习,实现个人的知识与技能的提高,从而提升个人和组织的绩效。

四、数字化学习文献评述

从研究的理论看,前期研究中对数字化学习的理论研究还较为欠缺。尽管有研究借鉴了组织学习理论、知识管理理论和系统论等,但对数字化学习的内涵还缺乏深入的解读,也未就数字化的学习过程、学习效果、影响因素等构建成熟的理论框架,尤其是企业数字化学习的相关理论与方法的研究更为欠缺。

从研究的视角看,多数研究仅就数字化学习的相关因素进行研究,从学习者、学习内容、学习管理和学习评估等方面开展研究,强调学习本身,但未从学习的供给侧视角开展研究,即从企业内部知识服务管理的角度研究数字化学习。

从研究的范畴看,技术的发展变化改变了数字化学习的内涵。数字化技术从最初的通信网络和信息处理技术所应用的远程教育场景模式,到后期内容媒介的数字化模式,再到新一代人工智能、大数据、云计算等新信息技术内涵模式下的数字化学习。新的技术发展不断拓展并推动数字化学习体系的研究范围和深度。

从研究的方法看,有关企业数字化学习的方法还不成熟。已有数字化学习的研究包括网络环境、内容资源和平台系统方面,更多的是提升学习的便捷性和高效率。企业数字化学习与企业的人力资源管理和绩效优化提升等有着较为密切的关联,所涉及的因素更为复杂。此外,学习资源的构建、学习过程的匹配和学习效果的评估各个环节都需要基于数据挖掘、深度学习等新的技术与方法支撑,这些也有待结合深入研究。

从实证的研究看,与企业数字化学习相关的实证研究目前欠缺。数字化学习的方法主要采用调查问卷的形式开展,很少基于企业实际的学习数据开展学习的全过程和效果评估。

第二节 企业知识服务研究现状

一、企业知识服务的内涵

知识服务是知识经济兴起发展背景下企业面临的新挑战,它是基于用户(即企业部门员工、企业管理者等)期望解决的问题而提出的。通过对用户知识信息需求的分析以及对问题状态的跟踪,提取、整理、创新了用户在解决问题的全过程中提供的数据和信息。它们相互集成和交流,基于最终知识产品反馈的服务,充分满足用户的需求(钮钦等,2003)。美国专业图书馆协会(SLA)在1997年发表了关于信息视角下的知识服务与知识管理的研究,第一次在业界提出了"知识服务"的概念。随着技术的发展,知识服务概念和内涵也在不断演化。总体而言,国内外学者对企业知识服务的概念及内涵的观点主要包括以下几种:(1)认为知识服务是一种商业服务,即知识密集型商业服务(KBS)。知识服务是涵盖知识管理、知识组织和知识市场的概念,提供基于内容的组织产品(数据、信息、知识)的产出,例如建议、信息、知识的服务,用以满足外部用户的需求。企业知识服务是基于用户需求和问题以及相关业务环境的知识应用和知识创造的有效服务。(2)将知识服务主要界定为文献服务,尤其是20世纪 90 年代,知识服务的出现和发展顺应了知识共享和社会创新的发展需要,并成为图书情报界的重要转型方向,其起源及发展得到了业界广泛的关注。(3)认为知识服务是企业通过知识的开发和利用,使企业从信息管理向知识管理转变的一种企业管理方式。相关概念归纳如表 2—1 所示。

表 2—1　　　　　　　　知识服务的内涵文献归纳

研究视角	主要方法	作者
商业服务视的角	服务交付需要客户关系中的联合制作,服务具有契约性,过程性和绩效性	Zeithaml&Mary（1996）
	外部客户往往是根据评价知识服务的实际质量和效果是否达到要求,来感受到满意程度	Parasuraman（1998）
	知识服务作为信息服务,分析了用户的实际需求和外部环境,将信息的汇集、解析、创新及集成转化为直接或间接的知识资源,并通过知识来解决用户的具体需求	Davenport（2000）
	知识服务指的是通过对知识的提取和重组,构建达到用户预期的知识产品的服务。在分析用户知识需求和外部环境后,以解决问题为目标,创新整合知识信息	尤如春（2004）
	知识服务基于知识的基础上,对知识信息进行检索、组织、分析和重组所具有的能力。根据用户的需求和外部环境,集于用户需求满足的过程中,提供给用户有效的知识应用,并提供优质的知识创新服务	张晓林（2000）
	知识服务是服务商和客户的共同生产行为,任务范围从企业或行业特定知识和一般知识的结合,到实际产生"新"知识	Miles（2002）
	为了形成满足外部客户需求的产品或解决方案,企业应该有能力组织并满足外部客户对所需要知识的需求,同时实现该知识与客户内部知识体系的有效融合与对接	Hertog（2002）
	基于成本的角度研究分析知识服务,即使外部客户在免费提供的知识服务中也需要耗费相关的资源,所以低水平的知识服务也是一种净损失	Leino（2004）
	将知识服务归纳为一个服务过程,服务过程必须满足客户的需求,服务质量直接取决于供应商的内部培养和能力	史晓宇、林晓晨（2013）

续表

研究视角	主要方法	作者
图书情报服务的视角	知识服务是文献服务的深化,文献的创造、深化和信息传递必须以知识积累、知识转移和知识重组为导向	任俊为（1999）
	知识服务是在文献服务基础上进一步的发展和延伸。文献服务包括建设、处理和传递,目标是以知识服务为导向,以知识的存储、重组和共享为目标	Zollo（2002）
	知识服务是为了满足社会对知识共享和创新的需求而产生的。以网络化、数字化为基础的大数据时代使创新和变革成为社会发展的大趋势,也促进知识服务发展	王曰芬等（2019）
	知识服务是向客户提供信息知识和信息检索的工具方法,通过使用信息知识有效解决问题的方案,表现为信息服务进化到高级阶段的形态	陈英群（2002）
企业知识管理	知识服务在众多显性或隐性知识资源中提取并传递有价值信息的过程,是知识资源建设信息服务向高级阶段发展的表现	田红梅（2003）
	知识密集型服务活动是基于企业内提供的所形成的基于专业知识的服务	Kuusisto等（2004）
	从技术角度对知识服务进行了分析,认为知识服务是一种基于知识库建设的先进信息服务模式。与传统的信息服务相比,知识服务需要对信息进行更深入的处理,采用更成熟的信息技术面向用户解决问题的整个过程	邱晗（2005）
	基于对知识服务管理及核心工具的研究,认为内部知识服务体现为管理方法的实现,把信息管理、知识服务和战略学习作为企业的重要职能	Saint（2002）

二、知识服务体系框架的研究

知识服务体系在实现层面离不开具体的体系架构以及平台技术的支撑。与知识服务体系框架相关的研究主要分为三部分：(1)关于企业知识服务平台的架构设计和系统功能。(2)知识服务的提供模式。(3)知识服务实现的关键技术。相关文献归纳如表2—2所示。

表 2—2　　　　　　　　　知识服务的内涵文献归纳

研究视角	主要方法	作者
知识服务平台架构	企业知识服务平台构建的程序包括：一是知识信息的处理，管理和存储数字资源，搜索或检索用户个性化的知识信息。二是获取、汇总提炼企业知识信息，实现分类、检索及统计分析。三是实现响应企业内部各类员工的实际需求，通过按主题类别处理和编辑，以及按单词频率、时间和其他因素评分，更好地满足客户需求	王伟军（2008）
	企业知识管理系统的内容包含知识获取、知识共享、知识管理、知识检索、知识利用和知识组织，并且可以通过网络有效地构建多智能体	Jin 等（2012）
	企业知识管理系统基于系统架构，包括四个要素：基础设施要素、应用要素、内容要素和管理要素	Delic（2009）
	建立政府在内的产学研用一体化的联盟机构，通过网络平台的搭建和作用发挥，加快服务体系的全面创新	石晶（2010）
	中小企业知识服务体系主要包括四个层次：高校图书馆特色数据库建设、专家咨询数据库建设、建立专题数据库和个性化服务体系	吴玉（2010）
	企业知识服务体系构成主要包括三个方面：企业知识服务体系、外部制度实体和各种内部机制	张庆华（2014）
知识服务模式	知识服务所解决的具体实际问题各不相同，可据此将知识模式分为提供检索、提供文件保证、提供知识或替代程序，以及解决方案	孙成江（2002）
	在互联网分布式知识资源管理结构的基础上，实现对知识资源的体系结构、语义、知识资源的管理	刘晓强（2003）
	聚焦分析知识服务模式，提出了基于专业化的数字参考咨询服务模式，并构建用户信息系统服务模式	杜也力（2005）
	指出知识服务内涵为：知识信息检索、知识信息查询、针对性服务和资源的共同建设及共同分享	田红梅（2008）
	主要是基于企业对信息服务的需求，突出互联网对知识服务的作用，构建基于互联网资源的企业知识服务管理	李娜（2012）
	图书馆的信息服务运作管理主要包括：依据内容提供咨询、专业的信息服务、针对性的信息服务和团队化信息支撑	张晓林（2013）
	服务模式主要包括理念、形式、机制和团队。组织知识管理内容范畴主要为知识沉淀、知识的分享、知识学习、知识应用和知识创新	张森（2020）

续表

研究视角	主要方法	作者
知识服务技术	基于信息处理的数字图书馆知识服务系统,利用机器学习的方法,如文本表示、特征提取等,研究和探讨了信息自动处理的关键技术	杨清海(2004)
	对大数据进行科学处理,以此获取有效的知识内容,构建数据清洗的基本框架模型,指出所具有的局限,在此基础上提出了非清洁数据的处理方法	蒋勋等(2015)
	依托 MapReduce 的技术、信息聚合技术和分布式系统架构大数据处理技术构建机构数据库的核心框架	朱维乔(2016)
	根据知识生命周期可将知识服务过程分为收集组织、挖掘创新、分配利用和反馈。组织内部的交流与沟通,可进行知识创新,并提供深度知识服务,提供给客户并根据回馈意见迭代优化实现闭环管理	陈艳春(2014)
	在大数据技术应用中,知识服务所要处理的主要是非结构化的数据,对多源渠道的数据应有针对性的处理技术和方法,使用统计分析和文本分析的方法,重点关注知识发现、智能计算和专家推荐等语义分析的方法和应用	刘桂锋等(2016)

三、知识服务评估的研究现状

在知识服务的研究中,服务能力和服务绩效评价是知识服务的重要组成要素,引起了学者们的广泛关注。从国外的研究关注点来看,主要是基于商业应用的绩效评价,体现出知识服务产生的显性及经济价值。

国内学术界重点聚焦于知识服务评价的方法及模式研究,重点聚焦于知识服务能力评价、知识服务评价模型、知识服务顾客满意度评价、知识服务评价指标体系及综合评价等。主要方法归纳如表2—3所示。

表2—3　　　　　　　知识服务评估相关文献

评估视角	主要方法	作者
效益和效率	关注知识服务评价与反馈机制,基于目前咨询服务所通用的评价方法,在效率和效益两个维度来评估知识服务的具体效果	陈红梅(2004)

续表

评估视角	主要方法	作者
服务能力	知识服务能力评价体系主要包括获取、吸收、创新和服务实施能力,并按照知识服务的基础阶段、发展阶段和创新阶段进行评估	王日芬(2010)
	基于过程能力和资源能力构建了数字图书馆知识服务能力成熟度模型	周莹等(2016)
自组织理论	基于自组织理论的知识服务管理,建立基于知识服务超网络模型(KSSN)	武澎和王恒山(2014)
培训评估	Kirkparick 模型(简称柯式模型)主要包括四个方面的评估:反应层的评估(Reaction):主要评估被培训者的满意度;学习层评估(Learning):主要评估被培训者的学习获得度;行为层评估(Behavior):主要评估被培训者的知识运用度;成果层评估(Result):主要评估培训所带来的经济效益	Kirkparick(1959)

四、知识服务文献评述

从企业内部知识服务研究的视角来看,从业界多位学者对国内外企业知识服务的研究现状综述分析得出,当前国外关于知识服务的研究多聚焦于信息、研发费服务、法律、金融与咨询等知识密集的服务业领域,而对传统生产领域的研究较少。国内的知识服务研究多源于图书情报行业,企业知识服务的研究均以企业作为知识服务主体面向外部客户需求,以满足用户目标而进行的知识服务。目前,业界未见从企业内部为提升学习型组织建设、构建内部知识服务体系的研究。

从定量和实证研究的角度来看,当前企业知识服务的研究大多聚焦于知识服务的定义和内涵、知识服务的模式、知识服务的平台等理论层次的研究,缺乏与实践应用的结合;知识服务的技术和评估以定性方法研究为主,缺乏系统分析等方法的定量和实证研究,说服力不强。

从新信息技术应用研究的角度来看,随着新一代信息技术、大数据、云技术与人工智能等技术更广泛地应用于知识服务的体系中,需要进一步研究新信息技术在知识服务各环节流程中的匹配应用,并进行效果评估。

第三节　知识服务技术的研究现状

知识服务系统的应用日益广泛,知识服务系统的构建涉及很多重要核心技术,本节从知识服务的获取技术、知识服务推荐技术和知识服务技术文献评说三个方面进行分析。

一、知识服务获取技术

知识服务内容是知识服务中最本质也是最核心的部分。知识服务获取的相关技术目前主要集中在知识抽取技术以及知识融合技术国。

(一)知识抽取技术

知识抽取主要采取知识识别、知识理解、知识筛选和格式化的方法,抽取出文献中的知识点及其相互间的关系,并存入相应的知识库。主要包括实体抽取技术和关系抽取技术。实体、关系抽取方法包括流水线和联合学习两种具体的方法。流水线方法指先做实体抽取后做关系抽取,联合学习方法指实体和关系同时进行抽取。实体抽取技术是知识抽取中最为基础与关键的一步,又称命名实体学习(Named entity learning),具体包括三类方法:规则与词典法、机器学习法和深度学习法。

(1)规则与词典的方法主要是基于目标实体形成模板,在此基础上匹配原始语料,由于需要很多的专家来梳理并形成模板,因此其缺乏领域的扩展性,所能应用的领域极其有限,适应不了数据动态变化的需求。

(2)机器学习的方法主要是基于条件随机场的方法,简单的监督学习算法不能达到训练集的约束,算法的准确率与召回率都不能满足要求,因此需以远程监督学习的方式,或者以多任务学习的方式进行优化。

(3)各类深度学习算法与条件随机场等相结合的方法比较普及。在算法中融入注意力机制和多任务学习机制的方法也有所应用。该领域的相关文献归纳如表2—4所示。

表 2—4　　　　　　　　实体抽取技术中的代表性文献

实体抽取技术	主要方法	作者
规则+启发式算法	采用启发算法与模板结合的方式,构建公司名称抽取的实体抽取系统	RAU (1991)
最大熵	提出了最大熵模型,采用直接定义特征和直接学习条件概率的模式,提升观察数据的独立性	McCallum (2000)
字典+最大熵	基于字典,使用最大熵算法在 Medline 摘要的 GENIA 数据集上进行了实体抽取实验	Lin (2004)
CRF+KNN	基于 KNN 算法与条件随机场,对 Twitter 文本中的实体进行有效识别	Liu (2012)
ClusType	利用多领域共享的分析方法如词性分析来解决领域扩展问题,利用实体提及和上下文信息联合建模解决歧义问题	Ren (2015)
多任务学习	提出利用多任务学习,从而学习到语句中的语义和句法信息,提升序列标注的识别效果	Rei (2017)
CRF	基于 CRF 算法在特征设计上利用词性、词性上下文、句法等五类特征,进行航天命名实体识别	徐建忠 (2017)
远程监督学习	提出在利用领域词典标注数据的过程中,引入"未知"类型标签,对于可能是实体但不知实体类型的短语标注为"未知",从而更好地引入外部词典信息。	Shang (2018)
深度神经网络	进行开放领域的命名实体识别,利用领域内的高质量词典或利用维基百科词条进行匹配等,然后使用深度神经网络的学习特征	Liu (2015)
Lattice BILSTM+CRF	通过增加一层词语粒度上的 Lattice LSTM,将词语粒度上的 LSTM 的记忆状态信息引入字粒度上的 LSTM 层,从而融合词语粒度知识,由此实体识别命名的效果比较理想	Zhang (2018)
LSTM+CRF	建立内嵌 CRF 的 LSTM 模型,使用隐含层的上下文向量作为输出层标注的特征,使用内嵌的 CRF 表示标注之间的约束关系	张聪品 (2019)
BERT+CRF	基于动态范围的联合学习 BERT 语言模型注意机制,对医疗电子病历中的实体和关系进行联合抽取,从而提高共享参数层的特征表示能力	Xue (2019)

续表

实体抽取技术	主要方法	作者
BERT-BiLSTM-CRF 注意力机制＋句法分析	利用两种改进的 BERT 算法研究了专利实体关系抽取的技术演化。一种是将中文特征和句法语义特征相结合的新算法，基于改进的 BERT-BiLSTM-CRF 命名实体识别算法；另一种是将注意力机制与句法语义特征相结合的新算法——基于注意力机制与语义结合的实体关系抽取算法	李建（2020）
BiLSTM＋CRF	利用 BiLSTM＋CRF 方法抽取地名实体、时间实体的自动抽取和标记	马建霞（2020）

(二)关系抽取方法

关系抽取主要是为了解决实体间语义的链接问题，所采用比较多的方法主要包括基于模式的方法、基于机器学习的方法、基于语义或本体的方法。归纳如表 2－5 所示。

(1)基于模式法。主要基于词法和语法分析来得到实体间上下位的关系模式，在此基础上通过使用模式匹配来抽取实体关系。模式匹配重点主要是依赖于整合的人工语义资源，比如用 WordNet、HowNet 等资源进行整合，但因语义资源规模有限，很难满足实际应用的要求，研究者尝试利用其他资源来进行补充与扩展。模式匹配方法主要使用词汇句法模式从文本中识别上下位关系，优点是相对精确，但由于模式难以穷尽或对语料的要求过高而受到局限，因此召回率偏低。

(2)基于机器学习法。利用两个概念的分布式表示来推断两个间概念是否具有上下位关系，有助于解决概念之间的共现稀疏性问题。其中，有监督学习主要采用词嵌入投影技术和分类方法来训练上下位关系分类模型，无监督学习主要采用分布假设和相似度方法进行上下位关系判别。

(3)基于语义或本体法。还有学者尝试从语言学和语义特征的角度进行上下位关系抽取。主要通过提取语言学特征和上下文语义特征对实体进行分类，或者将本体概念之间关系的方法，应用于关系的抽取。

表 2—5　　　　　　　　　　　关系抽取的代表性文献

关系抽取	主要抽取思路	作者
基于模式的方法	通过人工编写的模式抽取上下位关系,如果存在两个名词短语以某些词汇结构而建立联系,说明两个名词短语之间存在上下位关系	Hearst (1992)
	建立了基于句法分析和规则匹配有效结合的上下位关系的抽取方法	汤青 (2014)
	在进行大规模疾病术语图谱构建时,利用规则算法对上下位关系进行识别并设计了基于数据增强的 BERT 上下位关系识别算法	张晨童 (2020)
	结合了维基百科中的结构化知识(比如类别标记)构建知识库,扩展了 WordNet 包含的语义资源	Suchanek (2008)
	提出上下位关系标注规范,并标注了一个包含汉语词的高质量上下位关系数据集,提出一种融合多特征的依存路径表示模型,将词对共现句子中的路径信息进行编码	陆凯华 (2020)
模式＋投影学习	基于模式和投影学习方法对领域概念上下位关系进行自动识别	王思丽 (2020)
有监督机器学习方法	提出 CRF 领域术语上下位的关系获取方法,通过机器学习对术语间上下位关系的联系规则进行学习,得出其呈现方式和所在环境的概率模型	黄毅 (2013)
	结合词向量和 Bootstrappping 进行领域实体关系抽取	马晓军 (2018)
	提出在简单前馈神经网络基础上构建融合词模式嵌入具体的模型中,有效利用语句上下文信息及语义信息	孙佳伟 (2019)
	采用同义推理方法对篇章级实体上下位关系进行构建,并以国防科技领域文本进行实验	吴婷 (2020)
	分析不同的词嵌入投影模型的发展框架及其在上下位关系预测中的应用。	汪诚愚 (2020)
无监督机器学习方法	语义层次体系构建主要方法采取分布式相似度计算	Kotlerman (2009)
	基于奇异值分解方法进行关系识别,并应用于冶金领域专利层次关系解析	吴志祥 (2017)
半监督机器学习方法	提出根本层、基本层概念和递归表面模式,从 Web 上下义词对中自动学习,设计图算法衍生出所有术语的综合分类结构	Kozareva Z (2010)

续表

关系抽取	主要抽取思路	作者
远程监督	通过远程监督构建关系实例集,采取去噪算法来消除关系实例集的噪声,通过抽取关系实例中的词法特征,转换呈分布式的表征向量	余小康 (2017)
基于本体的方法	采用本体的关系抽取方法基于百科网站分类体系构建电商数据的产品知识图谱	丁晟春 (2019)
	在专利领域里采用本体概念来获取语义层次,通过相对修饰度、关联规则的使用实现上下位关系的有效识别	李军锋 (2014)

二、知识服务推荐技术

根据知识服务的对象不同,研究知识服务推荐的视角也各不相同。已有的研究主要涉及:面向科普知识的推荐、面向商品的推荐、面向图书的推荐、面向资讯的推荐及面向课程的推荐等。在这些知识服务推荐的研究领域中,随着线上课程数据资源的日趋丰富,有关课程推荐的学术成果较多,这也是本书重点关注的部分。因此,本书重点对课程推荐进行重点研究。课程推荐所应用的算法基础主要包括三类:(1)以协同过滤和机器学习为基础的推荐。(2)以深度学习为基础的推荐。(3)以知识图谱为基础的推荐。

(一)基于协同过滤的推荐技术

协同过滤是推荐领域经典算法之一,近年来,基于该算法的面向具体问题场景的改进算法层出不穷,表2-6归纳了近年来的一些典型文献。

表 2—6　　　　　　　基于协同过滤的推荐技术代表性文献

推荐方法	应用思路	作者
关联规则+特征词	采用 TF-IDF 算法实现课程资源特征的有效提取,通过使用关联规则的挖掘,采用相似度量的方法,实现课程的有效推荐	张海东(2014)
	基于特征词矩阵的形成,对兴趣进行检索式的提取,有效挖掘科研人员兴趣,为科研人员进行知识推送的个性化追踪	陈祖琴(2015)
协同过滤+多特征排序	提出多特征排序模型,包括:基于主题的用户偏好、基于协同过滤的用户偏好、课程热门度和讲师影响力,对这些特征进行线性组合,计算目标用户与网络课程间的匹配程度,从而实现网络课程推荐	朱华(2017)
协同过滤+粒子群算法	根据学习者和学习资源多维特征差异建立学习资源推荐模型,并考虑了学习偏好;其次引入协同过滤技术对模型数据进行预测;实现推荐模型多目标的优化特征,在一定程度上实现有针对性地推荐学习资源	李浩君(2017)
协同过滤+新计算因子	提出了一种面向在线教育的个性化推荐方法,核心关注以新计算因子引入的方式,改进并优化协同过滤推荐算法	陈子豪(2018)
协同过滤+LDA模型	基于 LDA 用户偏好的模型来分析用户所偏好的主题,研究主题与课程的相似程度,得出用户对课程的偏好,基于此推荐学习课程	张鹏程(2020)
	有效结合交互度 I、评价率 R 和评分 S 以及用户兴趣,构建云计算和 IRS 线上推荐课程的算法	罗飞(2019)
本体+语义相似度	构建领域本体和语义相似度相结合、具有针对性推荐的学习路径;基于对领域知识点及其关系本体库的构建,形成知识点间语义层的关系,针对本体设计学习路径以及与此相关的知识协同的有效策略	王蓉(2020)
LFM 隐语义模型	构建优化后的 LFM 隐语义推荐的算法,基于对选课评分数据相似矩阵的构建,对谱聚类初始分类,构建出 LFM 模型,建立有效的推荐算法	刘旋(2020)

(二)基于深度学习的推荐技术

近两年深度学习技术普遍应用于推荐,尤其是随着深度学习算法的更新,这些新技术也相继应用于推荐问题中,如 BERT 模型、BILSTM 技术等。相关技术归纳如表 2—7 所示。

表 2—7　　　　　　　基于深度学习的推荐技术代表性文献

推荐方法	应用思路	作者
LSTM模型	根据学习者所学的课程序列提取学习行为特点,提出基于LSTM网络的在线课程推荐模型,预测学习者将要学习的课程	王素琴(2019)
神经网络模型IUNeu	构建辅助信息神经网络模型,把深度学习应用于课程推荐,有效地提高了模型对用户及课程表示的准确性	厉小军(2019)
BiLSTM-CRF	使用 BiLSTM-CRF 进行知识实体识别,向高校学生推荐增加就业优势的相关课程	倪煌斌(2020)
注意力机制+深度神经网络	基于学习者的相关学习日志文件,包括学习者的历史课程注册记录、对应课程分数以及课程相关属性等数据作为输入数据,通过嵌入注意力机制来获取学习者的历史课程偏好	刘铁园(2020)
自适应实时推荐	构建基于学习过程动态且权重不均衡的推荐算法,加入了满意度因子,对学习现状进行量化描述,对学习过程进行动态的建模,实现学习者的实时需求,实现对自适应学习模式的有效支持	庞艳霞(2020)
注意力机制+深度学习	提出一种针对学习用户和课程的隐性线性特征和非线性特征,构建的多模态特征融合,加入了注意力机制,对不同成对项目集影响预测结果的具体程度进行区分,有效提高了模型表示用户和课程准确率	冯金慧(2020)
MLP+深度神经网络	以多层感知机(MLP)进行深度神经网络学习资源推荐的算法改进,对 DN-CBR 神经网络进行改进	樊海玮(2020)

(三)基于知识图谱的推荐技术

在推荐系统领域,人们关注的往往是用户与项目之间的联系,缺少对用户与用户、项目与项目之间的相互联系的考虑。利用知识图谱可以直观地从异构网络中建模用户项之间的相关性,通过将这些关系相互连接起来,增强数据的语义信息以进一步提高推荐准确度,成为广受关注的研究领域。基于知识图谱的推荐技术包括三种:基于本体的推荐、基于开放链接数据的推荐和基于图嵌入的推荐。相关技术文献的归纳如表 2—8 所示。

(1)基于本体的推荐。该推荐方法基于本体对概念层级关系描述的精准性,实现对实体特征的准确表示,有效提取出事实中深层次的信息内容,应用于基于内容和协同过滤的推荐算法里。

(2)基于链接开放数据的推荐,该推荐方法主要是把链接数据库里大量的语义信息应用于现有算法中,聚焦于用户兴趣和项目间属性的相似程度。基于开放数据中数量众多的相关信息,精确的资源之间的度量相似性,有效提取用户的偏好,结合上下文信息得出推荐的具体结果。

(3)基于图嵌入的推荐。该推荐方法主要是基于随机游走等算法,通过对图中节点采样并生成具体的节点序列,使用神经网络或其他机器学习算法,实现把节点序列和边映射到底维的向量空间。

表2-8　　　　　基于知识图谱的推荐技术代表性文献

推荐类型	主要思路	作者
基于本体的推荐	提出一种通过入口、旅游点及路线等相关信息来构建旅游的本体,实现本体和协同过滤融合推荐法	Moreno (2013)
基于链接开放数据的推荐	基于SPARQL语句把DBpedia、LinkedMDB、Freebase中电影RDF数据抽取出来,有效地提高了基于内容的推荐系统的准确度	Di Noia (2014)
	基于DBpedia、Geonames和Wikidata的数据,构建旅游的知识图谱,细化分类景点的类型,挖掘用户的偏好,提升推荐准确率	Lu (2016)
	基于知识图谱的构建,采用混合推荐引擎的方法,有效推荐音乐	Oramas (2017)
基于图嵌入技术的推荐	将医学知识图谱、疾病—患者二部图、疾病—药物二部图分别嵌入低维向量空间,为病患推荐更为安全的药物治疗方式,最终生成对给定患者的药物top-k列表	Wang等 (2017)
	通过改变随机游走序列生成的方式进一步扩展了DeepWalk算法,将宽度优先搜索和深度优先搜索引入随机游走序列的生成过程	Grover等人 (2016)
	提出从知识图谱中学习用户项目相关性的新方法,应用神经语言模型学习用户和项的属性特定向量表示,用于创建特定于属性的用户项关联性特征,再输入学习排序算法中,学习全局关联性模型,从而优化推荐列表的生成	Palumbo (2017)

三、知识服务技术文献评述

通过对国内外知识服务获取技术的文献综述可以看出,目前知识抽取是从非结构化数据中进行知识服务获取的一种有效方式。通过实体抽取与关系抽取,以有效组织知识。抽取的技术方法主要包括:基于规则与词典、基于统计机器学习、基于本体与语义和基于深度学习的方法。目前的研究主要侧重于使用实验数据进行算法的研究,面向企业实际需求所开展的应用研究相对较少。

通过知识服务推荐技术的文献综述可以看出,知识服务推荐主要集中在三个方面:以协同过滤和机器学习为基础的推荐,以深度学习为基础的推荐,以知识图谱为基础的推荐。由于个性化推荐依赖于具体的场景,而面向企业内部的知识服务推荐的文献匮乏,因此需要根据本书研究的重点确定选择合适的知识服务推荐方法。

从方法上可以看出,无论是实体和关系的抽取,还是知识推荐技术,近年来都比较注重深度学习技术的应用,尤其是 LSTM 和 BERT 等模型用于实践并取得相对较好的学习效果。因此,本书重点采用深度学习技术进行相关的研究。此外,知识图谱在知识服务的组织与可视化及扩展性等方面都有优越性,因此,本书将知识图谱技术用于企业内部知识服务内容的构建环节。

第三章　知识服务对企业数字化转型的作用

　　随着新一代科技革命的加快演进，促进产业变革的快速发展，推进数字化转型成为企业实现健康可持续发展、提升市场竞争力的重要支撑力量。企业依托数字要素变革，逐步转向高技术、高品质、高附加值、高效率和高效益的发展方向。在推进企业数字化转型发展中，知识和人才作为基本且重要的变革主体，知识的创新决定企业创新发展的能力和水平，人才作为企业主体是创新发展的根源驱动力。

　　不断提升员工的知识创新能力，只有让员工更积极主动地研究新趋势、探索新方向、掌握新技术、实施新方法，才能使企业在新科技创新发展的时代，准确把握新技术趋势，持续适应市场新趋势，满足客户新需求，在技术创新、产品创新、服务黄鑫和经营管理创新方面打造差异化的核心竞争力，实现可持续发展。

　　面对数量庞大、冗余信息量多、真伪信息掺混、各类信息杂乱和信息不断更新发展的知识环境，企业员工的知识创新能力的提升源于精准高效的知识服务的获取。知识服务能力在企业数字化转型的作用发挥有了更高要求。

第一节　企业数字化转型与知识服务体系

一、数字化转型的定义和内涵

数字化转型是指企业借助数字化技术，改变其实现目标的方式、方法和规律，增强企业自身的竞争力和创新能力，进而实现企业转型升级的过程。数字化转型涉及企业运营的各个方面，包括产品设计、生产、销售与售后服务等，是企业实现现代化的重要手段。数字化转型主要是在企业和组织的技术战略中提及，用于指代采用数字技术来改进业务流程、提高效率和创建新的价值，它是一个更广泛的概念，包括对组织文化、工作方式和客户体验的改变。这种转型需要长期的战略规划和实施，以适应数字技术发展带来的机遇与挑战。

二、数字化转型的战略路径

企业应根据自身实际情况，寻找合适的数字化转型路径，以实现最佳的转型效果。数字化转型的策略和路径主要包括如下几个方面：明确转型目标、制定转型计划、实施转型战略和优化转型管理等。

（1）明确转型目标。在明确转型目标方面，企业需要清晰地定义自己的数字化愿景和目标。这包括理解企业的核心业务需求、确定数字化转型的关键绩效指标（KPIs），以及明确希望通过转型实现的业务价值。这个阶段的关键在于将企业的战略目标与数字化目标相融合，确保数字化转型与企业的长期发展和价值创造相一致。

（2）制订转型计划。制订转型计划阶段需要细化数字化转型的路径和时间表。在这个过程中，企业需要识别可能遇到的挑战和风险，并准备相应的应对策略。同时，建立项目管理和执行的控制机制，如设立项目管理办公室（PMO）或专门的转型团队，确保转型计划的推进和执行。

（3）实施转型战略。在实施转型战略阶段，企业需要遵循"知行合一"

的原则,将数字化战略转化为具体的行动。这包括制定并执行数字化技术策略、推广数字化文化、提升员工的数字化素养和技能等。此外,企业还需要构建敏捷的运营模式,以便快速响应市场变化和抓住商业机会。

(4)优化转型管理。优化转型管理阶段主要是对数字化转型的成果进行评估,并对不合理的部分进行优化。这包括建立有效的反馈机制,收集和分析数字化转型过程中的数据,对转型效果进行全面的衡量。同时,要根据反馈结果调整和优化转型策略,以实现持续的改进和优化。此外,企业还需要关注数字化安全,保护企业的数据和信息安全。

企业数字化转型是一个持续不断的过程,需要坚定的决心、明确的策略以及有效的执行。只有这样,企业才能在数字化时代中立足并取得竞争优势。

三、数字化转型的技术创新

在数字化转型过程中,业务创新是至关重要的环节,主要包含以下几个方面。

(1)业务流程优化。业务流程优化是数字化转型的重要组成部分,通过利用数字化技术重新设计和优化业务流程,提高企业运营效率和生产力。具体方法包括流程建模、数据分析等,以实现流程自动化、减少冗余和浪费。

(2)客户体验提升。在数字化转型过程中,客户体验的提升是重中之重。通过深入了解客户需求,提供个性化的产品和服务,以及利用数字化手段如客户画像、精准营销等,增加客户的满意度和忠诚度。

(3)数据驱动决策。数据驱动决策是数字化转型的关键,通过收集、分析和利用数据,为企业提供科学、准确的决策依据。数据驱动决策能够提高决策效率和准确性,降低运营风险。

(4)创新能力培养。创新能力培养是数字化转型的核心,通过培训、交流、学习等手段提升员工的创新能力。建立鼓励创新的机制和文化,激发员工的创造力和潜能,从而提升企业的创新能力。

(5)产业协作创新。产业协作创新是数字化转型的重要方式,通过与合作伙伴共同创新,实现资源共享、优势互补。协作平台、无模板等数字化工具能帮助企业与合作伙伴建立紧密的合作关系,共同推动产业创新发展。

(6)生态合作共赢。生态合作共赢是数字化转型的新思路,企业与各类企业、机构等合作伙伴共同探索,构建开放、共享、共赢的生态合作模式。通过深度合作,实现资源互补、市场共赢,共同应对市场的挑战。

(7)数字营销推广。数字营销推广是数字化转型中不可或缺的一环,通过社交媒体、搜索引擎、线上活动等手段提高企业品牌知名度,吸引更多客户。数字营销推广能够让企业以更高效、更节约成本的方式与潜在的客户建立联系,实现业务拓展。

(8)智慧供应链。智慧供应链是数字化转型的新趋势,通过物联网、云计算、大数据等技术手段整合供应链资源,提升供应链的智能化水平。智慧供应链能够实现供应链各环节的实时监控、预测和优化,提高供应链的效率和灵活性。

(9)人工智能应用。人工智能应用是数字化转型的高级阶段,结合具体业务场景,通过机器学习、深度学习等技术手段提升人工智能的应用水平。例如,利用人工智能进行客户细分、预测分析、智能客服等,提高客户体验和服务效率。

总之,在数字化转型过程中,业务创新涉及多个方面。企业需要不断探索和实践,将数字化技术与业务相结合,优化业务流程、提升客户体验、数据驱动决策、培养创新能力、实现产业协作创新、建立生态合作共赢模式、进行数字营销推广、打造智慧供应链以及应用人工智能技术等。通过全方位的业务创新,企业能够更好地适应数字化时代的发展需求,提高竞争力并实现可持续发展。

数字化转型所涉及的技术创新包括云计算、大数据、人工智能和物联网等。这些技术的应用可以帮助企业提高生产效率、降低成本、优化资源配置,进而提升企业的竞争力。随着科技的不断创新和发展,数字化转型的未来趋势主要有以下几个方面：(1)新兴技术的快速发展，如人工智能、大数据、物联网等，将持续推动企业数字化转型。(2)企业数字化转型的不断深化，将实现更高效、更智能的生产和运营。(3)数字化安全问题将更加突出，如数据泄露、网络攻击等，企业需要加强数字化安全管理和防范措施。

四、数字化转型的组织变革

数字化转型必然会导致企业组织变革，包括组织结构调整、人员配置、流程优化等方面。组织结构调整可以优化企业的管理体制和运营机制；人员配置可以提升员工的数字化素养和技能水平；流程优化可以提高企业的反应速度和效率。

五、数字化转型的人才培养

随着科技的飞速发展和市场竞争的日益激烈，企业数字化转型已成为提升竞争力的关键。数字化转型需要有一支具备数字化素养和技能的人才队伍，要求员工具有数字化学习能力。企业需要通过内部培训、引进外部人才等多种途径，培养和储备数字化人才，以满足数字化转型的需求。

总之，企业数字化转型是一个复杂而又必要的过程，需要从多个方面入手，进行全面规划和实施。只有顺应时代潮流，积极推进数字化转型，才能在激烈的市场竞争中立于不败之地。

六、企业数字化转型与知识服务体系建设

知识服务体系建设是数字化转型的重要组成部分，它可以帮助企业更好地实现数字化转型，提高企业的经营效率和服务质量。

通过知识服务体系建设，企业可以更好地管理和利用知识资产，降低企业知识和技能的流失率，减少制定规则和流程的成本，提高企业的核心竞争力和市场竞争力。

知识服务体系建设可以改善团队的协作能力，提升团队内部的沟通效率，加快企业发展的速度。同时，这也有助于企业实现快速反应和快速迭代，发掘知识的价值所在，提供更有效的管理手段。

知识服务体系建设还有助于推动企业的创新发展。知识服务以满足用户需求和知识增值为目标，提供给用户的是信息、知识产品或以知识为主的建议、方案等，这有助于激发员工的创新意识和创造力，提高企业的创新能力。通过知识服务体系建设，企业可以更好地管理和利用知识产权等无形资产，提高企业的品牌价值和市场影响力。

知识服务体系建设还有助于提高企业的社会责任和声誉。企业可以通过提供优质的知识服务来提高社会对企业的认知度和信任度，增强企业的社会责任感和声誉。

总之，企业数字化转型必须重视知识服务体系建设，这有助于提高企业的核心竞争力和市场竞争力，同时也有助于推动企业的创新发展，提高企业的品牌价值和市场影响力。

第二节　知识服务体系对战略制定的赋能

战略制定是战略管理的一部分。对于企业而言，战略制定是企业通过分析外部机会与威胁、内部优势与弱点，建立中长期目标，形成发展策略。结合战略分析，可分为公司层战略、业务层战略、职能层战略、其他战略及有关的策略。在当今复杂多变的市场环境下，企业要制定出具有竞争力的战略，需要充分了解市场、行业和自身的实际情况。

企业知识服务体系作为企业内部的知识管理和决策支持平台，可以为战略的制定提供全方位的支撑，包括战略目标制定、战略路线规划、战略要点优化等多个环节，使企业能够根据自身的实际情况和市场环境制定出更具针对性的战略规划。

明确战略目标是战略制定的第一步，企业知识服务体系可以为战略目标制定提供有力的支持。通过对企业内外部环境进行分析，知识服务体系可以帮助企业制定符合实际情况的战略目标,并为企业提供实现这些目标的具体步骤。例如,知识服务体系可以提供市场调研资料、竞争对手分析报告等,帮助企业了解市场状况并制定合理的目标。

企业知识服务体系可以为企业规划实现战略目标的详细路线。在这个过程中,知识服务体系需要考虑到可能出现的风险和障碍,并为每种情况制定预案。此外,知识服务体系还可以提供技术咨询、市场趋势预测等服务,帮助企业制定更具前瞻性和可行性的战略路线。

确定战略实施的关键点是战略制定的核心环节。企业知识服务体系可以通过对行业最佳实践、企业内部资源等进行分析,确定企业战略实施的关键点,并为每个关键点提供相应的优化建议。此外,知识服务体系还可以为企业提供政策解读、法律咨询等服务,确保企业在遵循法律和道德标准的前提下,实现战略目标。

企业知识服务体系作为企业内部的知识管理和决策支持平台,可以为战略制定提供全方位的支撑作用。例如,在制定产品开发战略时,企业可以通过知识服务体系中的数据分析、市场洞察和竞情分析等功能,全面了解市场需求和竞争状况,为企业制定合理的产品开发战略提供重要建议。

一、支持数据分析

企业知识服务体系中的数据分析支持功能,可以帮助战略制定者更好地了解企业的运营状况和市场趋势。这一服务包括数据采集、数据清洗、数据分析等多个环节,为战略制定提供全面、准确的数据支持。例如,通过对销售数据的分析,可以了解产品的销售情况和市场需求,为企业的产品策略和营销策略提供依据。

二、洞察市场趋势

企业知识服务体系可以帮助战略制定者深入了解市场和行业动态,把握市场趋势和机遇。这一服务包括市场调研、市场趋势分析、消费者需求洞察等多个方面,使企业能够紧跟市场变化,抓住消费者的需求,提高市场竞争力。此外,可以帮助战略制定者深入了解行业的发展趋势和未来发展方向,从而为企业制定长远的发展策略提供重要参考,包括行业深度分析、行业趋势预测、政策法规解读等多个方面,使企业能够在复杂多变的市场环境中保持对行业的敏感性和前瞻性。

三、提供决策依据

企业知识服务体系中的决策依据提供功能,可以为战略制定者提供科学、合理的决策依据。这一服务包括专家咨询、智力支持、决策优化等多个环节,帮助企业在制定战略时充分考虑各种因素,降低决策风险。例如,在制定投资决策时,企业可以通过专家咨询和数据分析,了解投资项目的潜力和风险,为决策提供科学依据。

四、辅助风险评估

企业知识服务体系中的风险评估辅助功能,有助于战略制定者更加全面地了解企业面临的潜在风险。这一服务包括风险识别、风险分析、风险评估等多个方面,使企业能够及时发现并应对可能出现的风险。例如,在制定国际化战略时,企业可以通过风险评估,了解目标市场的政治、经济、文化等方面的风险,为决策提供重要参考。

五、助力竞情分析

企业知识服务体系中的竞情分析助力功能,可以帮助战略制定者了解竞争对手的情况和市场地位,从而制定出更具针对性的竞争策略。这一服务包括竞品分析、行业现状与发展、竞争对手分析等多个方面,使企业能够深入了解竞争对手的优劣势和市场地位,为企业制定竞争策略提供重要支撑。

通过数据分析、市场洞察、决策依据、风险评估、竞情分析以及行业洞察等方面的赋能,企业可以更好地了解市场、行业和自身的实际情况,制定出更具竞争力的战略。在日益激烈的市场竞争中,企业要取得成功,必须充分重视并利用好企业知识服务体系,为自身的战略发展提供强有力的支撑。

第三节　知识服务体系对业务创新的赋能

业务创新是企业组织在广泛把握市场需求、技术变化及市场竞争的基础上,结合自身实际,通过业务创新,建立与市场经济相适应的业务体系,不断开发客户需要的产品或服务,以实现企业的可持续发展。建立完善的知识服务体系,是适应数字经济时代的新型管理要求,对提高企业组织创新能力具有关键作用。通过知识服务体系的建立,能够及时全面补充各类数据信息资源,使得企业知识库不断更新,进而促进企业基于持续沉淀和完善的知识资产不断提高业务创新能力。

一、提升创新能力

知识服务体系有利于知识的获取与积累,提高组织创新能力。建立知识服务体系,能够对内外部信息和知识进行提炼、解释和组织,进而产生新的知识。企业组织在其经营生产过程中,积累、沉淀、传承了大量生产数据、经营数据和管理经验,通过建立内部知识服务体系,能够将知识存量进行汇聚整合,形成新的知识增量。一个企业的业务创新能力更多是基于知识存量,业务创新的多元化则来源于知识增量,通过知识增量保持组织的动态创新能力。在业务创新中,不仅需要充分整合内部的已有知识,也要充分吸收利用外部的前沿知识,将无序信息有序化,使得组织将外部获取的信息、先进技术与内部知识资源相结合,从而提高企业创新能力。

二、增强创新合力

知识服务体系有利于知识内化与共享,增强创新合力。建立知识服务体系,能够将外部知识、显性化知识转化为员工能够吸收和理解的新知识。在企业组织实践中,通过积累总结形成显性知识,经过员工在实践中再提炼重组,由员工创造形成个人新的隐性知识,这就导致企业往往不能充分利用组织创造的知识。这也就要求企业建立内部知识资产,加强员工间知识数据共享,推动企业生产知识,并能够将个人内化形成的隐性知识转变为企业可利用的新知识。知识服务体系基于信息技术,实现企业内部知识的共享流通,有效提高了学习型组织氛围的建设,更能有效激发员工的学习欲望和共享意愿。知识在共享交流中,有利于知识间的整合,形成新的知识增值,为企业业务创新能力的提高提供了新的方法和路径。

三、激发创新活力

知识服务体系有利于知识转化和应用,激发创新活力。建立知识服务体系,能够整合内部知识资产,形成指导建议,进而运用知识进行决策,选择方案指导行为。在企业组织中通过实践形成的共识性知识,可以将其嵌入组织规则、程序当中,形成企业共同认知的技术规范。在企业组织的发展环境中,内外部知识信息丰富,市场环境变化多变,通过对知识的挖掘分析,能够帮助企业对外部环境的变化保持高度敏感,并将外部获取的知识和信息内化为组织知识库的一部分,在比较各种选择方案中,快速做出业务创新的决策反应,以减少经营活动的不确定性,从而更好地规避风险,把握机遇。

第四节　知识服务体系对组织变革的推动

组织变革是企业根据内外环境的变化,及时对组织中的管理理念、工作方式、组织结构、人员配备、组织文化及技术等要素进行调整、改进和革新的过程。企业战略的转型升级、产品与技术的创新、商业模式的创新,没有组织的变革这些是难以实现的。很多企业在制定出新的战略选择后,组织变革不跟进或跟进缓慢,新的战略方向没有新的组织与机制支撑,往往导致战略悬在空中,新的业务增长没有实现既定目标。在数字经济时代,对企业的组织变革提出了新的挑战,其中知识服务将发挥积极作用。一个企业的组织变革,一般要围绕企业战略性业务增长方向、客户价值、人才的创造活力与效能、技术革新等四个维度去进行改变。

一、战略性业务增长方向

组织变革围绕战略变革开展,知识服务体系具有重要作用。战略决定组织,组织支撑战略和业务的发展,组织变革具有增量思维,要承载战略方向,紧紧围绕企业战略和业务增长方向调整,围绕着有利于战略目标的实现以及业务的增长进行结构设计。当前,企业战略思维正从非对称性转向对称性和非对称性交织转变,这种转变对要求组织动态配置资源、适应动态混序的环境,知识服务体系的沉淀将企业知识信息进行呈现,能够对企业组织和人才资源的配置提出针对性方向。不同的商业模式对组织变革会提出不同的职能要求,依托企业自有知识服务体系可以较早切入商业模式变革,与企业业务方向调整同向开展。于企业发展而言,既需要有成熟业务的稳定增长,也要有新兴业务的创新增长,依托知识服务体系,实施企业资源效能数据分析,有利于成熟业务实施组织优化、减人增效;有利于创新业务明确重点、因人设岗。

二、客户价值

组织变革围绕客户的需求开展,知识服务体系可以提供参考数据。组织变革要围绕客户的价值与市场的反应速度去变,使组织体系更简单、更敏捷、更灵活,以快速响应客户需求。随着的时代发展,80后、90后和00后逐渐成为市场消费的主体,这一代消费主体基本属于数字化时代的原住民市场消费,他们不再简单地追求品牌名称,或者简单比较,多数习惯于购物社交化,即买东西后相互分享,朋友口碑、社交圈子里的互动,对产品的消费影响越来越大。面对消费者需求日益呈现个性化与多样化的不断加速变化,企业组织变革需要将触角延伸到市场终端,触及消费者,既要有商品、服务的快速响应,也要有内部职能部门的协同支撑。做到市场全量数据的汇聚、分析,需要企业建立自己赛道的知识服务体系,搜集盘活数据资产，支撑组织变革服务市场需求。如中国快时尚赛道的千亿美元独角兽SHEIN品牌，利用网红带货、社群营销，充分盘活社交媒体中的知识资产，打造了"柔性供应链—用户—实时数据分析—算法推荐"的服务体系，做到服装产品极致的个性化和极致的快速服务。

三、人才的创造活力与效能

组织变革围绕企业员工开展，知识服务体系促进员工成为价值创造的主体。数字经济的发展，个体的力量改变了组织和人之间的关系，以前是组织大于个人，现在组织作为一个有智慧的有机系统，组织的活力来源于每一个员工，员工成为创新的主体。从某种意义来看，一个企业中的经营性人才、核心创新人才、高潜质人才，这三类人才的创新能力有时候会大于组织。在这种新的组织中，组织走向去中心化、去边界化、去领导化，制定目标、分析问题、实施计划和业绩评估需要团队成员共同参与，每一个特定任务与领域，都会有一些成员比其他人获得更多的资源与话语权，这就要求组织建立知识服务体系，尊重个体力量，唤醒个体，赋能成长，让组织中的每一个个体都能通过协同、共享的方式了解组织的愿景、目标，钻研某个领域，进而通过使命连接、愿景驱动，让个体力量通过能量聚集产生巨大的新的能量。如京东集团在组织变革中，从人力资源管理的角度切入，提出要打造文化、组织发展和人企业的"新三角"，在这种视角下，通过变革促使组织为人的发展提供平台，让人的发展支撑企业的业务发展。

四、技术革新

组织变革围绕技术革命开展，知识服务体系促进技术发展与业务场景相连接。第一次工业革命以蒸汽机为代表的技术催生了标准化、分工、流水线等管理思想，第二次工业革命以电力为代表的技术催生了科学管理、质量管理等管理思想，第三次工业革命以来，随着数字化、大连接、智能化等信息技术的发展，重构了人与组织之间的关系，创新管理、敏捷管理、知识管理迭代发展。新兴组织的组织结构图完全依靠数据驱动，一边是消费者数据,一边是愿景、目标。建立知识服务体系,可以让组织及时触及消费者数据,进行敏捷决策;可以让组织中的个体随时保持与组织目标的一致性,协同推进各项举措。如上市公司温氏股份通过物联网数字化,建立数字档案、盘活数据资产,将 50 000 个家庭农场连接到一起,虽然绝大多数农场都不是自己投资的,但是都在一个平台上,从种苗、饲料、标准化养殖,一直到销售,就是通过数据资产转化为知识服务来进行管理、快速决策,保证了以肉猪、肉鸡的传统企业实现了稳定盈利。

第五节　知识服务体系对人才培养的支持

在数字经济时代,人才是组织能力和组织发展的核心,而知识服务逐渐成为实现人才保值增值的重要手段。人力资源管理的基础内容是对人才的培养与管理,人才是发挥知识服务应用价值的关键。知识服务体系与人才培养和管理有着实践的契合性。

一、提升学习能力

发挥知识服务体系的优势是保持知识型员工稳定的重要抓手。人才是组织的第一资源,在数字经济时代下,知识型员工的重要性愈加凸显,多数具有活力且具有较高的综合素质,发挥知识型员工的人才资源优势对组织的发展具有重要意义。知识型员工在组织中从事的不只是简单的重复性工作,而是在易变和不完全确定的环境中,持续保持学习的态度,发挥个人的才干和灵感,以应对各种可能发生的情况,推动组织的发展进步。但同样知识型员工普遍对自身的发展较为重视,且多数具有较高的人生价值追求,一旦所处的组织不能满足自身发展的空间,则容易产生岗位思想不稳定的现象。在人才培养和管理中,通过建立完善的知识服务体系,满足员工知识扩充和能力提升的需求,能够更好提升知识型员工的组织忠诚度,从而更好地促进知识型员工与组织共同成长。

二、辅助人才晋升

发挥知识服务体系的优势是满足知识型员工需求的重要途径。在人才培养与管理的过程中,以往对员工的激励模式多数依靠物质奖励或给予岗位晋升发展等方式,而新的知识型员工往往有着更加明确的价值观追求,个人需求层次不断提高,一般的物质激励对他们难以起到长期有效的作用。通过建立知识服务体系,能够有效辅助人才培养与管理工作,在组织中拓宽员工获取更多知识、持续获取知识的渠道,以满足知识型员工更高层次的需求。

三、促进知识共享

发挥知识服务体系的优势是推动知识型员工资源共享的重要手段。对于个体而言,知识资源的获取、使用往往是有限的,而如果组织通过建立知识服务体系的内部管理机制,能够将个人的知识资源整合、共享,形成组织的知识体系力量,其作用发挥效应将实现倍增。当代年轻人综合素质普遍偏高,但也存在合作观念不足、知识共享效率偏低的现象,使得个人的大部分知识存于"本脑",如果在岗位工作中不涉及相关知识的时候,知识应用效率偏低。建立知识服务体系,能够促进员工之间进行交流,推动内部形成知识资源的交流、共享,使得组织群体的个人能够共享形成新的收获,促进知识的利用效率。

四、发现知识拐点

拐点在数学上又称反曲点。比如,在一条抛物线上,是改变曲线向上或向下方向的点,或者说拐点是使切线穿越曲线的点。在疫情防控期间,随着人口感染疫情数量的变化,我们从新闻里总是会听到"疫情拐点"的词汇。对于知识学习而言,因环境变化、知识结构变化,同样也会出现学习拐点,如对新招聘员工开展的入职培训、新提拔干部开展的干部培训,因为学生的身份向职场的身份转变、因为员工的身份向管理人员转变,所需要的知识结构、知识内容也在变化，为应对该现象，实施了针对性的培训，以确保平稳过渡知识拐点。

在身份转变的过程中，知识与知识之间并不是匀速递进的，由于岗位环境不同、能力要求不同，跨岗位、跨身份的知识之间同样存在着需要跨越的台阶。当个人能力与知识台阶的跨度失衡时，就容易出现"水土不服""岗位不适应"的现象，为后续的工作开展埋下隐患。运用知识服务体系，可以实现"哪里不会补哪里，哪里不会学哪里"，用户可以结合自身能力和岗位所需的技能，针对性地提高概念技能、知识技能和技术技能。

知识服务体系对知识拐点而言，一方面可以帮助用户针对性化解知识拐点的问题，更重要的是能够帮助用户发现知识拐点。伴随信息技术的发展，用户在知识服务体系的结构中，各类学习痕迹、业绩指标信息更加透明，各类数据联通标签逐一展现在知识后台。运用知识服务体系，能够依据数据中台记录的学习记录、业绩数据、岗位标准等内容，帮助用户发现知识短板，并精准给予知识推荐。

第四章　企业内部知识服务体系框架

本章建立了企业内部知识服务体系的框架,对企业内部知识服务进行了界定,分析了内部知识服务的特点,并提出了企业内部知识服务体系的概念模型。基于模型的构建,分析阐述了模型体系的构成要素及相互作用,并明确了本研究的架构分层及运行逻辑。

第一节　企业内部知识服务的内涵与特点

一、企业内部知识服务定义

企业内部知识服务源于知识服务的定义且又有所不同,其知识服务过程要素有相似之处,但主体和视角完全不同。本书将企业内部知识服务定义为:企业内部知识服务是企业围绕内部员工提供信息知识内容构建、推荐传播及效果评估的动态过程服务,以实现企业战略发展和员工成长发展的目标。

本书将企业数字化学习定义为:企业数字化学习是指在企业内部依托数字化技术手段全面构建以学员为中心的全程学习体验,基于数据对学习设计和运营的驱动,以人工智能等前沿技术的运用,最大程度提升学习的效率和效果的一种全新学习模式。企业数字化学习目的是促进企业人才培养,进而服务于企业战略。

二、企业内部知识服务的特点

数字化信息技术的不断进步推动知识服务的快速发展，不同阶段信息技术推动了数字化内涵的发展和延展，尤其是近年来以人工智能为代表的新一代信息技术的广泛应用，使得数字化技术应用到知识服务各个过程的变革更加深刻，知识服务的数字化特征更为突出。

早期计算机技术推动了数字化学习的基础应用，实现了单机版的人机互动，是数字化知识服务的启蒙发展；随着信息技术的快速发展，文字、图像及声像应用软件使得知识服务资源内容的电子化更加充分，加之存储技术的发展，推动形成更高品质的、更优存储的电子化知识服务信息。网络技术的不断更新换代，使得远距离网络传输的品质越来越高，覆盖范围越来越广，互联网的普及与发展也为企业提供了日益丰富的知识资源。目前，知识已成为企业的关键要素资源，并成为企业提升竞争优势的主导因素。通过数字化信息技术有效配置社会化知识资源，拓宽企业知识服务发展的渠道，促进企业内部和企业间知识服务的共享与应用，这对于企业的创新发展至关重要。

企业内部知识服务具有如下特点。

（1）目标导向性。企业内部知识服务是企业战略目标驱动的服务，它关注的焦点和最后的评价不仅仅是向企业用户提供所需的信息，而是通过服务实现企业的战略目标，提高企业核心竞争能力。而传统信息服务的重点则是信息资源的获取与传递。

（2）数字化。近年来新一代人工智能、大数据、云计算等新技术的发展日新月异。面临数据动态海量、冗余繁多和真伪共存，知识服务全过程离不开数字化先进方法所带来的科学性、精准性和有效性的提升。数字化新技术对知识服务的促进和影响是最深刻、最全面，并对最终的效果产生决定性影响。主要是通过基于大数据及知识图谱技术，构建更科学、更完整的学习资源内容；通过基于云计算和数据挖掘技术，使得面向学习个体的科学分析与评估更有针对性。

(3)个性化。随着网络信息的发展,企业员工获取信息的途径更为便捷,获取的信息量更大,但随之而来的是获得高质量的信息难度加大。企业员工个体间存在自身属性的差异,年龄、教育背景、专业方向、岗位性质等,其自身获取知识服务的基础各不相同。同时,员工工作履历各有差异,经验和专业技能也不同。这些都体现出企业内部知识服务的个性化特点,有效的知识服务需要采用千人千面的匹配方式,以及因人施策的管理方法,从而提升员工学习的个性化和精准化。

(4)显性化。企业知识服务的显性化特点主要体现在两个方面。(1)围绕重点有效性知识的显性化。在纷繁复杂且综合信息量大的情况下,企业为员工构建知识服务体系主要是把符合企业战略发展的先进、科学而有效的知识服务更加显性化,突出知识服务的内容重点,聚焦核心,以提高知识服务的效率、并降低成本。(2)隐性知识的显性化。通过知识服务,不仅将那些可以量化、易于整理、方便电子化的知识进行传递和转化,更激发员工将未明确表达出来的知识(意会知识)充分开发出来,这些知识往往是员工实践经验的总结和沉淀,体现员工的实践智慧,更具有普遍性和适用性,更易于形成知识的传递和转化。

(5)共享化。企业知识服务基于数字化实现其共享化,一方面企业积极倡导终身学习化,突破时间和空间的限制,实现企业内部知识服务内容的充分共享,建立企业内部学习型组织,鼓励员工灵活学习,并将学习与激励有效结合;另一方面,互动式知识服务传递方式鼓励员工共享学习内容及学习体会,员工间的交互学习将更有助于知识服务的传递效果,形成学习氛围,促进学习效果。

(6)过程性。知识服务始终贯穿用户解决问题的全过程,贯穿于用户知识吸取、集成、创新的全过程,根据用户的需求有针对性开展服务。而传统的信息服务主要是源于固定过程或固有内容的服务。

三、企业内部知识服务体系的概念模型

企业内部知识服务体系包括业务目标层、业务模型层和逻辑架构层,

如图 4—1 所示。

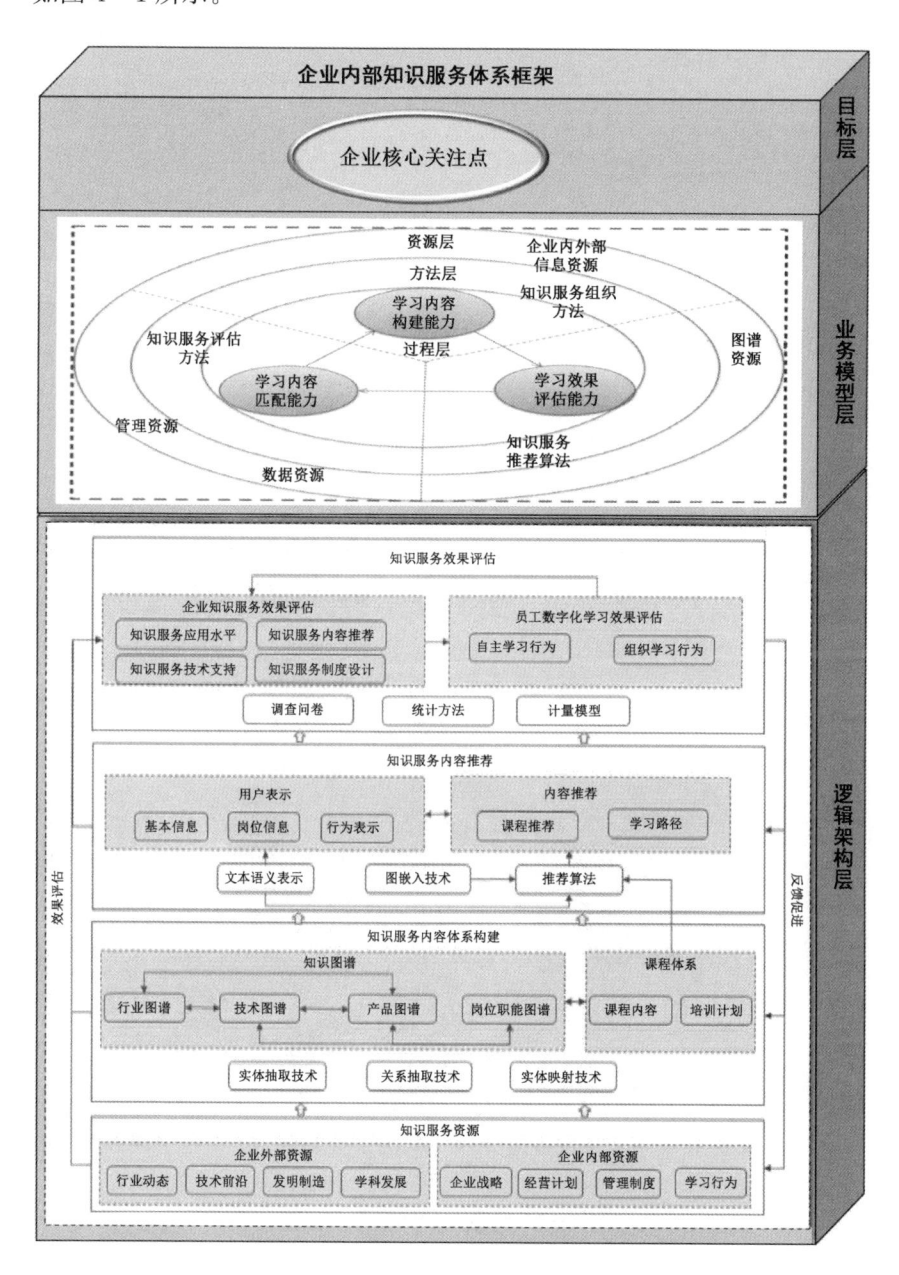

图 4—1　企业内部知识服务体系概念模型

其中,业务目标层主要围绕企业的业务目标确定企业知识服务的重点,即企业的核心关注点。业务模型层主要从业务的视角对开展知识服务的过程、方法以及资源视角进行分析。逻辑架构层主要从技术的视角对整个知识服务的实现方法与关键技术进行分析,聚焦解决方案的实施。

第二节　企业内部知识服务体系的业务模型

业务模型重点描述企业知识服务管理的业务所涉及的对象和要素以及它们的属性、行为和彼此关系,强调以业务运作的方式来理解企业内部知识服务体系。本书将企业内部知识服务体系视为由资源层、方法层、过程层的核心层体系,如图4—2所示。

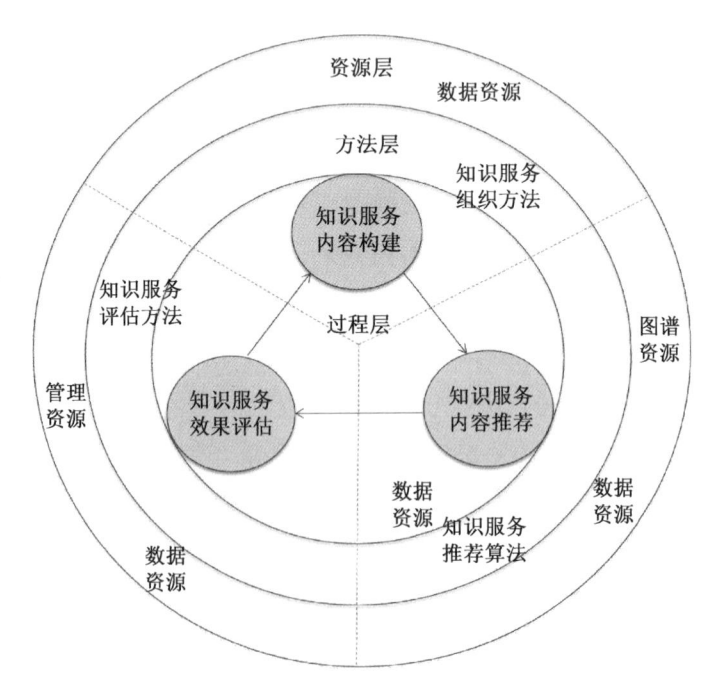

图4—2　企业内部知识服务体系

资源层体现为企业外部资源和企业内部资源,企业外部资源包括:行业动态、学术前沿、产业应用和图书资源;企业内部资源包括:企业战略及经营计划、管理制度、组织机构和学习行为。方法层体现为:通过采用实体抽取技术、关系抽取技术及实体映射等技术方法,形成多类别知识图谱。知识服务推荐部分,资源层体现为内部员工基本信息、岗位信息和行为等。方法层体现为向量表示及向量序列构建,并结合文本语义表示方法和图嵌入技术方法,共同形成推荐算法,构成课程推荐。知识服务效果评估中,资源层体现为问卷调查数据,方法层体现为统计方法和计量模型,重点从企业知识服务的效果和员工数字化学习的效果两个角度进行评估。

一、过程层构建

(一)过程构建方法

1. 知识服务的内容构建

企业基于自身战略发展的角度,构建内部员工需要学习的知识服务内容体系。当前网络信息纷繁复杂,需要从构建来源和构建技术上确保构建质量。构建的来源包括权威行业发展(含用户需求变化)、专业学科和技术前沿等方面。构建过程包括搜寻、组织和分析。构建采用大数据技术、文本挖掘的知识图谱方法等,准确搜集显性知识,并深入挖掘隐性知识,确保构建的系统性和科学性。

2. 知识服务的内容推荐

企业在内部知识服务内容构建的基础上,针对不同员工的个性化学习需求,通过科学推荐算法精准推荐知识服务。推荐的精准性主要取决于员工个性化需求的精准画像和算法的精准性。对个性化需求的分析源于两方面:一是员工基础属性信息,如年龄、专业和岗位分类等情况;二是历史信息,包括员工工作履历、专业履历以及历史学习记录的信息,以上信息有助于对员工进行精准的学习画像。基于企业知识服务内容构建的知识图谱,采用协同过滤、深度学习等科学方法,构建精准的推荐算法。精准的知识推荐有助于企业实现对员工千人千面的个性化和动态化知识服务。

3. 知识服务的效果评估

企业知识服务的效果评估是知识服务过程中最重要的环节，是对知识服务内容构建和知识服务推荐有效性的检验，它将直接决定着企业内部知识服务体系是否有助于企业战略及员工实现共同发展目标的实现。效果评估的科学性取决于影响的因素细化和评估模型的科学性。影响因素的细化主要围绕内容构建和推荐中的关键要素；通过采用多元线性回归计量模型实现对知识服务效果的评估。

(二)过程间的作用机理

企业内部知识服务体系包括：知识服务的内容构建、知识服务内容推荐、知识服务效果评估三个过程要素，这三个过程要素紧密相连，互为基础，又互相影响，形成密切关联作用的有机体。同时，企业内部知识服务体系还包括企业和员工两个主体，这两个主体通过知识服务过程的三要素紧密相连，相互作用，如图4—3所示。

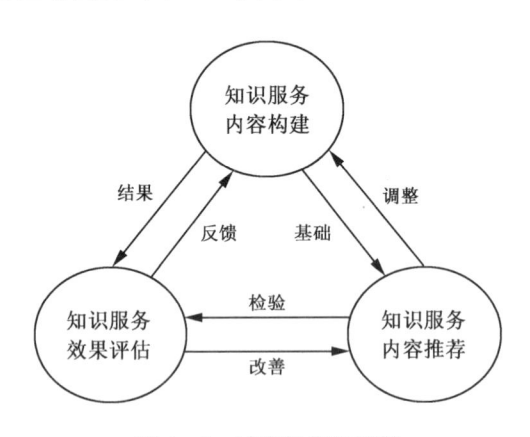

图4—3 过程间作用机理

三个过程要素间互为前提和基础，其中知识服务的内容构建形成了企业内部知识服务的知识图谱，是企业内部的整体性知识库，具有整体性和全局性。基于知识服务内容的前提和基础，企业根据员工个人画像，梳理个性化的需求，进行精准的推荐，员工按照推荐内容形成的个性化的学习课程从属于企业整体知识图谱。在以上两个要素的基础上，进行知识服务的效果评估,评估的结果是对知识服务内容的构建和推荐中关键要素作用有效性的检验。

同时,三个过程要素间又是互为动态反馈。知识服务的推荐反馈作用于知识服务的内容构建,在员工千人千面的个性化需求中,存在超出企业已有知识服务内容的情况,通过动态反馈汇集,企业基于自身战略发展和外部行业及技术动态发展,在科学聚类分析的基础上,根据发展需要推进企业知识服务内容构建的迭代更新。其次,知识服务的效果评估反馈作用于知识服务的推荐和知识服务的内容构建,评估可以显示知识服务内容推荐的效果情况,一是对用户画像精准度的反馈,是否能够根据用户属性及历史行为,是否能够将员工个性化知识服务需求梳理清晰精准;二是对匹配的科学度进行反馈,推荐的算法是否更科学,是否能够实现更高精度的精准推送;三是对推荐的内容精准度的反馈,主要是知识服务的内容构建是否完整有效,是否在内容构架上有缺失。

二、方法层构建

知识服务体系的过程层是基础和核心,主要包括:知识服务的内容构建、知识服务的内容推荐和知识服务的效果评估三部分;整个体系基于此核心层分为三个区域,每个区域均通过整合资源层,使用方法层,实现过程层的实施。同时,每个区域之间随过程层的构建要素相互作用。

在知识服务的内容构建区域,通过整合企业内外部信息资源,包括行业动态、技术前沿、发明创造、学科发展以及企业战略等相关综合信息,采用实体抽取及知识图谱等方法对知识内容进行整合,形成企业内部知识服务的知识图谱。

在知识服务内容推荐区域,通过整合图谱资源,结合员工基础属性及历史行为信息,进行用户画像,以科学的推荐算法进行精准匹配,实现对员工个性化的知识服务推荐。

在知识服务的效果评估区域,整合外部管理资源要素,结合知识推荐情况,通过计量方法对知识评估的服务效果进行科学评估,通过评估找到影响知识服务效果的关键要素,以反馈改进。

三、资源层构建

在企业内部知识服务的内容构建中,主要通过整合企业外部和内部的资源,形成信息输入,通过科学的数字化技术方法,聚类解析形成企业内部知识服务关注点,并形成相应的学习内容。

(一)企业外部资源

企业知识服务的外部资源信息主要包括:行业动态、技术前沿、发明创造和学科发展等相关综合信息。

(1)行业动态。重点关注企业所处的行业发展动态,包括所处行业的宏观发展背景、发展特性及规律、行业发展先决条件和重要前提、重要影响因素及作用机制、其发展周期及特点及中长期所处的发展态势等。同时,还包括行业中产业链的构成、上下游产业链的商业模式特性及规律、主要企业的主体构成情况、主体的运营体系及竞合机制等;所研究企业在行业中所处的地位、作用及与产业间相互主体的作用机制等。

(2)技术前沿。重点关注企业所处行业发展中具有前瞻性、先导性、趋势性及重要行业影响性的重大技术,这类未来的高技术符合新兴技术的趋势性发展,并具有对以往成熟型、应用型技术的全面替代;把握前沿科技将实现新技术升级和更新换代,全面体现企业的技术创新能力,成为企业构建行业竞争优势的重要驱动因素。

(3)发明创造。重点关注企业基于所处行业的发展动态,把握技术前沿的未来新兴技术,通过科学知识和新兴技术的使用,首创出更先进、更独特、更新颖且更具使用价值及社会意义的新事物,在企业中主要体现为创新出具有革新性的创新产品/解决方案或经营管理模式。

(4)学科发展。重点关注企业在行业动态、技术前沿和发明创造中,所形成的一定知识类别的积累和沉淀,体现为在该领域内基础学科的普适性基础上,更具产业性、技术先导性、发明创造性,通过与企业实际发展应用的有机结合,形成企业个性化的学科知识体系内容。

(二)企业内部资源

企业知识服务的内部资源信息主要包括企业战略及经营计划、企业数字化学习平台信息、企业内部知识服务管理机制。

(1)企业战略及经营计划。重点关注指引企业中长期发展的战略规划和企业当期发展的具体经营计划。企业战略指引企业根据内外环境的动态变化,基于自身的资源和实力,选择目标领域和方向,优化资源配置,提升竞争优势;基于能力的角度分析,作为知识系统,企业通过战略引导,实现将学习创造的知识传递到组织层面,从而更有效提升企业的核心竞争力。企业经营计划是实现企业战略的当期计划分解和落实,是中长期发展的基石和保障,其目标更清晰、更具体,对技能型知识服务内容的构建更具指引性。

(2)企业数字化平台信息。随着数字化学习在企业内部知识服务中的推广和应用,企业数字化学习平台成为企业内部知识服务的重要载体,平台的数据信息成为研究分析企业内部知识服务的重要信息源。其中包括员工基础信息、员工学习行为信息、线上及线下学习记录信息、员工学习反应信息、员工绩效及职业发展信息,等等,这些将从员工主体、知识内容、学习行为及学习效果等多维度提供系统全面、真实准确且实时动态的信息,为科学研究企业内部知识服务规律提供有效的信息源。

(3)企业内部知识服务管理制度。重点关注企业在其内部知识服务管理中的管理信息,包括知识服务内容管理要求、组织实施管理、考核及激励管理。这类信息有助于研究以企业为主体的内容知识服务管理的有效性评估,实现企业和员工的双角度评估,使内部服务管理的研究更全面、更客观。

第三节 企业知识服务的逻辑架构

企业内部知识服务的业务模型侧重从业务视角对知识服务的运作进行分析,包括对企业内部知识服务的过程层、方法层和资源层进行了分层构建,同时对企业内部知识服务构成要素的过程间和主体间的作用机理进行分析。在此基础上,从技术与方法的视角提炼内部知识服务的总体逻辑架构,为整个知识服务的实现与落地提供可操作的技术与方法指引。

逻辑架构如图4—4所示。

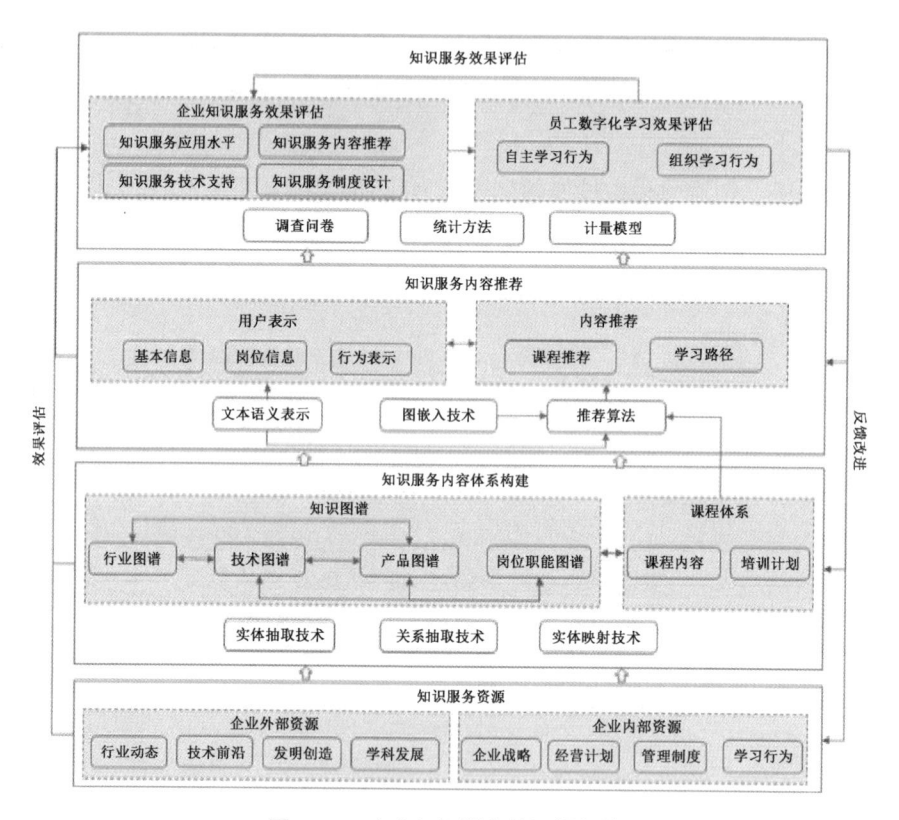

图4—4 企业知识服务的逻辑架构

一、架构分层

从企业知识服务的逻辑构架图可以看出,知识服务的效果评估、知识服务的内容推荐和知识服务的内容体系构建均建立在知识服务资源的基础上。知识服务的资源是企业内部知识服务体系的资源基础和信息源,其及时性、完整性和准确性决定整个企业内部知识服务体系的质量和效果。

知识服务资源包括企业外部资源和企业内部资源，企业外部资源包括行业动态、学术前沿、产业应用和图书资源；企业内部资源包括企业战略及经营计划、管理制度、组织机构和学习行为。这些资源成为企业内部知识服务体系构建的重要来源。

通过采用实体抽取技术、关系抽取技术及实体映射等技术方法，形成多类别的知识图谱，包括行业图谱、技术图谱、产品图谱和岗位职能图谱。其中，行业拓扑图、技术图谱和产品图谱多源于外部知识服务资源而形成，岗位智能图谱主要源于企业内部资源形成。行业图谱、技术图谱和产品图谱通过结合形成企业内部知识服务的内容构建，从而指引企业的课程内容构建。同时，内容构建与岗位职能相结合，更有效地指引企业课程培训计划的编制。

在知识服务的内容推荐中，以员工基本信息、岗位信息和行为来对推荐用户进行表示。用户是通过文本语义表示的方法形成行为的向量表示，构成向量序列，并以此作为课程推荐。其中语义表示主要用来对课程文本进行的表示。

在知识服务内容推荐的算法使用中，采用知识服务内部体系构建中的课程体系培训计划，结合以上文本语义表示方法和图嵌入技术方法，共同形成推荐算法，构成课程推荐。同时，基于员工所处岗位及学习行为，形成相应的学习路径。

在知识服务效果评估中，主要采用的是调查问卷、统计方法和计量模型，重点从企业知识服务的效果和员工数字化学习效果两个角度进行评估。其中，企业知识服务效果评估包括知识服务应用水平、知识服务内容推荐、知识服务技术支持和知识服务制度设计。员工数字化学习效果评估主要包括自主学习行为和组织学习行为，两者的学习效果评估相互作用，员工的数字化学习效果反映了企业知识服务的能力和有效性；企业知识服务的效果将直接影响员工数字化学习的最终效果。

二、运行机理

在企业内部知识服务体系中,企业和员工是两个重要的主体,其密切关联和相互作用体现在知识服务三个要素中,并贯穿全过程,如图4-5所示。

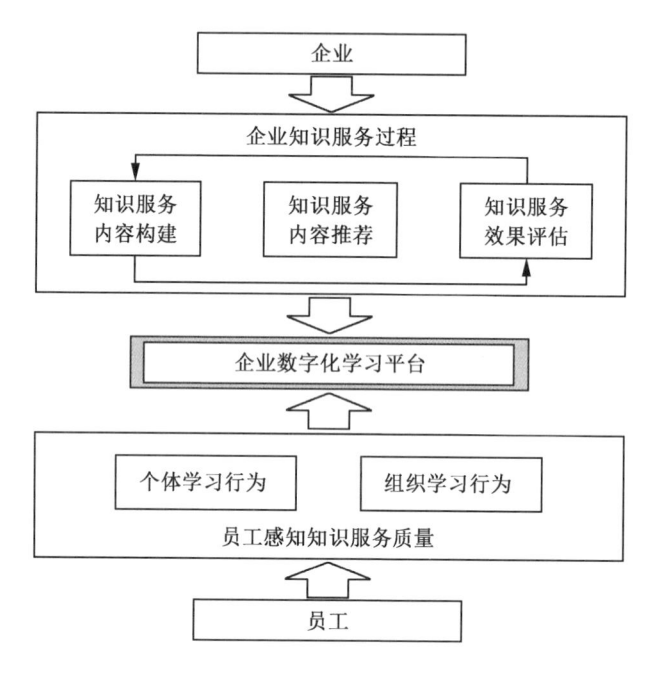

图4-5 企业和员工双主体之间的作用机理

从系统性的角度,企业和员工的动因同向,且具有利益目标的一致性。企业建立内部知识服务体系的出发点和落脚点就是为员工提供精准高效的知识服务,提高员工的创新力,推动企业产品、技术、运营及管理创新,提升企业核心竞争力,创造更多经济和社会效益,从而实现企业战略发展。在这个过程中,与企业共同成长,员工基于企业的平台充分自我发展,实现个人职业发展和经济收益。

在企业知识服务的内容构建中,企业通过战略指引,结合外部行业(含客户需求)趋势及技术发展等要素为员工构建知识服务内容。同时,随着互联网＋学习理念的不断深入，UGC模式的学习内容构建更加普及，MOOC等模式成为新一代年轻人学习的主要方式之一。因此，员工个人也将成为知识服务构建的来源之一，特别是基于工作经验的知识分享，将更有助于知识服务的传播。未来，企业知识服务内容将实现企业和员工双主体的构建模式。

在企业知识服务的推荐中，企业更加关注员工的个性化需求，更突出了员工的主体性。企业对员工"以人为本"的理念将在这个阶段充分体现。企业通过对员工基础属性及学习历史的分析，对员工进行画像。同时，在战略指引下，基于培养员工成长发展的角度，推荐个性化知识服务，体现出尊重个体和培养个体的管理理念。

在企业知识服务评估中，突破传统意义上企业对员工的单向考核，是对企业和员工双主体共同实施内部知识服务的评价。一是对企业是否构建系统而全面的内部知识服务体系进行评估，对企业是否实现对员工个性化知识服务进行有效性评估，同时也指引评估后的员工成长绩效应用；二是对员工是否对企业战略指引和精准推荐的知识服务进行有效学习和转化，评估员工是否更积极主动有效地参与企业内部知识服务体系的构建和使用。

整个知识服务体系从逻辑上形成闭环反馈，由知识服务效果评估反馈于逻辑架构体系中的各环节，不断迭代优化，持续改进。具体包括以下内容。

直接反馈作用于知识服务资源，反映知识服务外部资源和内部资源的系统性和完整性，持续完善知识服务资源。

知识服务效果评估直接反馈作用于知识服务内容体系构建的科学性，检验所采用的实体抽取技术、关系抽取技术和实体映射技术对知识服务资源的抽取分析及构建的合理性和有效性，持续优化并改进技术方法的使用。

知识服务效果评估直接反馈作用于知识服务内容推荐的精准性和科学性，验证文本语义表示、图嵌入技术及推荐算法对知识图谱和课程体系内容解析推荐的精准度。同时,反馈于内容推荐中课程推荐的有效性、结合员工岗位的学习路径的有效性;持续调整并提升内容推荐的有效性。

随着信息技术的快速发展以及员工终身化学习趋势的加快,以上三要素相互作用的动态性将更加明显,整个企业内部知识服务体系的迭代优化周期将愈来愈快,新的信息技术将推动这个进程,企业将通过更科学的技术方法实现体系的高效率和高质量的优化。

第五章 知识图谱构建方法

第一节 引 言

随着大数据时代的到来,企业对于知识管理的需求日益增长。知识图谱作为一种新型的知识组织与表达方式,已经在多个领域得到了广泛的应用。在企业知识服务体系中,知识图谱的作用主要体现在以下几个方面。

(1)知识组织与存储。知识图谱可以将企业中的各类知识进行有效的组织与存储,包括知识的分类与定义、数据收集与整理等。通过构建知识图谱,可以将散乱的知识点关联起来,形成系统的知识体系,便于知识的检索与共享。同时,知识图谱支持多元数据的存储,能够容纳各种类型的知识,如文本、图片、音频等,使得知识的存储更为全面和丰富。

(2)知识检索与推荐。知识图谱可以通过关键词匹配、语义关联等方式实现知识的检索与推荐。在检索过程中,用户可以通过输入关键词或其他查询语句来获取相关的知识点,提高了检索的准确性和效率。同时,知识图谱还可以根据用户的需求和兴趣,推荐相关的知识点和资料,帮助用户获取更有价值的知识。

(3)知识问答与决策支持。知识图谱可以用于实现企业知识的问答与决策支持。通过问题分类、数据采集和自然语言处理等技术,将用户的问题转化为图谱中的知识点或实体,并从图谱中提取相关信息来回答用户的问题或提供决策支持。这样可以帮助企业快速响应客户的需求，提供更准确、高效的客户服务。

（4）知识协作与共享。知识图谱可以促进企业内的知识协作与共享。通过知识地图的构建，将各类知识资源进行组织和展示，方便员工查找和使用。同时，知识图谱还可以支持多人协作，实现知识的共同编辑与分享。员工可以在知识图谱中添加、修改或删除知识点，与其他员工共享自己的知识和经验，提高团队协作的效率。

（5）数据挖掘与分析。知识图谱可以用于数据挖掘与分析，以发现隐藏在大量数据中的有用信息。通过图谱中的实体关系和属性信息，可以深入挖掘数据的关联和模式。例如，可以从知识图谱中提取市场趋势、客户需求、竞争情报等信息，为企业决策提供有力支持。此外，知识图谱还可以结合自然语言处理技术，对文本数据进行情感分析、主题建模等处理，以评估舆情动态、识别关键意见领袖等。

知识图谱对于企业知识服务体系具有重要作用，它可以提高企业知识的组织、检索、推荐、问答、协作、共享以及数据挖掘与分析等方面的能力。通过应用知识图谱，企业可以更好地管理和利用自己的知识资源，提高工作效率和市场竞争力。

因此，企业应重视知识图谱的应用和推广，以促进自身的可持续发展。本章主要介绍知识图谱所涉及的关键性技术，并以5G技术为例，说明知识图谱的构建过程。

第二节　知识图谱相关技术

一、文本表示方法

分词（词条化，tokenlize）指的是将字符串中原始的字符组合转换成一个个词条（token）的过程。分词是自然语言处理中数据预处理的重要步骤。本研究采用结巴分词方法，其结合了基于规则和基于统计的方法。

首先结巴基于前缀词典对文本进行词图扫描,能快速构建包含所有可能分词结果的有向无环图(DAG),然后使用动态规划的方法找到发生概率最大的一个路径,作为最终的分词结果。

Doc2vec(paragraph2vec,sentence embeddings)是 Word2Vec 的改进,是一种无监督算法,能从可变长度的文本学习中得到固定长度的特征向量表示,并能够考虑文本的语义。与 Word2Vec 中的 CBOW 模型和 Skip-gram 模型相似,Doc2vec 的训练方式也可以分成两类,一类是分布记忆的段落向量(Distributed Memory Model of Paragraph Vectors,PV-DM),另一类是分布词袋版本的段落向量(Distributed Bag of Words version of Paragraph Vector,PV-DBOW)。

(1)分布记忆的段落向量(PV-DM)。Doc2vec 的 Distributed Memory Model of Paragraph Vectors 算法的模型输入可以分为两个部分。第一个部分是句子向量,其由图 5—1 中 D 的某一列表示。第二个部分是词语向量,由图 5—1 中 W 的某一列表示。模型的工作原理:每次对一个句子文本进行滑动采样,得到固定长度的词语,将其中的一个词语设置为目标预测的词,其他的作为模型的输入。输入层的内容涵括了采样得到的词语的向量和整个句子的向量,将整个句子的向量和输入词向量求平均值或者算累加和,构成一个新的向量,进而将这个向量作为模型的最终输入,预测目标词语。

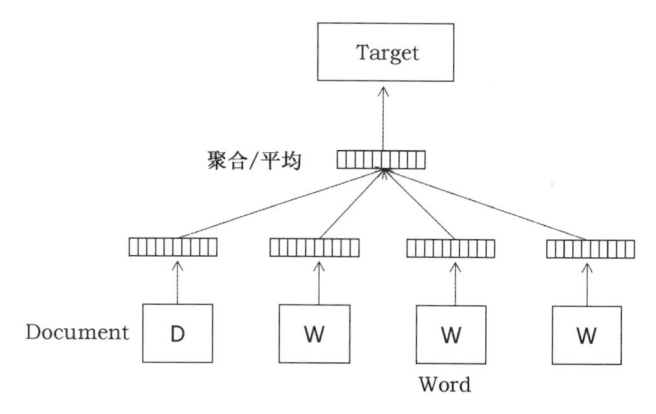

图 5—1　PV-DM 结构

(2)分布词袋版本的段落向量(PV-DBOW)。PV-DBOW 训练方法与 PV-DM 的不同之处在于其忽略了输入的上下文,让模型直接预测段落中的一个随机单词。在模型中每次迭代的时候,PV-DBOW 会从段落中采样得到一个文本窗口,再从文本窗口中进行随机采样,获得一个词语作为目标,让模型预测它,模型的输入是段落向量。模型的工作原理如图 5-2 所示。

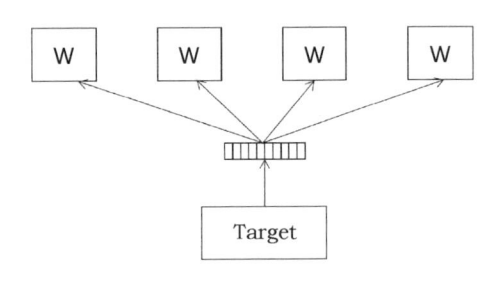

图 5-2 PV-DBOW 结构

二、命名实体识别技术

命名实体识别任务是指给定一段文本,从中抽取出具有意义的词语,标注其词边界和类别。命名实体识别方法可以分为三类,第一类是基于词典和规则的方法,第二类是基于统计机器学习的方法,第三类是基于深度学习的方法。

基于词典和规则的方法是命名实体识别技术最早采用的方法。李文捷、苑春法等人在中文金融新闻中对公司名的识别采取了此方法。其先根据词语属性构建了专有的词库,用于精准分词。另外,其根据词语的语法规则、命名习惯等规则构建了知识库,用于识别文本的模式。这项研究基于对文本的深度观察,提炼内在的规则进行文本抽取。虽然从指标表现来看,得到了不错的效果,但是实验受限于以下因素。

(1)有些人为设定的规则带有主观性和片面性,无法适用于所有文本。

(2)人工设定规则工作量巨大,知识库不健全,并且其规模很难发展。

(3)模型只能识别规则内的模式,对于一些新的模式和新词很难将其抽取出来。

(4)模型具有很强的独特性,此模型中的规则不适用于其他领域的数据集,因此很难将其复制到其他项目中去。

在机器学习的概念及理论被提出后,也被用于命名实体识别的任务。王浩畅、赵铁军在生物医学命名实体识别的研究中使用了 SVM 的方法。其先构建了丰富的数据集特征,包括了每个文本符号的特征以及上下文的文本特征、词性特征、词型特征等。面对此特征矩阵,作者采用了多分类 SVM 模型,将原特征映射到高维空间以寻找合适的超平面进行分割。训练后的模型拥有 72.7% 的召回率和 70.7% 的准确率,但是模型对边界的识别表现不理想。因为 SVM 模型很难学习到上下文之间的关联,所以模型会将一个实体识别成几个分开的实体,也会把几个独立的实体识别成一个实体。此外,由于模型无法识别训练集中未出现过的新词,上下文信息又不能够被充分利用,导致一些专有名词无法被识别。除此之外,传统的机器学习模型(包括 SVM)对于输入模型的特征的要求非常高。但是人为选中的特征是有限的,可能在特征工程的时候会遗漏很多重要的特征信息,限制了模型的表现。为了充分挖掘上下文的信息,有人提出了使用隐马尔科夫模型(HMM)进行命名实体识别。虽然其考虑到了文本的序列,但是其基于序列中每个元素相互独立的假设,而此假设在大多数实际的场景中是无法满足的。因为一段字符串中的很多元素是拥有语义和语法上的关联的,甚至在很长的窗口内互相作用。Zeng Guanming、Zhang Chuang 等人在中文命名实体识别任务中使用了 CRF 模型。为了更加准确地识别命名实体,其改进了标签的维度。基于 BOIS 的经典标签,增加了 B2 标签用以存储字符串中第二个字符的编码。此改进向模型输入了更多的信息,对命名实体边界的识别有显著的增强,但是在扩大了标签集之后模型的计算复杂度也提升了很多。

目前最主流的方法是建立基于深度学习的抽取模型。廉龙颖利用分词和词性标注方法对文本进行预处理,并且组合了 CRF 规则,Bi-

LSTM算法,对比不同组合的表现,实现了网络空间安全领域的命名实体识别任务。李建等人利用了BERT算法研究了专利信息抽取的方法,考虑了中文特征与句法语义特征,建立了BERT-BiLSTM-CRF命名实体识别算法。同时结合了注意力机制与语义特征,实现了另一种实体关系抽取算法。赵耀全等人利用N-grams算法从文本中抽取出新词构建词库,并且使用Lattice-LSTM算法将输入模型的字符与词库中的成分一起编码,提高了包含大量专业术语和不规范语言文本中的识别准确率。

命名实体识别(Named Entity Recognition,NER)旨在识别出文本中具有特定意义的实体,实体主要包括人名、地名、机构名和专有名词等。工作内容包括识别自然文本中的实体的边界和类别。比如对于"张三在上海财经大学"这一句话,命名实体识别技术会抽取出"张三"和"上海财经大学"两个实体,并将其分别标注为"人名"和"机构名"。

命名实体识别方法可以分为三类,第一类是基于词典和规则的方法,第二类是基于统计机器学习的方法,第三类是基于深度学习的方法。具体介绍如下。

(1)基于词典和规则的方法是命名实体识别技术最早采用的方法。其由语言学专家为语料构建出一系列的抽取模板,包括关键词、标点符号、指示词等。如果待预测文本字符串与规定的模式成功匹配,则提取出相应子字符串并进行标注。

(2)基于机器学习的方法。相比于传统的基于规则和词典的方法,其具有更好的泛化性能,可以迁移到更多的环境中。基于机器学习的实体识别方法的核心思想与基于规则的方法完全不同,其根据语料训练集中的特征数据,使用统计机器学习的算法建立模型,通过此训练完成的模型给每个词预测可能的标注结果的概率。

(3)基于深度学习的方法。基于机器学习的方法虽然卓有成效,但是仍然需要人工进行上下文分析、语义分析、语法句法分析和词性分析等,之后根据自己的判断选择特征构建输入模型的数据集,模型的效果很大程度依赖于特征的质量。但是基于深度学习的模型可以自动识别文本中蕴藏的信息,甚至可以挖掘到深层次的特征,而不需要人的介入,如今已经成为命名实体识别任务的主流方法。

三、知识图谱构建

在实体抽取任务完成之后,需要将数据处理成知识三元组的形式,存储在数据库并进行可视化。王瑞萍、刘峰等人处理了审计领域的数据,以三元组(S,P,D)的形式来表示实体、关系、属性之间的关系,存储在MYSQL数据库中,并且利用Neo4j数据库进行可视化,厘清了节点之间的关系。孙敏敏和毛雪岷在完成了数据获取、数据清洗之后采用了自顶而下的方式抽象出了本体模型,构建了模式层。之后通过知识融合技术完成了实体之间的链接工作,构建了数据层,提高了知识图谱构建的准确率。以(实体,属性,属性值)的形式将数据存储到csv文件中之后,利用Cypher语言将知识图谱存储到Neo4j图数据库,并进行知识图谱的可视化工作,为决策提供了支持。

四、长短时记忆网络(LSTM)

长短时记忆网络(Long short-term memory,LSTM)是一种特殊的循环神经网络(Recurrent Neural Network,RNN)。RNN的构想来源于"人的认知是基于过往的经验和记忆",核心思想是通过将信息不断地循环处理,保证信息持续存在。其记忆功能的实现来源于建立隐藏层节点之间的连接,隐藏层的输入不仅考虑输入层的输入,也囊括了上一时刻隐藏层的输出。但是RNN在处理文本长期依赖时会遇到巨大的困难,因为对于距离较远的节点之间的计算,会涉及矩阵的连续相乘,这会带来梯度消失或者梯度爆炸的现象。为了解决长文本训练过程中的梯度消失、梯度爆炸问题,LSTM设置了3种门结构:遗忘门、输入门、输出门,使自循环的权重能不断变化,从而保护和控制信息的流动。门结构由一个点乘操作和一个sigmoid层组合而成。

图5—3为LSTM内部的细胞结构。水平箭头的方向表示细胞状态

的更新顺序,也就是数据的流向;浅灰色的圆表示一个输入数据的向量;灰色的方块表示神经网络层,进行了激活函数操作;白色的圆形表示点操作,包括向量的点乘和加法运算;箭头的合并表示对向量进行合并操作(concat);箭头的分叉代表着将向量复制多次;黑色的圆形代表输出。

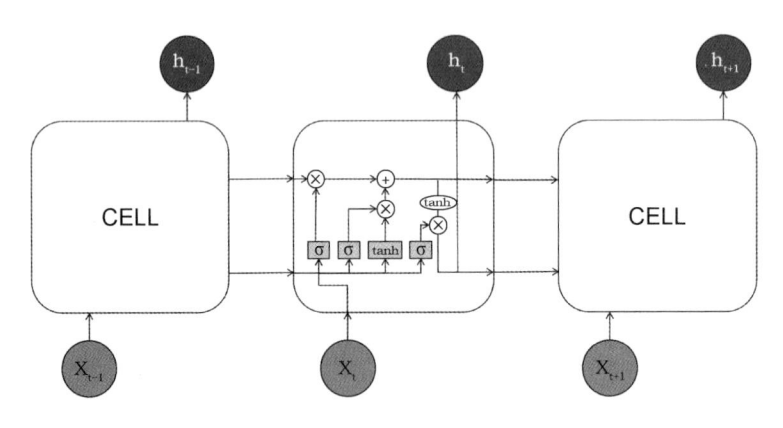

图 5-3 LSTM 细胞结构

门结构在 LSTM 中的执行顺序如下。

(1)遗忘门。在 LSTM 细胞中运算的第一步是判断有哪些信息应该被忘记,哪些应该被留下并输入,因此设置了遗忘门,如图 5-4 所示。xt 表示输入向量,$ht-1$ 表示上一细胞的输出,其经过遗忘门的激活函数运算,输出一个 0 到 1 之间的值,选择性遗忘细胞状态 $ct-1$ 中的信息。遗忘门的计算公式为

$$f_t = \sigma(W_f \cdot [h_{t-1}, x_t] + b_f) \tag{5.1}$$

其中,f_t 表示遗忘门的输出,σ 表示 sigmoid 函数。

(2)输入门。输入门的结构如图 5-5 所示。在第一步,输入门使用 sigmoid 函数决定了有哪些新信息即将被用于更新细胞状态。第二步,tanh 函数将生成一个向量,作为用于更新细胞状态的预备信息。输入门以及预备向量的计算公式为

$$i_t = \sigma(W_i \cdot [h_{t-1}, x_t] + b_i) \tag{5.2}$$

$$\widetilde{C}_t = tanh(W_c \cdot [h_{t-1}, x_t] + b_c) \tag{5.3}$$

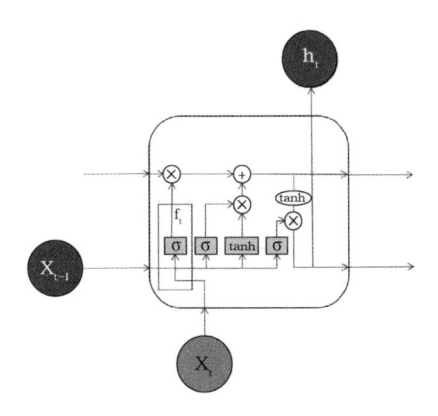

图 5-4 遗忘门

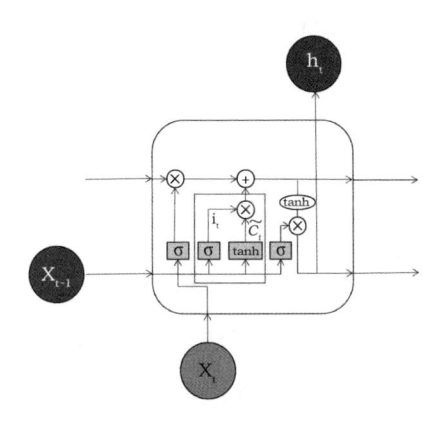

图 5-5 输入门

1. 细胞状态更新

此步骤如图 5-6，旨在将旧的细胞状态 $Ct-1$ 更新为 Ct。利用前两步的运算结果，Ct 的计算公式为。

$$C_t = f_t \times C_{t-1} + i_t \times \widetilde{C}_t \tag{5.4}$$

2. 输出层

在细胞状态更新完成之后，需要根据 xt（输入向量）和 $ht-1$（上一细胞的输出）来确定输出的结果，如图 5-7。首先，xt 和 $ht-1$ 经过输出门

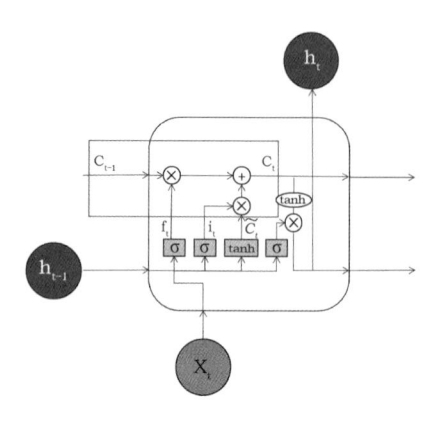

图 5-6　细胞状态更新

的 sigmoid 运算得到判断条件。然后细胞状态经过 tanh 运算转化为值是[-1,1]的向量，与输入门的结果相乘得到输出值。最后将输出复制两份，一份作为细胞的输出，一份存在隐藏层参与下一细胞的运算。

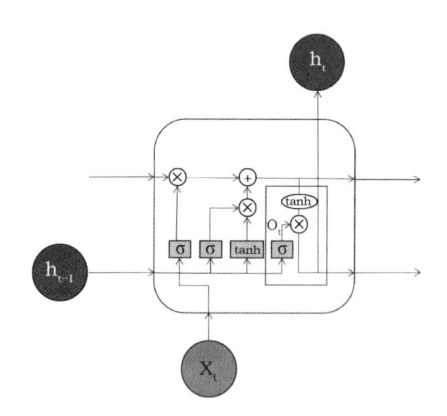

图 5-7　输出层

$$O_t = \sigma(W_O \cdot [h_{t-1}, x_t] + b_O) \quad (5.5)$$

$$h_t = tanh(C_t) \times O_t \quad (5.6)$$

五、双向长短时记忆网络（BILSTM）

双向长短时记忆网络（Bi-directional LSTM）如图 5-8 所示，包括了前向层和后向层，其共同作用决定输出值，因此能考虑文本中上下文对结果的影响。其中前向层的计算顺序从 1 时刻开始，到 t 时刻结束，隐藏层包含了前文与当前文本的信息，后向层的计算顺序从 t 时刻开始，到 1 时刻结束，隐藏层包含了后文与当前文本的信息，最后在每个时刻结合前向层和后向层的结果计算出模型的输出，数学公式为。

$$h_t = f(\omega_1 \times x_t + \omega_2 \times h_{t-1}) \tag{5.7}$$

$$h'_t = f(\omega_3 \times x_t + \omega_4 \times h'_{t-1}) \tag{5.8}$$

$$o_t = f(\omega_5 \times h_t + \omega_6 \times h'_t) \tag{5.9}$$

其中，h_t 为前向层的输出，h'_t 为后向层的输出，o_t 为最终的输出

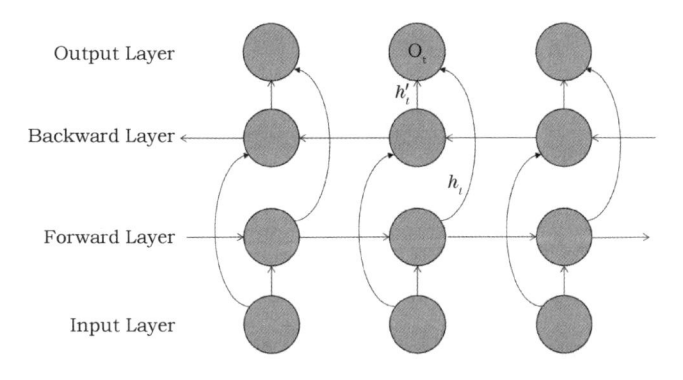

图 5-8　BiLSTM 结构

六、条件随机场（CRF）

（1）随机场的定义。随机场可以理解为若干个成分组成的整体，如果按照某种分布，给一个成分随机赋予一个值，其整体则叫做随机场。

（2）马尔可夫随机场的定义。马尔科夫随机场是假设随机场中某一个成分的值仅和其相邻成分值有关，而与不相邻的成分的值无关，是随机场的特例。

（3）条件随机场（CRF）的定义。条件随机场是假设马尔科夫随机场中只有 X 和 Y 两种变量。X 给定，Y 是在给定 X 的前提条件下的输出，

是马尔可夫随机场的特例。

当 LSTM 模型进行预测之后,会给每一个输入打一个标签,但是 LSTM 并不能考虑到不同标签值之间的关系。比如某两个标签值能否相邻存在,这种前后关联性是 CRF 能够考虑到的。CRF,如图 5-9,使用特征函数,学习到不同状态之间的关联,会给多个状态的有序组合评分,并将所有可能的组合评分进行归一化处理,选出概率最大的一个组合作为最终预测的结果。

在线性链条件随机场中,有两类特征函数。第一类特征函数是状态特征函数,其只与当前节点有关,公式记为

$$s(y_i, x, i) \tag{5.10}$$

其中,y_i 表示第 i 个输出,i 代表该节点在字符串中的位置。第二类特征函数是转移特征函数,则是上下文的转移矩阵,与当前节点和上一节点有关。公式记为

$$t(y_{i-1}, y_i, x, i) \tag{5.11}$$

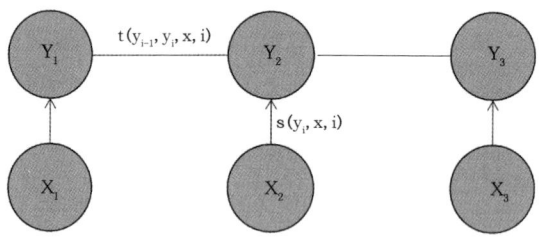

图 5-9 CRF 结构

第三节 数据预处理

一、数据来源

5G 技术发展至今,引发了全世界的广泛关注。对于 5G 的成长脉络以及目前的进展,网络上存在许多分析的文章。虽然有不少文章对 5G

有深刻的剖析、准确的表述,但是每一篇分析文章都多多少少带有主观的判断,难以拥有科学以及数据的支撑。本章希望从量化的视角衡量 5G 目前的发展情况。

5G 技术虽然是个热门概念,但是其仍处于发展的阶段。对于前沿科技的追踪,应当着手探索学术数据。因为在一门新兴技术或者一个黑科技产品推广之前,一定要经过研发的阶段。而研发阶段往往暗示着最终产品和技术形态的走向,可以作为 5G 技术追踪的源头。对于学术数据的获取,中国知网能承担一个可靠的知识库,因为其作为一个成熟且获取大众认可的平台,整合了多个来源的学位数据,能保证学术数据在时间维度以及空间维度的完整性。因此,本章从中国知网的学位数据入手,为了使获得的数据更精准,将学科定义为电信技术并且以 5G 为主题。

样本网页页面如图 5-10 所示。

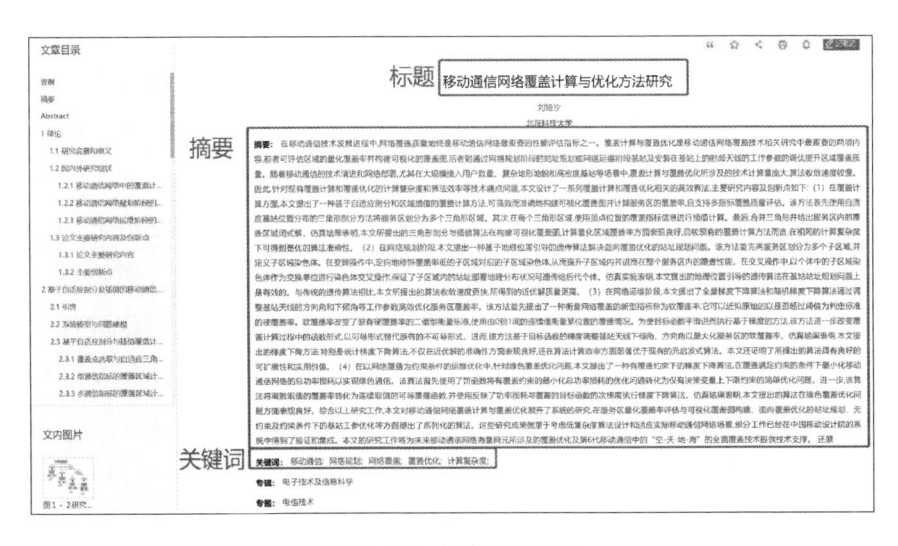

图 5-10 样本网页页面

二、数据获取

数据爬虫由 python 语言编写,选用 pandas 和 numpy 进行数据的处理，使用 selenium 技术配合 chrome 浏览器驱动进行爬取。

  Selenium 是一款由 Throught Works 公司开发的基于驱动浏览器的开源自动化测试工具。其拥有许多独特的优点，适用于中国知网数据的爬取。第一，selenium 拥有强大的 Javascript 解析能力。由于中国知网的网页结构比较复杂，HTML 中有多个模块，分析其代码结构需要消耗许多时间和精力。Selenium 的内置函数可以自动完成脚本解析的工作，提供清晰易懂的接口，快速识别网页中具有指定特征属性的内容。第二，selenium 支持网页中的动态操作。在爬取中国知网数据的过程中，涉及多个页面交互的动作，比如在获取摘要之前要从父页面点击超链接进入子页面，在子页面完成数据的爬取之后需要关闭子页面，返回父页面并切换句柄。如果使用其他爬虫框架很难进行这类操作，起码需要结合其他的技术，比如 pyautogui 等。Selenium 框架的内置功能支持网页中的点击等操作，适合动态爬取场景。第三，易于监测爬取进展以及解决爬取失败的问题。由于中国知网的网页中部署了多种反爬机制，所以在爬虫过程中很容易触发反爬，但是如果使用其他框架，无法即时观测到页面中的实际情况，难以绕过反爬。Selenium 由于是操控了浏览器驱动，所以页面上的情况可以得到实时的监控，一旦遇到问题也可以很轻松地定位以及设计解决方案。虽然 selenium 技术也有一些缺点，比如其占用了更多的资源，而且爬取的速度比较慢。但是在本章爬取场景中，数据量没有非常大，设备的内存可以支持程序运转，运行速度也可以接受，被选取为主要的爬虫核心技术。

  实验爬取了 3 245 篇的题名、摘要和关键词。在爬虫的设计过程中，有遇到反爬机制的干扰——超链接的跳转屏蔽。在爬虫的过程中涉及多个页面的切换。首先，爬虫进入的页面是搜索结果页面(父页面)，如果想要进入每个的首页，则需要从父页面点击该进行跳转。但是使用父页面 HTML 定位到元素之后其超链接(HREF)的内容被处理过，不能直接产生跳转。经过了对多个子页面 URL 的解析之后发现其组成是有一定规律的，因此实验将爬虫拆分成两个步骤，第一个步骤是在父页面搜集到所有的超链接文本，第二个步骤是根据 URL 构成规律将每一个超链接文本剪切拼接成子页面的 URL，逐个访问爬取数据。

三、数据预处理

在成功爬取文本数据之后，需要对文本进行预处理。如果仅仅使用标题数据的话仅仅有 3 245 条数据，数量远远少于预期，模型也很难在此量级的输入条件下拥有理想的表现，所以摘要数据也需要被利用起来。摘要数据内容十分丰富，虽然其包含了大量的信息，但是对于大部分摘要文本而言，"产品"和"技术"的实体很稀疏。绝大部分的摘要按照内容可以分为两个部分，第一部分是围绕着标题的概括性说明以及研究背景介绍，其中实体的浓度比较高，是标题内容的扩展。第二部分是细节阐释，主要介绍该实践的细节，实体浓度很低。因此，虽然要利用摘要文本，但是不能全盘接受，需要在合适的位置对摘要文本进行切割，采纳前半部分的文本，抛弃后半部分的文本。而切割点的选取需要制定规则。基于对数据的观测，绝大部分的摘要文本包含了一些关键词，这些关键词暗示了摘要文本从概括到细节的转变。最终的文本切割规则考虑了关键词的出现、句子在文本的位置以及句子的长度。切割后的句子共有 15 406 条。

第四节　实体标注与识别模型设计

一、实体标注

在上一步的数据准备阶段，已经将语料文本转换为句子粒度，在模型训练之前需要人工给文本打标注，注明我们希望模型能够识别出来的实体。在实体标注的过程中，有两个关键，即标注的内容和标注的边界。

对于标注的内容而言，基于对文本的观察以及对研究目标的考量，将给实体打上两类标签。第一类是"技术"。因为对于 5G 这一发展中的新兴科技而言，与其相关的技术可以代表着5G的发展方向。同时，技术是5G发展的核心，对于任何的发展方向而言，都应该有技术作为支撑。第二类是“产品”。5G技术发展的过程中有许多产品呈现，这些产品代表着5G在真实场景中的应用。产品是凝固的技术，它连接着技术与现实世界，会直接对人们的生活和社会产生影响。

对于标注的边界而言，本研究对词语的切割规则是采用最大可分割的词边界。可分割意味着如果两个命名实体同时相邻出现了，应该在标注的时候将其分开，来确保每个命名实体有且仅代表着一个“产品”或者“技术”。最大可分割意味着允许一些修饰词的存在。例如，对于“大规模MIMO技术”这个字符串而言，将其标注为“大规模MIMO技术”而不是“MIMO技术”，因为希望尽可能保留与该实体相关的更多的信息。

本研究采用BIOES方法进行实体标注：B(begin)表示该字处于一个命名实体的开始，I(inside)表示内部，O(outside)表示外部，E(end)表示该字处于一个命名实体的尾部，S(single)表示该字单独可以代表一个实体。训练集标注过程中没有遇到单个字可以表示单个实体，所以不考虑S。

对于标注文本的存储格式而言，本研究将所有的文本预料处理成句子粒度，存储在txt格式的文本文件中，将每一个句子的标注结果存储在ann格式的文本文件中，方便模型将其对应起来并提取。

本实验使用了“精灵标注助手”软件对训练集进行标注，标注的总体样本量为1 027个句子，标注文本如图5—12所示。

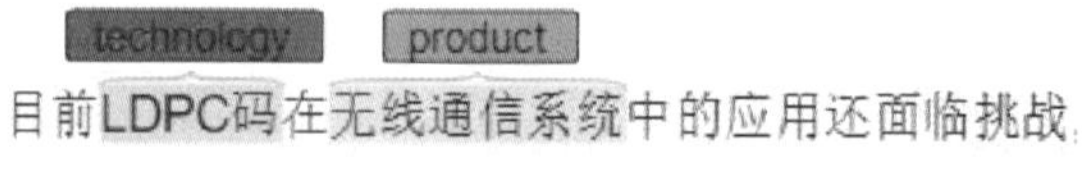
technology
product
目前LDPC码在无线通信系统中的应用还面临挑战

图5—12 标注文本

二、识别模型设计

1. BiLSTM+CRF 模型选型

由于本研究使用的文本数据来自中国知网中学位的标题和摘要,其有别于自然对话语言中的文本,也有别于专利数据。实体识别模型的选取和设计应该考虑到输入数据的特点。首先,文本语言的前后文很重要,可能包含很重要的信息。由于是一种比较正式的知识表达方式,所以对表达语言有一定的限制。正因如此,数据的语言表达包含了一些潜在的规则,例如,"基于"一词后面大概率会出现技术实体名词。选用的模型最好能考虑到根据一个句子中的前后文来判定词语的标签。其次,数据中不同标签之前存在一些关系。因此,模型最好能够考虑到同一个句子中不同标签之间的共现关系。为了解决上述两个问题,本研究引入 BiLSTM+CRF 模型。

模型结构如图 5—13 所示。

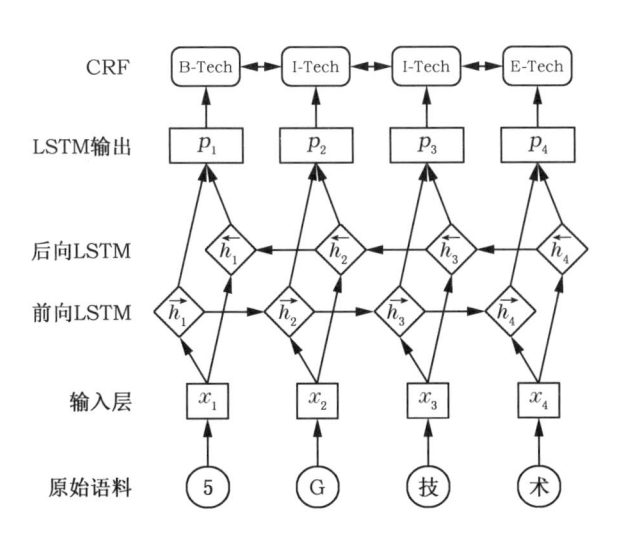

图 5—13 模型结构

由于数据包含了许多专有名词,句子的结构也非常复杂,所以分词的结果不理想,词向量映射也会偏移原字和原词的本意,因此模型的输入将保留最初始的内容,以字为粒度输入模型。其中前向 LSTM 层能够考虑到该字与前文的信息,后向 LSTM 层能够考虑到该字与后文的信息。这两层神经网络能够利用上下文的信息辅助预测,模拟了人的大脑神经元的记忆功能,最后输出了该输入对应到每个标签的概率,将之输入到 CRF 层。在本模型中,CRF 层非常关键,因为一开始预测的时候会出现将许多连续的字符预测为 E(实体的最后一个词),但是这种情况是不合逻辑的。一旦加入 CRF 层之后,其能自动学习到一些约束,帮助标签值的预测,比如能学习到 I(实体的中间字符)不能作为实体第一个字符的预测值,以及 E(实体的最后一个词)不能连续出现,这就能够大大提高模型的预测精度。

2. BiLSTM+CRF 模型评价指标

本实验的评估指标体系由 4 个指标构成,分别是准确率(Accuracy)、精确率(Precision)、召回率(Recall)和 F1 score。由于本实验的标签分布存在倾斜的情况——大部分字的标签既不属于技术词,也不属于产品词,本实验需要均衡考量所有类别的精确率和召回率,因此引入 F1 score。由于本实验属于多分类任务,所以对于精确率,召回率和 F1 score 的计算采用微平均的方法,指标的计算方式如表 5-1 所示。

表 5-1　　　　　　　　　　　混淆矩阵

		预测的类	
		类=1	类=0
实际的类	类=1	TP	FN
	类=0	FP	TN

$$准确率(Accuracy) = \frac{TP+TN}{TP+TN+FP+FN} \quad (5.12)$$

$$精确率(Precision) = \frac{TP}{TP+FP} \quad (5.13)$$

$$召回率(Recall) = \frac{TP}{TP+FN} \tag{5.14}$$

$$F1score = \frac{2 \times Recall \times Precision}{Recall + Precision} \tag{5.15}$$

$$microRecall = \frac{\sum_{1}^{t} TP_t}{\sum_{1}^{t} TP_t + \sum_{1}^{t} FN_t} \tag{5.16}$$

$$microPrecision = \frac{\sum_{1}^{t} TP_t}{\sum_{1}^{t} TP_t + \sum_{1}^{t} FP_t} \tag{5.17}$$

$$microF1score = \frac{2 \times microRecall \times microPrecision}{microRecall + microPrecision} \tag{5.18}$$

公式中的 t 代表标签类别的个数。

3. BiLSTM+CRF 模型参数

(1) 样本量设置。在模型建立之初,标注的样本量只有 432 个句子。但是模型的表现一直非常不理想,无论是调节模型参数(batch size 等)还是调节数据预处理的方法,模型几乎按照完全随机的方式进行预测。于是将模型表现不良的原因猜测为样本量的问题,为了证实样本量对模型表现的影响,本研究按照单一变量的原则设置了多个实验组,调节输入模型的样本量,观测模型的表现,对于每一组样本量进行 2 次模型训练,取指标表现的平均值,记录如表 5—2 所示。

表 5—2　　　　　　　　样本量与模型表现对照

样本量	F1-score 表现
200	15.53%
400	36.54%
600	55.26%
800	64.58%
1 000	68.68%

对于随着样本量单调递增的模型表现,将一开始模型表现不良的原因定义为样本量不足,当样本量逐渐增大时,模型表现边际递增逐渐减缓。

本实验按照80%:20%的比例随机分配并切分训练集和测试集,训练集共821条句子,测试集共206条句子。

(2)batch size设置。由于实验设备的内存限制,不支持大批量的数据训练,但是如果将值设置得过小,则每轮迭代需要更多批次,会花费更多时间。本章给batch size变量设置了3个候选值,分别是20,50,100,按照单一变量原则进行实验,将f1 score设置成观测指标,选取表现最优的参数,参数表现如表5—3所示。

表5—3　　　　　　　　　batch size与模型表现对照

Batch size	F1-score 表现
20	68.68%
50	53.24%
100	60.20%

(3)learning rate设置。学习率控制了模型的迭代步伐。如果学习率设置得过高,模型可能会在最优值附近震荡摆动,如果学习率设置得过小,则会加大收敛时间。这里给learning rate变量设置了3个候选值,分别是0.000 1,0.000 5,0.001,按照单一变量原则进行实验,将f1 score设置成观测指标,选取表现最优的参数,每个参数表现如表5—4所示。

表5—4　　　　　　　　learning rate与模型表现对照

learning rate	F1-score 表现
0.000 1	68.68%
0.000 5	62.17%
0.001	71.64%

(4)神经元节点数设置。神经元个数的选择应该与输入数据信息量匹配。如果神经元个数设置过多可能会导致过拟合,如果神经元个数过

少可能会导致欠拟合。本实验的数据量不是特别大，所以设置了较小的神经元数量。给神经元节点数变量设置了3个候选值，分别是50,100,200,按照单一变量原则进行实验,将 f1 score 设置成观测指标,选取表现最优的参数,每个参数表现如表 5－5 所示。

表 5－5　　　　　　　神经元节点数与模型表现对照

神经元节点数	F1-score 表现
50	67.52%
100	71.64%
200	45.65%

4. BiLSTM+CRF 模型表现

BiLSTM+CRF 模型最优参数设置如表 5－6 所示。

表 5－6　　　　　　　　　最优参数

参数名字	参数值
batch size	20
Epoch	300
神经元节点数	100
learning rate	0.001

在最优参数的配置下,模型表现如表 5－7 所示。

表 5－7　　　　　　　　　模型表现

指标	值
f1 score	71.64%
precision	71.71%
recall	71.57%
accuracy	71.57%

在上述参数中学习的模型,训练完成之后在全量测试集上面检验效

果,评估指标包括整体的准确率、微平均精确率、微平均召回率以及微平均 f1 score。整体而言,模型的每个指标表现较为均匀。在将模型使用到预测所有语料的时候,共预测出 6 433 个技术实体唯一值,预测出 4 803 个产品实体的唯一值。

第五节 知识图谱构建

一、实体向量表示

1. Doc2vec 模型选型

在命名实体抽取出来之后,需要计算出每两个命名实体之间的相关性。也就是说,需要判断两个技术或者两个产品之间是不是相似的,如果是相似的,则可以以相关性为边将其连接起来。在实体关系计算之前需要将命名实体映射成一个向量。在本研究考虑到了数据的特点,将命名实体使用 jieba 分词之后,输入到 doc2vec 模型计算词向量。首先,本研究提取出来的大部分技术实体和产品实体都是专有名词,因此如果映射成词袋(Bag of Words)的话,向量维度会非常高,每个实体向量也会非常稀疏,不适合相似度的计算。其次,如果使用词袋模型的话无法考虑到词语的上下文关系,可能会造成信息的丢失。而 doc2vec 模型可以将可变长度的字符串映射成指定长度的向量,可以有效降低词向量的维度。除此之外,doc2vec 模型能够考虑到文本的上下文关系,对于词序的考量能够使词向量的预测更为精准。

2. Doc2vec 参数设置

(1)训练算法。由于希望模型能学习到文本上下文的信息,选用因而 DM 模型。

(2)特征向量的维度。由于命名实体的文本长度较短,词数也有限,所以文本不会包含过于丰富的信息,没有设置过大的向量维度,只将之设置成 100。

(3)学习速率。将参考类似模型的经典参数设置成 0.025。

(4)最小词频。一旦某个词的词频小于阈值,则会被丢弃。由于输入的数据集已经是实体名字的唯一值,而数据集中存在一些低频出现的实体词语,具有意义,不应舍去。因此将最小词频设置成 1,以保留所有的词。

二、实体间相似度计算

本研究采用经典的余弦距离计算向量间的相似度,公式为

$$\text{Similarity} = \frac{Vec1 \cdot Vec2}{||Vec1|| \cdot ||Vec2||} \tag{5.19}$$

其中,Vec1 表示第一个实体向量,Vec2 表示第二个实体向量,Similarity 表示两个向量之间的余弦相似度。

在计算出每一对实体之间的相似度之后,在输入 neo4j 图数据库之前,需要对实体对做一个筛选,首先,应该抛除相似度过低的实体对。因为将两个实体映射成词向量之后,相似度几乎不会为 0,但是过低的相似度背后的两个实体其实关联性很弱,不应该建立关联关系。考虑到实体及实体关系的维度,本研究对每一个实体及相关联的其他所有实体之间的相似度进行排序,并且只取与该实体最相关的 10 个关系。另外,在对每个实体取了前 10 个相关性的关系之后还有一个潜在的问题。如果实体库中存在一个非常独立的实体,其与其他任何实体都没有关系,但是仍可以取到与之相关性最强的 10 个实体,但是这是单方面的相关性关系,对于这 10 个实体而言,并不承认独立实体与其是最相关的。因此,本研究只考虑两个实体之间互相承认对方是自己最相关的 10 个实体之一,取出相对应的相似度。

三、知识图谱构建过程

基于实体库和实体关系库,本研究将实体关系以三元组的形式(开始实体,相似度,结束实体)上传到 neo4j 图数据库中进行存储以及可视化,输入模型的数据量如表 5-8 所示。并使用 CYPHER 语言进行数据库

的建立和查询,与传统的 SQL 语言有差别。本研究没有采用传统数据库的第一个原因是基于本研究的数据结构。本研究最终的数据结构为图结构,包括了起始节点、终止节点和边。用图数据库存储更为合适。第二个原因是图数据库可以更好对本数据集进行可视化。可以清晰地观察到实体之间的聚类关系。本研究对技术和产品两种形态的实体分别建立数据库,以数据库中的实体关系的呈现作为研究最终的结果展示。

表 5-8　　　　　　　　　　neo4j 输入维度

产品实体数	3 520
产品实体间关系数	18 678
技术实体数	4 668
技术实体间关系数	24 768

在 neo4j 图数据库中对物联网相关技术的查询结果展示如图 5-13 所示。

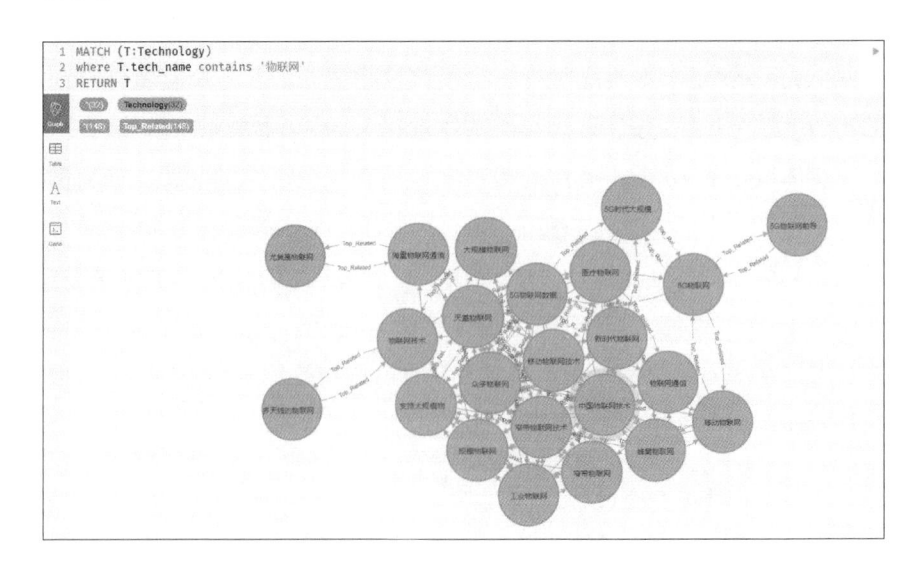

图 5-13　物联网技术相关知识图谱

在 neo4j 图数据库中对天线相关产品的查询结果展示如图 5-14 所示。

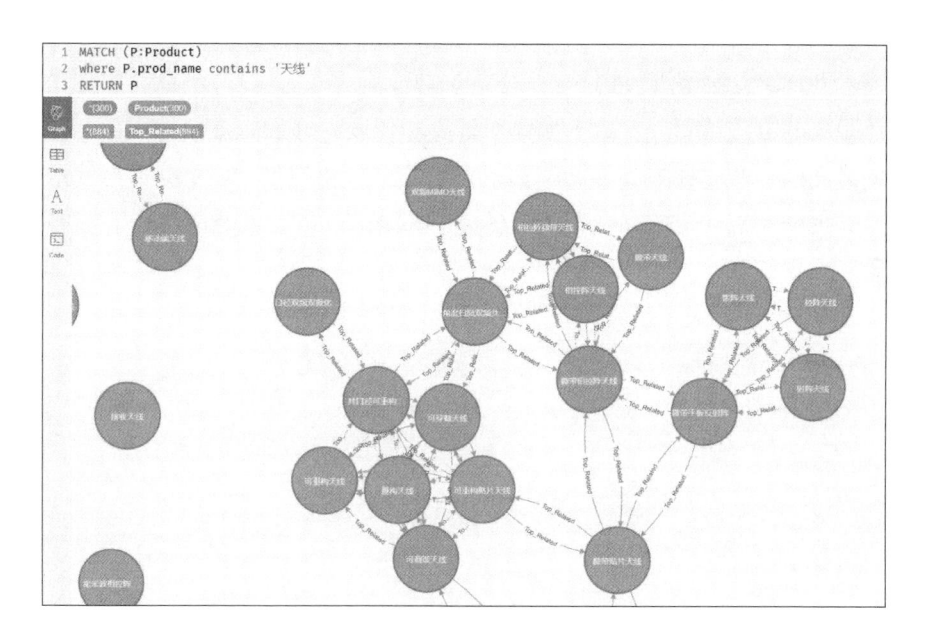

图 5—14　天线产品相关知识图谱

本章小结

本章主要以构建 5G 产品和技术的知识图谱为例，从数据出发，展现知识图谱的构建过程，以及呈现 5G 的发展现状。本章数据来源于中国知网的学位论文，使用 selenium 技术编写爬虫获取的标题文本和摘要文本，并根据数据的特点进行数据预处理。在定义了命名实体的打标规则之后进行实体标注，以句子粒度存储每一条训练集语料和标注的结果。

在本章的模型设计中，使用 BiLSTM+CRF 模型进行命名实体抽取，使用 doc2vec 模型构建词向量。在 BiLSTM+CRF 模型中，首先将语料输入到前向 LSTM 层，学习上文的信息，再输入到后向 LSTM 层中，学习下文的信息，最终结合上下文的信息，输入到 CRF 层，学习不同标签之间的关系。考虑到标签分布的不均衡情况，综合考虑 precision 和 recall 指标，最终模型在全量测试集上的 f1 score 表现为 71.64%。

为了将识别出来的命名实体映射成词向量,在对命名实体分词之后,输入 doc2vec 模型进行训练,最终输出每个命名实体的词向量。使用余弦距离的方法给每一个命名实体对计算相似度。并设定规则抽离出相似度最高的一些实体对建立边。最后将(实体 1,相似度,实体 2)为形式的三元组输入 neo4j 图数据库进行存储及可视化。

第六章 基于知识图谱的企业内部知识服务内容构建方法

第一节 引 言

从企业应用视角看,企业战略制定需要紧密结合行业需求。如何对企业所需的新的、复杂的知识需求快速、有效地做出回应,确保知识体系的前瞻性和引领性,如何确保知识体系能够适应业务与发展的需要,这些都是亟待解决的现实性问题。此外,在数字互联网和大数据时代,海量数据有多种类型和形式。企业知识服务管理首先要解决从海量信息中挖掘出企业创新发展所需要的内容,以构建科学的知识服务内容体系。在从互联网上获取有价值的信息过程中,抽取方法显得尤为重要。通过科学的信息抽取技术,实现从大量非结构化文本中提取重要信息,并有效应用于企业知识服务体系,产生重要的应用价值。本章旨在从企业的实际需求出发,通过构建知识图谱流程及相关技术应用,为企业提供快速构建知识图谱的方法,使得企业能够按需构建数字化时代所需要的知识图谱。

因此,本章将对企业内外部知识进行有效组织,通过构建知识图谱形成知识服务的链接关系,应用于知识服务的内容构建过程。围绕企业知识服务内容的构建,本章重点解决以下几个问题。

（1）企业知识服务一般是面向企业特定需求的，而外部数据源范围较广，如何保证所选择的数据源具有代表性，是确保图谱质量的基础工作。此外，由于特定需求一般缺少标注数据，而且特定领域的专业性强，实体识别较难。如何选择有效的方法进行高质量的命名实体识别是需要解决的关键性问题。

（2）关系抽取是文本挖掘和信息抽取的重要方法和手段，基于文本信息的建模，可以自动提取实体对之间的语义关系，实现语义知识的有效提取。但有些文本中实体之间缺乏清晰的语义关系，如何选用合适的方法进行关系的有效抽取，也是拟解决的关键问题。

（3）知识图谱的存储与可视化。如何选择合适的知识图谱存储方案，既可以实现加快搜索，又能提供可视化展示，从而使得企业知识服务平台具有较强的知识关联性，企业业务解决方法更加智能化。

本章重点围绕上述三个问题开展研究，以期实现知识图谱构建的科学性。为了使图谱的构建更具有目的性和针对性，本书选取有代表性的5G技术，以5G为核心关注点构造知识图谱，旨在探索利用知识图谱构建知识服务内容体系的可行性。

第二节　企业知识图谱构建框架

为构建科学的知识服务内容体系，可将知识图谱作为主要的方法手段，通过构建基于知识图谱的企业知识服务模型，形成一个以知识图谱为目标的知识库，帮助企业高效地提取出所需的领域信息，提高对前沿知识的获取能力。与此同时，企业可以借助图谱对领域知识有系统性的把握，从而进一步完善知识服务以及人力资源培训体系，从而推进企业创新发展。随着外部数据的不断积累，图谱中的知识服务体系也会动态进行更新，有助于企业对知识服务内容做动态调整。因此，选用知识图谱技术，有助于企业更有效地构建知识服务内容体系。

知识图谱类似于多关系图，由各类型的节点和各类型的边构成，目前的知识图谱研究中,通常使用实体表示节点,实体之间的关系表示边。知识图谱的构建主要依赖于三元组,即(实体1,实体2,关系),构建知识图谱的基础就是能够精确地抽取实体。

一、企业知识图谱

知识图谱技术在企业中的应用日趋广泛,利用基本的、通用的"图"语言,我们可以更直观地表达各种内外关系。知识图谱基本分为两类:一类是通用图谱,另一类是行业图谱。通用知识图谱在常识性知识的构建中使用较多,主要应用于搜索引擎和推荐系统等。行业知识图谱主要针对企业,通过构建不同行业、企业的知识图谱,用于向企业提供知识服务。根据需求不同,图谱数据的来源也各不相同,其中包括现有的外部数据,如源于同行业企业、竞争对手企业、合作伙伴的数据,也有包括科技前沿的技术类数据,也包括来自企业的数据,即企业、部门、角色以及相关的属性。运用知识图谱技术,可以帮助企业形成一个融合多源数据、深入理解数据内涵、构建企业知识服务的可视化分析工具。在经过自动化或者半自动化的技术抽取之后,这些数据被加工成知识单元,知识单元之间再进行融合及可视化处理,形成一系列高质量的知识表达,这可以为知识的有效组织奠定技术基础。

对于企业而言,主要关注以下几类知识图谱。

(1)行业图谱。对于企业而言,处于行业的竞争环境中,需要理解自己在整个行业中的定位,因此可以构建行业图谱。行业图谱可参照具体的国民经济行业分类体系进行构建,如图6-1所示。

(2)组织机构图谱。组织机构图谱主要用于描述组织的部门、岗位、职务和公司计划等关系,可以由企业根据自身情况进行制定。如图6-2所示。

(3)产品图谱。产品图谱可以描述企业生产的产品,以及与这些产品相关的竞争性产品,以及与这些产品有上下游关系的产品系列,了解产品的行业现状、产品的应用前景以及产品的替代产品。

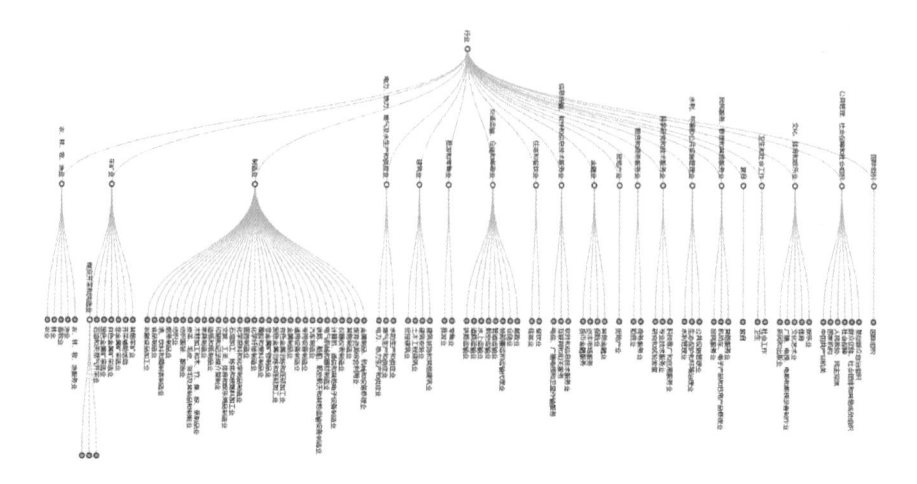

图 6-1　行业图谱示例

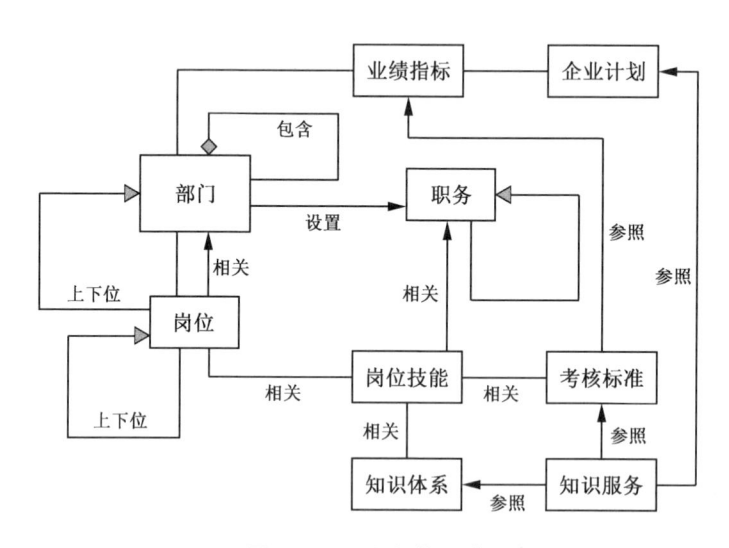

图 6-2　组织机构图谱

(4)技术图谱。通常技术图谱是为描述某些领域技术的宏观特征而制作的,例如发展趋势、技术聚集程度、技术的制高点与空缺处等。尤其是对靠技术创新而获得竞争优势的企业而言,技术图谱对于企业知识服务具有重要的意义。

二、企业的核心关注点

不同企业处在特定发展阶段会有与之对应的战略目标和定位,因此,企业所关注的侧重点也不相同。为了分析企业发展所关注的侧重点,我们提出企业核心关注点的概念,即企业在某个时期内所关注的战略聚焦点或者发展重点,例如战略转型、技术创新、效率、效益和效能等。而企业的知识服务体系需要为战略的贯彻落实提供服务支撑,即通过知识服务提升员工数字化学习能力,最终为战略实现提供人才保障。因此,本章提出面向核心关注点的企业知识图谱构建方法。

知识图谱构建方式主要分为自底向上和自顶向下两种方式。自底向上的构建方式是指从开放的链接数据中或非结构化文本中抽取知识,然后对抽取出来的离散知识进行整理和去重等,筛选出置信度相对高的知识内容,再构建新的图谱,该方式主要适用于常识性的知识,比如人的姓名、机构名称等常用知识图谱的构建。自顶向下的构建方式需要先定义本体(Ontology、Schema),再依托输入数据来实现信息抽取到图谱的构建过程。该方法更适用于构建专业知识方面的图谱,如企业知识图谱,面向该领域专业用户使用。目前,一般是由主流的知识图谱供应商提供相关产品,这种图谱的通用性相对较好,但客户需求定制化能力弱,这种构建方式一般难以满足客户的特定需求。

对于企业而言,首先由企业高层根据战略目标与发展需要确定自身的核心关注点,将核心关注点用一个或多个关键词表示出来。然后以核心概念为内核,通过抽象知识图谱构建流程及相关技术,为企业提供快速、精准构建知识图谱能力的方法,使得企业能够按需构建知识图谱。

三、企业知识图谱构建流程

本章以技术创新中的 5G 技术为核心关注点进行知识图谱的构建,根据知识获取的逻辑,将知识图谱的构建过程大致划分为以下四个阶段,如图 6—3 所示。

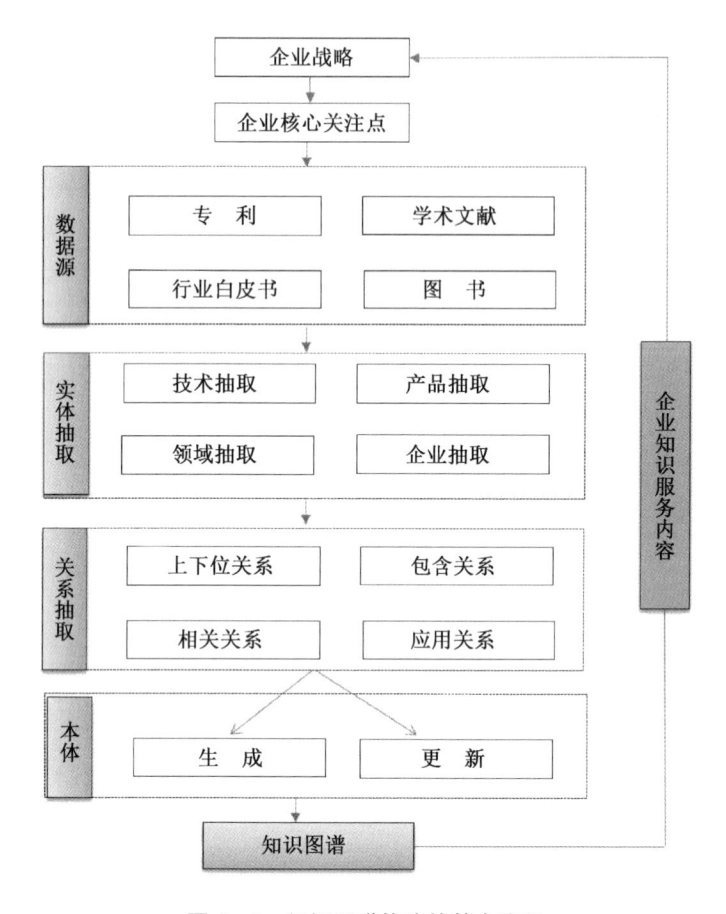

图 6—3　知识图谱构建的基本流程

（一）数据源选择

首先，在数据源选择方面，选择哪些数据作为数据源能够体现企业的核心关注点是需要重点关注的，知识图谱的完整性取决于概念抽取的是否全面。因此，知识图谱构建的关键在于是否能从多数据源中抽取构建知识图谱的内容。具体实践中，企业首先是处于整个行业的竞争环境中，要对整个行业的发展趋势有所了解。其次，对于企业而言，创新发展是必然选择，所以需要时刻把握所依托的学科发展与动态走向。此外，企业也需要关注所处行业的应用成果转化，有助于抢占先机，充分利用新成果。

同时，对于企业而言，需要员工了解核心关注点的基础知识体系，有助于员工形成系统思维，提升对所关注点的综合理解。因此，本书选取如下四个方面的文档作为数据源，以全面反映核心关注点的价值。

- 图书：代表核心关注点相关的学科基础知识体系。
- 学术文献：代表学科新技术发展和前沿动态。
- 专利：代表核心关注点相关的新技术应用转化。
- 行业白皮书：代表相关行业的发展趋势。

（二）**实体抽取**

在实体抽取环节，从上述类型的数据源中进行实体抽取，这些数据表现为三种情况：结构化、半结构化与非结构化，在从数据源中取得知识要素中，常用的技术方法有两种，即自动化、半自动化。围绕企业核心关注点，构建核心实体，例如采用自建词典的方式指导实体的抽取。以5G技术为例，重点抽取企业的技术实体、产品实体、领域实体，这几方面是企业重点关注的。

（三）**关系抽取**

在关系抽取环节，按需构建所需要的关系，具体关系类型包括上下位关系、包含关系、相关关系和应用关系。以5G技术为例，技术之间主要包括上下位关系、包含关系、相关关系；领域之间主要包括上下位关系；产品之间主要包括上下位关系和包含关系；技术与领域之间主要存在应用关系；产品与领域之间主要存在从属关系。因此，按照上述关系模式进行关系的抽取。

（四）**本体构建**

在本体构建环节，提取出实体、属性以及实体间的相互关系，围绕核心关注点，在此基础上形成本体化的知识表达；对于形成的本体或者模式，需要进行质量评估，部分是通过手动参与选择，将相关核心关注点添加到知识库，不断提高知识库的质量。

最后是知识图谱生成与更新环节，通过图数据库技术进行知识的存储和展示,提高知识体系的结构化和网络化。需要重点关注的是上述几个环节是不断更新和迭代的,随着新的数据源的加入,需要追加更多的实体与关系实例,从而对知识本体进行扩充,实现知识图谱的更新。

基于生成的知识图谱,企业管理者再进一步对知识进行组织、管理和控制,面向不同岗位人员提供差异化的知识服务。

第三节 实体识别模型

一、实体抽取方法选择

实体关系抽取(Entity and Relation Extraction,ERE)是信息抽取的关键重点。总体可以划分为流水线式(Pipeline)抽取方法和联合抽取方法。流水线式方法主要是先针对句子进行实体识别,然后对识别出的实体进行两两组合,之后进行关系分类,最后输入存在实体关系的三元组。联合抽取是指对句子同时做实体识别和关系抽取,得出有关系的实体三元组。相比而言,联合抽取能获得更好的性能,但难点是如何加强实体模型和关系模型之间的交互,比如实体模型和关系模型的输出之间存在着一定的约束,因此联合抽取在实际操作时相对灵活性差,尤其是在文本中关系处于隐含状态不明确的情况下,往往很难抽取出期望的关系。此外,基于共享参数的联合抽取方法仍然存在训练和推断时的差距,虽然缓解了误差积累问题,但推断时仍然存在误差积累问题。流水线方法易于实现,实体模型和关系模型可以使用独立的数据集,并不需要同时标注实体和关系的数据集,这两个抽取模型的灵活性相对较高,对于本书所选取的数据集而言,这种方法更具可操作性,因此,本书主要采取流水线方法,先抽取实体,再抽取关系。

实体抽取又称命名实体识别(Named entity recognition,NER),指的是从原始数据语料中自动识别出命名实体。实体是知识图谱中的最基本元素,其抽取的完整性、准确率、召回率等将直接影响到知识图谱构建的质量。

命名实体识别技术常被看作是序列标注任务,其目的在于从文本数据中抽取相关信息,目前通用文档中识别的命名实体主要是人物(Person,PER)、地点(Location,LOC)、机构(Organization,ORG)、时间(Time,TIME)、数字(Mumber,NUM)和描述(Description,DES)等。除上述的通用实体之外,也可以结合特定的需求对所识别的实体进行调整,如产品、领域、技术等多种类型名称。命名实体识别最常用的技术是条件随机场(Conditional random field,CRF)模型,一般以 CRF 作为基准的神经网络模型,在数据集上测试模型性能。

由于在 CRF 方法中,数据特征的构造的过程依赖于自然语言处理工具,中间过程出错会造成错误传播的问题。而基于深度学习的实体关系抽取框架可以有效解决经典方法中产生的错误标签问题。因此,深度学习实体关系抽取是扩展和优化了已有关系的抽取方法。目前,基于深度学习的实体关系抽取技术,在特征提取的深度和模型的精确度上已经逐渐超过了传统基于特征和核函数的方法。基于深度学习的实体关系抽取方法与经典抽取方法相比,其主要优势在于深度学习的神经网络模型可以自动学习句子特征,无需复杂的特征工程。因此,本书选用了基于深度学习的实体抽取框架,以经典的 LSTM 和 BERT 作为深度学习抽取术的主要模型。

二、实体抽取的评价标准

实体抽取技术的评价标准主要采用三个通用指标,分别是:准确率、召回率和 F 值。设 n 为文本个数,TP_i 表示第 i 条文本中正确识别为实体的数量,FP_i 表示第 i 条文本中误识别为实体的数量,FN_i 表示第 i 条文本中未识别出的未知实体数量。

准确率衡量的是被识别出的结果的正确性。当被识别出的结果中包含的错误结果越少时,准确率越高。计算方法如下。

$$Precision = \frac{\sum_{i=1}^{n} TPi}{\sum_{i=1}^{n} TPi + \sum_{i=1}^{n} FPi}$$

召回率衡量的是正确的结果被识别出的数量。当越多的正确的结果被识别出来时,召回率则越高。计算方法如下。

$$Recall = \frac{\sum_{i=1}^{n} TPi}{\sum_{i=1}^{n} TPi + \sum_{i=1}^{n} FNi}$$

F1 值是一个结合了准确率和召回率的衡量指标。计算方法如下。

$$F1 = \frac{2 \times Precsion \times Recall}{Precision + Recall}$$

三、CRF 模型

CRF(Conditional Random Field)是指条件随机场模型,该模型依据马尔可夫性概率无向图模型,体现了最大熵和隐马尔可夫模型相融合,多应用在时序建模中(Lafferty 等,2001)。该模型多应用于分词、词性标注和命名实体识别等序列标注任务中。CRF 模型建模的条件要求符合一定的马尔可夫独立性假设,多采用 CRF 为序列建模并利用 CRF 线性链。

CRF 线性链是概率无向图中的一种,通过因子分解可以得到线性 CRF 建模公式如 6.1 所示。下标 i 表示当前所在的位置,下标 k 表示第 k 个特征函数,λ_k 表示当前特征函数对应的权重,$Z(O)$ 用于归一化形成概率,并保证概率和为 1,$f_k(O, I_{i-1}, I_i, i)$ 是第 k 个特征函数,与当前时刻的状态 I_i 和上一个时刻状态 I_{i-1} 以及输入特征 O 相关。

$$P(I \mid O) = \frac{1}{Z(O)} \prod_i \varphi_i(I_i \mid O) = \frac{1}{Z(O)} \prod_i e^{\sum_k \lambda_k f_k(O, I_{i-1}, I_i, i)}$$
$$= \frac{1}{Z(O)} e^{\sum_i \sum_k \lambda_k f_k(O, I_{i-1}, I_i, i)} \quad (6-1)$$

CRF 线性链用于序列标注时,一般定义两种特征函数,转移特征函数和状态特征函数。将上述的建模公式展开得到公式 6.2，$\sum_{i}^{T}\sum_{j}^{J}\lambda_j t_j(O,I_{i-1},I_i,i)$ 为转移特征函数，$\sum_{i}^{T}\sum_{l}^{L}u_l s_l(O,I_i,i)$ 为状态特征函数。

$$P(I\mid O)=\frac{1}{Z(O)}e^{\sum_{i}^{T}\sum_{k}^{M}\lambda_k f_k(O,I_{i-1},I_i,i)}$$

$$=\frac{1}{Z(O)}e^{\left[\sum_{i}^{T}\sum_{j}^{J}\lambda_j t_j(O,I_{i-1},I_i,i)+\sum_{i}^{T}\sum_{l}^{L}u_l s_l(O,I_i,i)\right]} \tag{6-2}$$

CRF 模型可以直接用于命名实体识别，也可以和深度神经网络相结合进行命名实体识别。采用 CRF 进行实体识别的方法如图 6-4 所示。

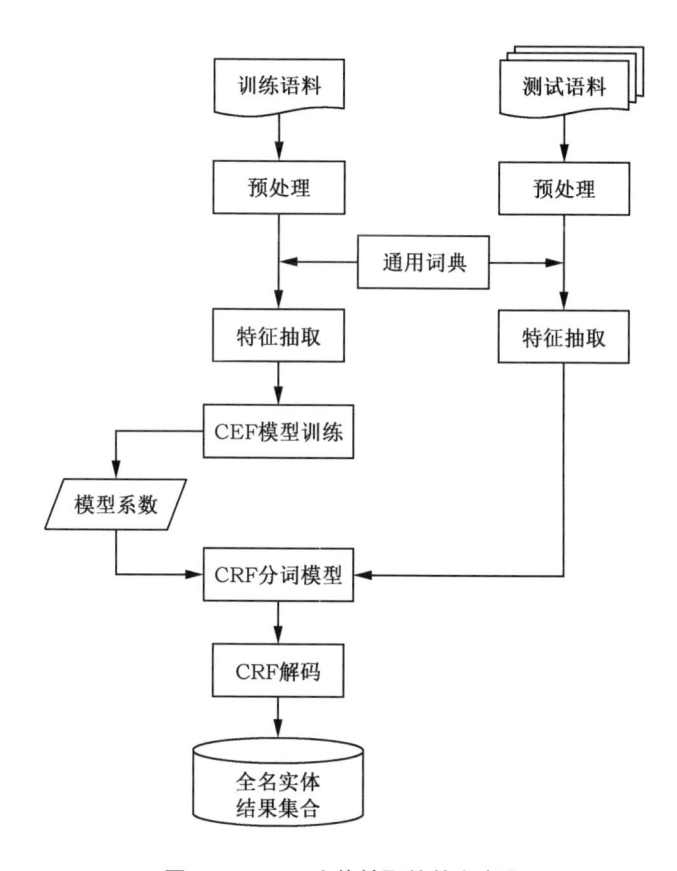

图 6-4 CRF 实体抽取的基本步骤

步骤1：确定标签体系。CRF采取的是序列标注模型，首先需要确定序列标注的集合。首先对句子进行分词和词性标注，然后再进行分字处理，将语料划分成单独的字。确定要标注的实体类型，然后采用BIO或BIOES等标签方法进行实体标注。

步骤2：特征选择。特征的选取是为了更好地描述实体，常用的特征包括：字特征、词特征、词性特征、拼音特征、词边界特征、特殊字符处理以及上下文窗口特征等。特征函数对于CRF的抽取效果会产生重要影响，因此在实验环节要选择适当的特征函数集进行性能的比较。此外，还可以借助通用词典等提升特征提取的效果。

步骤3：CRF模型训练。对源数据进行标注，并进行分割，选取特征并计算特征函数，特征提取后就可以形成初始的训练语料。对CRF模型进行训练，并对模型的相关参数进行设置，形成CRF分词模型。

步骤4：模型测试及实验。基于CRF分词模型对测试语料进行解码，实现实体的抽取，得到命名实体集合。

四、Lattice＋BILSTM＋CRF模型

随着深度学习方法在自然语言处理领域中的广泛应用，深度神经网络在实体识别方面也实现了很好的效果，这些模型通常以词的向量为输入，通过模型完成命名实体识别任务。常用的神经网络包括：卷积神经网络（CNN）、循环神经网络（RNN）以及引入注意力机制的神经网络。这些神经网络模型最后再连接到CRF层，以输出模型对每个词的标注结果。

（1）LSTM模型。深度学习模型的优点在于：需要的特征工程量不大，而且模型的学习效率较高。已有的研究表明，深度学习抽取术与条件随机场的融合能够大幅提高命名实体识别的效率。RNN模型不能很好地处理长期依赖关系，而长短期记忆网络（LSTM）在模型中主要引入了细胞状态这一概念，细胞状态通过记忆门与遗忘门机制来决定哪些状态会被保留下来，又会把哪些状态抛弃，LSTM弥补了RNN模型的梯度消失和梯度爆炸等问题缺陷，因此LSTM也广泛应用于实体识别过程中。

(2) LSTM＋CRF。虽然可以进行序列标注，为每个 Token 预测一个标签，但 LSTM 依靠神经网络的超强非线性拟合能力，通过高维空间非线性学习模型来训练模型，然后再预测出样本的每个 Token 的标签。在识别中文命名实体时，输出标签之间存在的一些约束条件 LSTM 模型无法表示出来。CRF 也是为每个 token 预测一个标签，但其预测机理不同。CRF 是全局范围内统计归一化的条件状态转移概率矩阵，再预测出一条指定样本的每个 token 的标签。因为 CRF 的特征函数用于对给定序列观察学习各种特征，这些特征就是在限定窗口下的各种词之间的关系。LSTM 无法对标签转移关系进行建模，而 CRF 可以。因此，可以采用 LSTM 与 CRF 相结合的实体抽取基本框架。

(3) BILSTM＋CRF。在实体抽取过程中，LSTM 模型主要利用了当前词的上文信息，即编码了从前向后的前项信息。然而，下文信息也同样重要，但是 LSTM 无法编码从后到前的后项信息。双向长短时记忆网络模型(Bi－directional long－short term memory, BILSTM)结构同时包含文本上下文信息，既包含一个前向 LSTM 层，又包含一个后向 LSTM 层，两层连接同一个输出层，因此可以更好地捕捉双向的语义依赖。因此，本书搭建了双向 LSTM 动态网络模型以及 CRF 层。

(4) Lattice＋ BILSTM＋CRF。中文命名实体任务不同于英文，中文 NER 需要预先进行分词，但目前的分词工具很难达到理想的效果。一般命名实体任务分为实体边界识别和划分实体类别，如果分词错误则会导致实体边界识别错误，进而导致实体识别结果不理想，故目前中文命名实体任务大多基于字粒度。缺少分词过程的基于字粒度的实体识别，难以利用显性的词和词序信息来提取当前最有用的实体，也会影响到实体识别的效果。Lattice＋BILSTM＋CRF 模型是针对中文命名实体提出的改进方法，加入潜在的多粒度词语的信息。相比于基于字粒度的实体识别，Lattice 可以更好地利用词语粒度的信息。该方法在中文实体识别中取得了较好的识别结果，因此本书选取 Lattice＋BILSTM＋CRF 的组合方法进行实体抽取。

Lattice＋BILSTM＋CRF 的模型结构如图 6－5 所示。

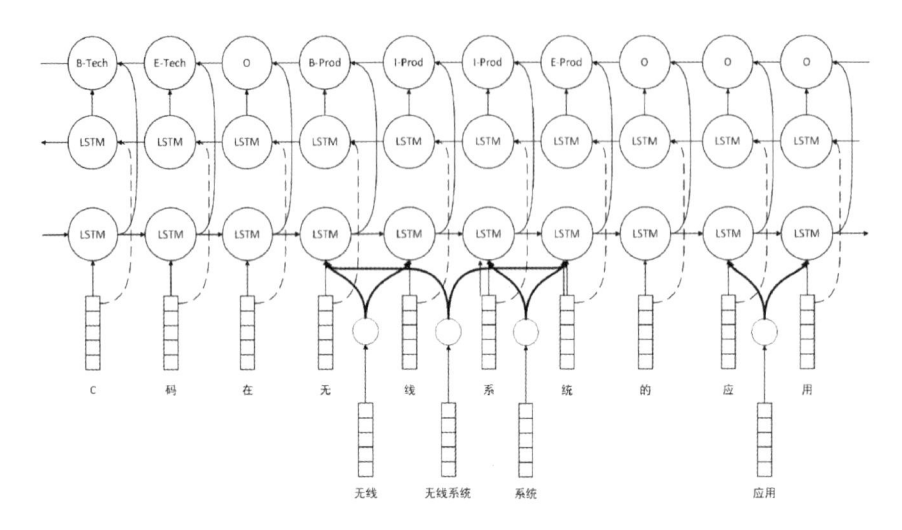

图 6-5 Lattice+BILSTM+CRF 网络结构

步骤1:输入向量。输入要训练的句子,输入的句子中每一个单元都代表着由字嵌入或词嵌入构成的向量。其中,字嵌入是随机初始化的,词嵌入是通过数据训练得到的。序列标注问题本质上是分类问题,因为其具有序列特征,所以 LSTM 就很合适进行序列标注。

步骤2:Lattice 构造。基于 Lattice 构造一个潜在实体词典,当潜在实体出现的时候,将该潜在实体的信息输入到模型中辅助判断,从而实现潜在相关命名实体消歧。通过将分词信息带入 BILSTM,能够将字符级别序列信息以及该序列对应的词信息同时编码,供模型自动取用,这样既丰富了语义表达,又可以更好地避免由于分词带来的错误信息的传播。

步骤3:BILSTM 模型训练。所有的嵌入在训练过程中都会调整到最优。这些字或词嵌入为 BiLSTM-CRF 模型的输入,输出的是句子中每个单元的标签。在训练时,训练序列的前向层以及后向层能够兼顾到上下文信息,因此,所形成的网络结构在句子特征抽取上可以获得更佳的效果。双向 LSTM 网络结构后接一层 Softmax 将神经网络输出的分数转为概率,选取概率最大的标签即可得到序列标注结果。

步骤4:CRF 模型训练。本书标注方法中,B 表示开始的字,I 表示中间的字,E 表示最后的字,S 表示该实体是单个字等,B 后面接 E,不会出现 B。这些约束条件难以通过 LSTM 模型进行表示,CRF 层可以为 BILSTM+Lattice 预测的标签添加一些约束来保证预测的标签是合法的。在数据训练过程中,这些约束可以通过 CRF 层自动学习到,利用 CRF 模型计算网络输出的值。

五、BERT+CRF 模型

BERT(Bidirectional Encoder Representation from Transformers)是 2018 年 10 月由 Google AI 研究院提出的一种预训练模型。由于其在 11 种不同 NLP 测试中的优秀表现,成为 NLP 发展史上的里程碑式的模型。近两年 BERT 模型也和 CRF 方法结合,应用于实体抽取。这里的 BERT 可以作为固定的 Embedding 层,也可以用来和其他模型一起训练微调。BERT+CRF 原理如图 6-6 所示。

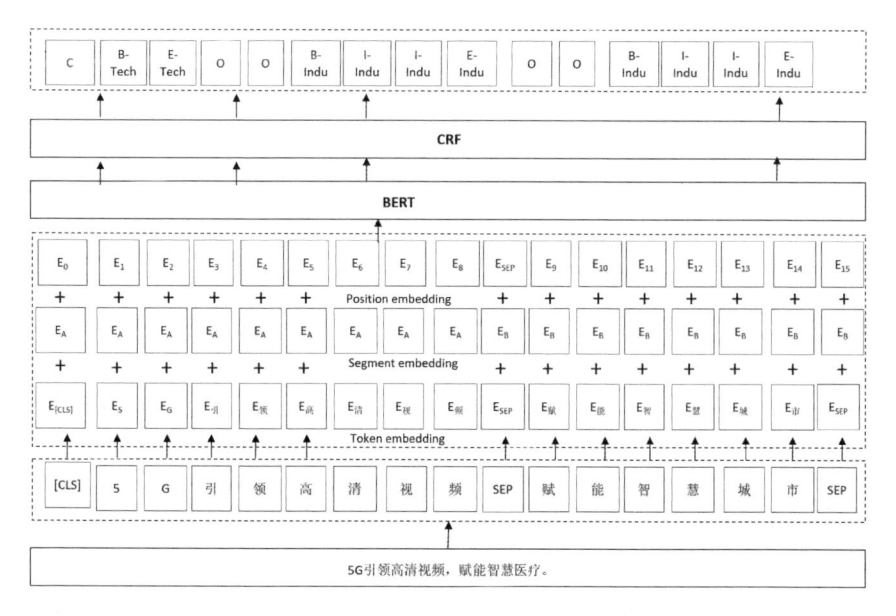

图 6-6 BERT+CRF 原理示意

步骤 1:输入向量表示。BERT 的结构如下:最底层是 Embedding 模块,包括词嵌入(Token Embeddings);语句块嵌入(Segment Embeddings),用于区分两个语句块;位置嵌入(Position Embeddings),是指将单词的位置信息编码成特征向量,旨在向模型中引入单词位置关系。BERT 的输入编码向量是上述三个嵌入特征向量直接做加和的结果。中间层的 Transformer 模块,只使用了经典 Transformer 架构中的 Encoder 部分。最上层的预微调模块,具体根据不同的任务类型来做相应的处理。其中,E 表示嵌入向量,其中有两个特殊符号[CLS]和[SEP],[CLS]表示该特征用于分类模型,对非分类模型,该符号可以省去。[SEP]表示分句符号,用于断开输入语料中的两个句子。

步骤 2:预训练任务。BERT 是一个多任务模型,它的任务是由两个自监督任务组成,即 MLM 任务(Masked Language Model,MLM)和 NSP 任务(Next Sentence Prediction)。MLM 任务是指在训练的时候随即从输入预料上的 Mask 掉一些单词,然后通过上下文预测该单词。其中,15%的 Word Token 会被随机 Mask 掉。在训练模型时,一个句子会被多次输入模型中用于参数学习,在确定要被 Mask 掉的单词之后,80%的概率会直接替换为[Mask],10%的概率将其替换为其他任意单词,10%的概率会保留原始的 Token。NSP 任务采用的方式是输入句子对(A,B),模型预测句子 B 是不是句子 A 的真实的下一句话。另外 50%的 B 是原始文本中真实跟随 A 的下一句话(标记为 IsNext,代表正样本),其中 50%的 B 是原始文本中随机抽取的一句话(标记为 NotNext,代表负样本)。对于 NSP 任务来说,其条件概率表示为 $P=softmax(CW^T)$,其中 C 是 BERT 输出中的[CLS]符号,W 是可学习的权值矩阵。

步骤 3:将 BERT 预训练模型学习到的向量输入到 CRF 层,让模型更好地理解文本的上下位关系,最终通过 CRF 层获得每个字的分类结果。

第四节 数据来源及预处理

在构建知识图谱系统的过程中,数据的获取和知识的抽取成为第一步要解决的问题。由于缺少已经标注好的可直接使用的相关数据集,因此,首要工作为收集数据集并整理标注,进行小批量的数据标注之后,对比机器学习中的常用于 NER 的模型,选取一个最合适的模型用来实体抽取,构造知识图谱。

一、学术文献和专利文本的获取及预处理

这部分数据主要来自两个渠道:一是使用中国知网公开的与 5G 相关的电信技术行业的专利名称及摘要数据;二是使用中国知网公开的与 5G 相关的学术期刊数据,包括标题、摘要数据以及关键词(https://kns.cnki.net/KNS8/AdvSearch?dbcode=SCPD)。使用 Python 语言编写爬虫程序,下载后共形成数据 15 406 条,专利数据 5 034 条。

数据样例如表 6—1 所示。

表 6—1　　　　　　　　　　专利文本样例数据

idx	topic	abstact
0	一种基于 NRF 权限等级的 5G 核心网数据防护方法	本发明提供一种基于 NRF 权限等级的 5G 核心网数据防护方法,通过网络管理员给连接上 NRF 的不同公用陆地移动网和切片网络下的 NF 配置不同的权限等级,来限制 NF 的可查询范围,当 NF 查询其他 NF 数据时候,只返回允许查询部分数据,对不允许查询的数据返回错误信息,并给出错误提示。这样既保证了 NRF 在 5GC 中的正常工作,方便网络管理员对 NF 的管理,又保证护方法 了 5GC 中 NF 的数据安全
1	一种基于顶级 NRF 的管理 5G 核心网中 NRF 的方法	本发明提供一种基于顶级 NRF 的管理 5G 核心网中 NRF 的方法,包括以下步骤:NRF 向顶级 NRF 注册,注册成功后,顶级 NRF 注册只保留该 NFR 的地址数据;第一 NF 使用顶级 NRF 发现目标 NF 所注册的次级 NRF 地址,然后向次级 NRF 发现目标 NF。本发明采用的顶级 NRF 中只存储 5GC 每个子网中 NRF 的位置数据,并不把整个 5GC 中的 NF 数据都保存进中心数据库,减少了顶级 NRF 的存储数据量,也降低了网络部署的成本,每个 NF 可以通过顶级 NRF 动态选择合适的 NRF 注方法册,提高了 5GC 部署的灵活性

续表

idx	topic	abstact
2	一种集成的5G天线系统及通信网络	本发明揭示了一种集成的5G天线系统及通信网络,所述5G天线系统包括集成于抱杆上的基站系统和至少一微波天线系统,基站系统包括射频拉远单元和与射频拉远单元电相连的至少一个可传输5G信号的基站天线,每个微波天线系统包括与基站天线电相连的射频单元和与射频单元电相连的微波天线。本发明将基站系统、微波天线系统和抱杆等集成在一起,提高天线系统的集成度,整个通信网络利用微波系统来回传信号,降低了布网成本,增强了组网的灵活性

在进行数据预处理时,对于专利数据和数据的"摘要"文本进行了摘取。由于摘要文本很长,包含的句子数量很多,但是大部分的句子在阐述该专利的细节与本实验的目标无关,也很少包含需要标注的词,因此将之删去。根据对数据的观测,80%的文本包含此词"包括",其暗示了摘要文本从概括到细节的转变,设定如下删除规则:先用标点符号将文本分句,保留关键字"包括"之前的句子。

对于专利数据:由于许多专利文本的"主题"和文本的"摘要"高度相似,因此如果摘要文本包括主题文本即删去主题文本。在摘要文本处理后将"主题"和"摘要"的文本分句后合并为最终语料。句子切分方法是:出现符号"。"或"!"或"..."或"?"的地方判定为句子末尾。

序列标注的方法中有多种标注方式:BIO、BIOSE、IOB、BILOU、BMEWO,其中前三种最为常见。各种标注方法大同小异,本书在进行标签转化时,采用 BIOES 方法进行,标注的具体方法是:将文本中的关键词分为行业产品技术三类。例如,

目前 LDPC 码在无线通信系统中的应用还面临挑战

由于后续拟采用有监督的实体抽取方法,采用人工标注方法对数据进行标注。初步标注的样本量为:数据有效标注 432 条,专利数据 100

条。在标注时,采用"精灵标注助手"进行标注。

二、图书文本及白皮书文本的获取及预处理

图书文本主要通过豆瓣读书和豆瓣搜索两个网站进行获取。豆瓣读书共获得相关图书 41 部,去重后得到 36 部较为高质量的数据,包含书名、作者、出版社、简介和目录 5 个字段。豆瓣搜索中共获得相关数据 198 条,去重后得到 58 条较为高质量的数据,包括书名、作者和出版社、简介、作者介绍、目录简介和详细目录 6 个字段。数据爬取主要运用了 BeautifulSoup 和 requests 技术进行爬取,涉及的核心步骤为:先进行循环翻页,后提取标题所在<a>字段中的 url,进入 url 后提取需要的信息所在字段中的 text 文本。数据样例如表 6—7 和 6—8 所示。

图 6—7　5G 相关的图书数据(豆瓣读书)

图 6—8　5G 相关的图书数据（豆瓣搜索）

　　白皮书数据主要来自中国信通院自 2012 年 3 月至 2020 年 7 月发布的所有白皮书，共有 216 篇，文档主要是 pdf 格式，从中筛选出与 5G 相关的白皮书，共有 23 篇。

　　数据主要预处理如下。

　　通过观测数据可以发现，本数据集的句子主要以短句为主，句子构成为 2～20 个字，80% 的句子为 9 个字（不包含空格和标点）。此外，每句话基本由数字开头：每句话前标注了章节符号。

　　在进行数据处理的时候，主要采用了句子切割方法，句子切割方式有两种，分别进行了实验：

　　按照换行符切割句子，即以 '\n' 符号为界划分句子；按照特殊字符进行分割，以 '. | , | , | : | ; | ?' 进行分割（后被证明划分效果不适用于该数据集）；按照短文本进行处理，当数据小于等于 10 个字符则 Double 句子（后被证明划分效果不适用于该数据集）；数字、空格符、换行符替换：数字替换为 num，'\t'、'\u2003' 空格符替换为 SPACE，换行符替换为 LB。

　　数据标注主要采用的是 BIOSE 序列标注法（B-begin，I-inside，O-outside，E-end，S-single）。标签列表如下：首字符总是使用 B 标签；由一个以上的字符组成时，中间的字符使用 I 标签；尾字符总是使用 E 标签；文本块由单个字符组成的时候，使用 S 标签来表示；Other 表示其他，用于标记无关字符。标签对应的含义为：第几个标签，标签名字是什么，标注的是在整个文本中的第几个字段到第几个字段，标注的具体文本信息是什么。标签导出后的 txt 和 ann 文件示例如图 6—9 所示。

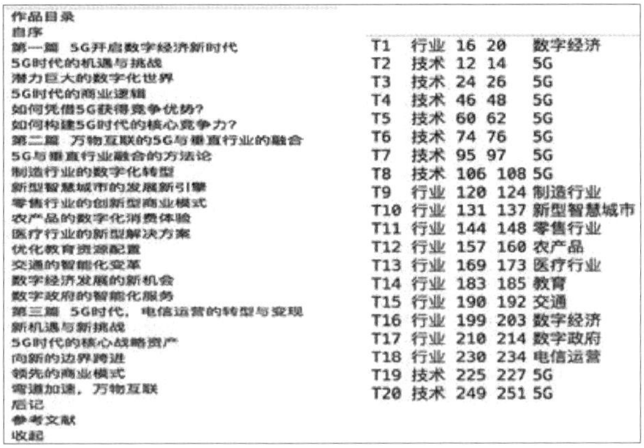
作品目录
自序
第一篇　5G开启数字经济新时代
5G时代的机遇与挑战
潜力巨大的数字化世界
5G时代的商业逻辑
如何凭借5G获得竞争优势?
如何构建5G时代的核心竞争力?
第二篇　万物互联的5G与垂直行业的融合
5G与垂直行业融合的方法论
制造行业的数字化转型
新型智慧城市的发展新引擎
零售行业的创新型商业模式
农产品的数字化消费体验
医疗行业的新型解决方案
优化教育资源配置
交通的智能化变革
数字经济发展的新机会
数字政府的智能化服务
第三篇　5G时代，电信运营的转型与变现
新机遇与新挑战
5G时代的核心战略资产
向新的边界跨进
领先的商业模式
弯道加速，万物互联
后记
参考文献
收起

T1 行业 16 20 数字经济
T2 技术 12 14 5G
T3 技术 24 26 5G
T4 技术 46 48 5G
T5 技术 60 62 5G
T6 技术 74 76 5G
T7 技术 95 97 5G
T8 技术 106 108 5G
T9 行业 120 124 制造行业
T10 行业 131 137 新型智慧城市
T11 行业 144 148 零售行业
T12 行业 157 160 农产品
T13 行业 169 173 医疗行业
T14 行业 183 185 教育
T15 行业 190 192 交通
T16 行业 199 203 数字经济
T17 行业 210 214 数字政府
T18 行业 230 234 电信运营
T19 技术 225 227 5G
T20 技术 249 251 5G

图 6—9　txt 和 ann 文件示例

第五节　模型训练与实验结果

一、特征选择实验

采用 CRF 进行模型训练之前，首先进行特征选择实验。构造特征主要考虑到以下几种，分别是：文字对应的向量、词边界、词性、偏旁、拼音，将所有特征的 ID 转化成固定长度的向量。

输出如下：将结果映射成两列，一列尾文字，一列为标签，最后再将标签转化为标签对应的文字并输出到 Excel 中。

选取不同的特征分别进行实验，实验结果表明，弱化数字和特殊字符，并且仅添加词性特征后准确率最高，约为 80%，结果如表 6—2 所示。

表 6—2　　特征实验结果

模型处理	准确率
原始模型	71.49%

续表

模型处理	准确率
弱化数字和特殊字符后	74.31%
弱化数字和特殊字符后,添加词性特征	80.87%
弱化数字和特殊字符后,添加词性和词边界特征	71.75%
弱化数字和特殊字符后,添加词性和拼音特征	73.61%
弱化数字和特殊字符后,添加词性、偏旁和拼音特征	77.97%

二、Lattice BILSTM＋CRF 模型

(一)模型训练和模型参数

采用上述模型进行产品实体识别的模型训练,在 Lattice BILSTM＋CRF 的模型训练中参数如表 6－3 所示。

表 6－3　　　　Lattice＋LSTM＋CRF 模型超参数

参数	参数值
最大句长	128
最大迭代次数	100
初始学习率	5e-3
学习率衰减	0.05
梯度截断阈值	5
LSTM 隐藏层	200
词向量	50
Dropout_rate	0.5
Epoch	80
Batch size	10
优化器	SGD

（二）实验结果

表 6—4　　　　　　　Lattice＋BiLSTM＋CRF 模型实验结果

	Precision	Recall	F1-score
白皮书	0.465 2	0.275 7	0.346 3
图书	0.596 0	0.556 6	0.575 6
专利及学术文献	0.568 6	0.360 3	0.441 1

三、BERT＋CRF 模型

（一）训练和模型参数

BERT 采用两阶段的训练，第一阶段是预训练，即在未标注的预料上做预训练，第二阶段是微调阶段，即将预训练的模型迁移到具体的 NLP 任务，进行模型微调。BERT 采用的是 Transformer 中的 Encoder 结构，采用 BERT＋CRF 模型进行产品实体识别的模型训练，参数设置如表 6－5 所示。

表 6—5　　　　　　　　BERT＋CRF 模型参数设计

参数	参数值
最大句长	128
初始学习率	2e－5
hidden_units 隐藏节点的个数	768
num_blocks	重复模块的数量为 6
num_heads	multi-head attention 中用到的切分的头的数量为 8
Dropout_rate	0.1
batch size	8
Epoch	16
head 数量	8
优化算法	Adam

(二)实验结果

BERT+CRF 模型的实验结果如表 6-6 所示。

表 6-6　　　　　　　　BERT+CRF 模型实验结果

	Precision	Recall	F1-score
白皮书	0.548 2	0.617 2	0.579 0
图书	0.729 1	0.754 1	0.737 9
专利及学术文献	0.718 1	0.757 8	0.737 1

对比两种方法可以看出,BERT+CRF 模型的准确率和召回率都显著高于 Lattice+ BILSTM+CRF 模型。为进一步探究算法在各类实体抽取上的有效性,分别对各类实体抽取的性能进行分析。

表 6-7　　　　　　BERT+CRF 模型在各类实体抽取上的效果

白皮书	Precision	Recall	F1-score
行业	0.546 9	0.530 3	0.538 5
产品	0.536 1	0.611 8	0.571 4
技术	0.567 6	0.724 1	0.636 4
图书	Precision	Recall	F1-score
行业	0.674 8	0.714 3	0.694 0
产品	0.688 9	0.418 9	0.521 0
技术	0.747 4	0.804 2	0.774 7
专利及学术文献	Precision	Recall	F1-score
行业	0.000 0	0.000 0	0.000 0
产品	0.740 3	0.750 0	0.745 1
技术	0.706 5	0.773 8	0.738 6

对比各类实体的抽取结果可以看出,对于白皮书和图书而言,技术抽取的准确率最高。对于专利和学术文献而言,产品抽取的准确率更高。此外,专利与学术文献中的行业实体过少,故未计算其性能。下面以某一

篇图书文档的抽取结果为例,展示所抽取的部分实体结果(见表 6-8)。

表 6-8　　　　　　　　　　实体抽取结果示例

编号	实体类型	文中起始位置	文中结束位置	实体类型
T1	技术	5	7	5G
T2	产品	22	26	移动宽带
T3	技术	59	61	5G
T4	产品	69	72	云货架
T5	技术	82	84	大数据
T6	行业	141	145	5G 产业
T7	技术	185	187	5G
T8	行业	193	195	工业
T9	技术	222	224	5G
T10	产品	226	229	天翼云
T11	技术	229	232	核聚变
T12	行业	245	249	人工智能
T13	产品	260	264	5G 系统
T14	技术	263	266	区块链
T15	产品	292	294	手机
T16	行业	322	324	工业
T17	技术	328	330	5G
T18	行业	341	346	超级互联网
T19	行业	363	367	智慧城市
T20	行业	376	380	新兴产业
T21	行业	393	397	创新产业
T23	行业	420	424	智慧社会
T24	行业	437	439	金融
T25	行业	454	458	文娱行业
T27	行业	491	495	在线医疗

续表

编号	实体类型	文中起始位置	文中结束位置	实体类型
T28	行业	472	476	无人驾驶
T29	行业	517	519	教育
T30	行业	531	533	媒体
T31	行业	553	557	政府服务
T32	技术	574	576	5G

第六节　基于图数据库的图谱生成

一、关系抽取方法

关系抽取是构建知识图谱中的一种关键性技术。主要包括基于模式的方法、基于机器学习的方法以及基于本体的方法。基于机器学习的方法主要划分为有监督方法以及半监督方法。有监督方法需要进行大量的人工标注,另外泛化能力相对较弱,难以移植到其他领域。半监督和远程监督方法使用少量的标注数据作为训练模板,从其他未标注的非结构化数据集中抽取新实例来组成新的训练数据,例如 PCNNs、CNN-RL(Jun Feng et al.,2018)、APCNNs(Ji G-L et al.,2017)。有监督的关系抽取方法分为两类:(1)流水线关系抽取:视命名实体识别与关系抽取为独立的两个过程,后者往往依赖于前者的实体抽取结果,这样就容易造成误差累积的问题。常见的模型有:Att-BLSTM、Att-Pooling-CNN、dep LCNN+NS、Dep NN、CR-CNN 以及 CNN+Softmax。(2)联合关系抽取:将命名实体识别与关系抽取联合起来一起提取,通常用模型参数共享的方法来实现。

基于模板的抽取在领域实体关系抽取中的应用较为普遍,这种方法基于领域内的语言学知识,并结合数据语料的特点,由专家主导完成规则模板的编写,从文本数据中匹配具有一定关系的知识三元组,在小规模语料且限定领域内,对于在有着限定关系集合的抽取任务中,基于规则模板能够抽取出较好的结果。

对于企业知识服务而言,主要希望围绕关注点抽取出实体之间的相关关系,从而建立知识点之间的关联,方便后续知识服务内容的形成。此外,基于企业关注点抽取更为严格和丰富的数据模式,抽取更细粒度的实体之间关系,这样才能满足不同级别人员的决策需求。因此,本书采用两种方式进行关系抽取,一是基于实体相似度来进行相关关系的抽取;二是基于模板来构建其他非相关关系。

(一)基于 Faiss 框架的相关关系抽取

在进行实体之间相关关系确定的时候,会用到向量的相似性搜索方法,具体就是给定一个向量,在所有已知的向量库中找出与其相似度最高的一些向量。例如,给定一些所关注的知识点,找到与之相近的知识体系,其本质类似于一个 K 的近邻求解问题。其难度在于:采用深度学习训练算法会产生高维矢量,比如像 word2vec、doc2vec、img2vec、item2vec 等,形成的文本嵌入表示,然而用 SQL 来检索的传统数据库无法适配这些新型表示。主要表现在:在互联网中存储的海量数据找到相似的条目意味着找到相近的高维矢量,而传统的标准检索语言极度低效,难以实现高维空间搜索。而 Faiss 本质是一个向量(矢量)数据库,这个数据库在进行向量查询的时候有其独到之处,因此速度比较快,同时占用的空间也比较小。

Faiss 是 Facebook AI 团队开发的开源向量的相似性搜索引擎,提供高效相似度搜索和聚类,用于寻找与某个向量最相似的 N 个向量,在业界应用较为成熟。向量相似度检索,即根据一个向量 Q 从海量的向量库中寻找 TopK 个与 Q 最相似或者距离最近的向量,在文本语义检索以及推荐系统中有广泛应用。

本书以腾讯预训练 800 万个词的词向量作为基础,同时获取百度百科中对于该实体的简述以及百科语料库(encyclopedic corpus,es)中包含该实体的语句作为该实体的补充描述语料。算法的基本原理如图 6-10 所示。

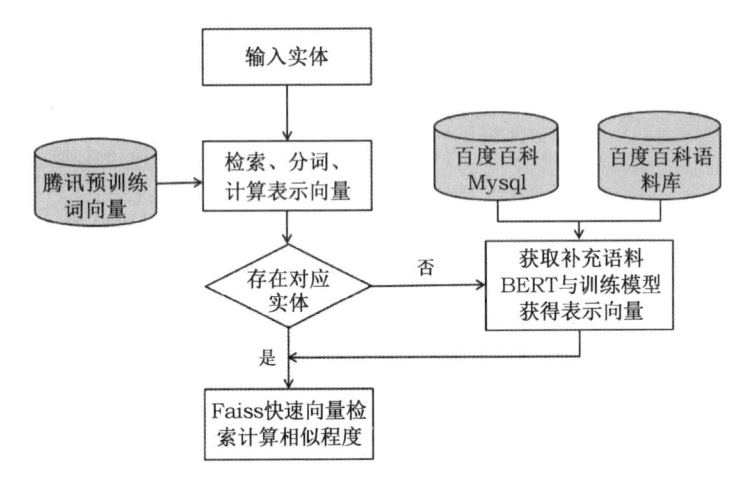

图 6-10 相关关系抽取原理

步骤 1：加载与训练词向量。构造训练数据，以句子的形式进行表示，例如，常采用的 Embedding 出来的向量就是矩阵的一行。本书选择腾讯预训练词向量，该词向量包含了 800 万个已经训练好的词所对应的 200 维向量表示，为了保证加载速度已经消除过量冗余的考虑，这里只加载了前 400 万个的词作为检索的对象。

步骤 2：搜索词向量。为数据集选择合适的索引，将第一步得到的训练数据添加到索引当中。为了找到目标实体词在腾讯预训练中的表示，对于无法直接匹配到的实体，通过将其分词后进一步寻找对应的词向量，并将所有找到的词向量进行加和平均作为该实体词的表示。

步骤 3：外部知识库搜索。如果该词仍然无法找到对应的词向量，会进一步寻找外部知识库，知识库主要包括两个方面：(1)百度百科 mysql 数据库，其中存储了 400 多万百度百科实体页面。(2)百度百科语料库，其中存储了实体页面所有文本内容。

步骤 4：获得词向量表示。将这些语料通过筛选和整合后通过 BERT

预训练模型来获得该实体词的向量表示。

步骤5：相似度计算。最后将所有向量导入到faiss快速向量检索中，进一步得到对应词的相似词语，返回搜索结果。

（二）基于模式的关系抽取

匹配的规则是按照上一节的产品、技术、领域命名实体识别标注的结果为依据，根据标签分配不同的命名实体之间的关系。例如，以5G技术为例，可以划分为领域、技术、产品和企业四类本体。根据分析，可以提取四类实体之间的关系，如表6—9所示。

表6—9　　　　　　　　实体之间的主要关系类型

关系类型	实体之间的关系表示
技术—技术	上下位、包含、相关
技术—产品	应用
技术—企业	应用
企业—企业	上下位、上下游、相关
企业—行业	从属
企业—产品	生产
产品—产品	上下位、上下游、包含、相关
产品—行业	从属

按照上述关系模式进行关系模式的构建，如图6—11所示。

基于上述两种关系的抽取方法，可以基于Faiss方法抽取实体之间的相关关系，并基于关系模式方法，抽取其他关系。在抽取关系的过程中，可以将关系抽取的结果采用三元组表示，由于关系发生在两个实体之间，所以表达形式为："关系名称（实体1，实体2）"，如"应用（无线通信技术，车联网）"。

二、图谱可视化

经过前述实体抽取以及关系抽取过程之后，可以输出知识之间的关

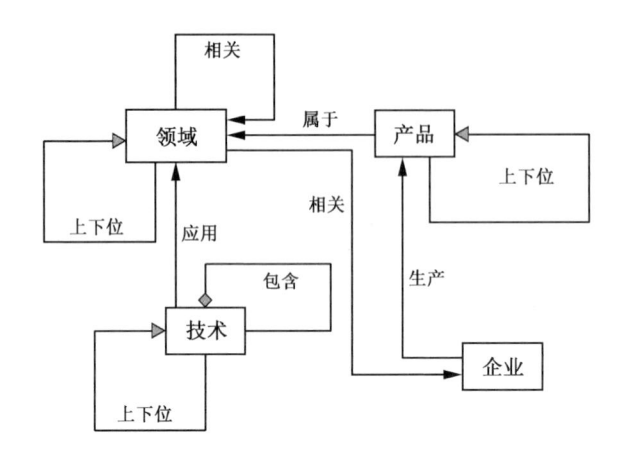

图 6—11　知识图谱关系模式构建

系。在此基础上,可以进一步聚焦于企业技术知识图谱的构建。在实际系统中,按照存储方式的不同,知识图谱的存储可以分为基于表结构的存储和基于图结构的存储。基于表结构的存储可以用关系型数据库,常见的关系型数据库存储系统有 SQL Server、Oracle、MySQL、DB2 等。常见的基于图结构的存储系统包括 Neo4j、OritentDB、InfoGrid、HyperGraph-DB 和 infiniteGraph 等。

图数据库是一种非关系型数据库,应用图形理论存储实体之间的关系信息,通过节点、边和属性对数据进行表示和存储,相比于关系数据库而言更容易处理数据关系复杂的情况。比如在需要表示多对多关系时,关系型数据库除了需要两张表来记录基本的实体信息外,往往还需要创建多张不同的表来记录不同的关系信息。此外如果关系类型多而数量少,则会造成数据库中用来表示关系的表众多,而每个表中的数据是十分稀疏的。这样的组织方式使得对数据的增、删、改、查都变得更加复杂,且难以管理和操作。再者在数据可视化方面,关系型数据库更适合展示二维数据关系,用于描述更复杂的数据时则往往十分抽象,并不直观显现出来。而图数据库以图为基础的设计恰恰弥补了上述缺陷,因此更加适用于关系复杂或者如社交网络等以关系为重点的数据存储和管理。

知识图谱通过不同知识的关联性形成一个网状的知识结构,体现了基于图的数据结构,而常见的关系型数据库诸如 MySQL 之类不能很好地体现数据的这些特点,因此知识图谱数据的存储一般是采用图数据库(Graph Databases)。图数据库 Neo4j 以图的形式表达实体、属性、关系等,并采用 Cypher 查询语言实现对图形数据进行高效的查询,能够满足知识图谱的可视化需求,成为普遍使用的知识图谱分析数据库。故本书选用 Neo4j 存储知识三元组,用于对知识库中的数据进行图形化展示,这样可以更为直观地进行知识表达。因此,本章重点使用 Neo4j 数据库进行知识图谱构建。

本书将上述阶段识别得到的实体及关系分别存储于 Neo4j 中。以图 6-12 为例,本书共设计四类实体、五类关系,其中蓝色圆形表示"领域"类型实体,玫红色圆形表示"技术"类型实体,绿色圆形表示"企业"类型实体,黄色圆形表示"产品"类型实体,用绿色表示。关系包含"相关""应用""包含""下位""属于",均标记于边上。

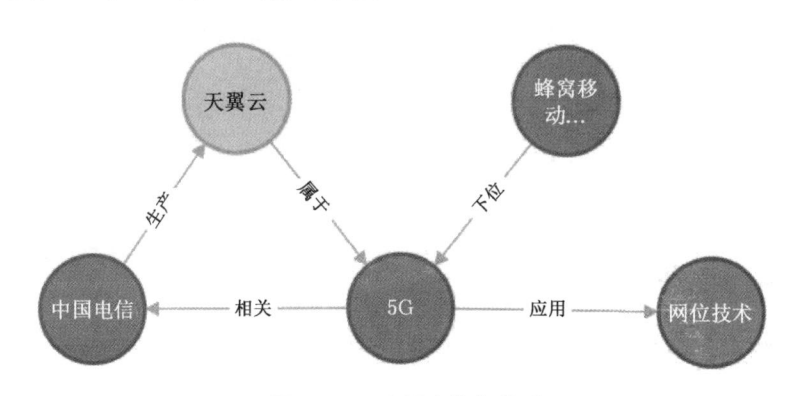

图 6-12 主要实体与关系

各类实体之间的关系如图 6-13 所示。

具体而言,"生产"用于描述企业和产品之间的关系,如图(a)表示"中国电信"企业生产了"天翼云"这一产品。"应用"关系用于描述领域与技术之间的关系,如图(b)表示 5G 领域会应用到"网络技术"和"安全技术"。图(c)表示上下位关系,用于描述领域与领域之间的上下位关系,例

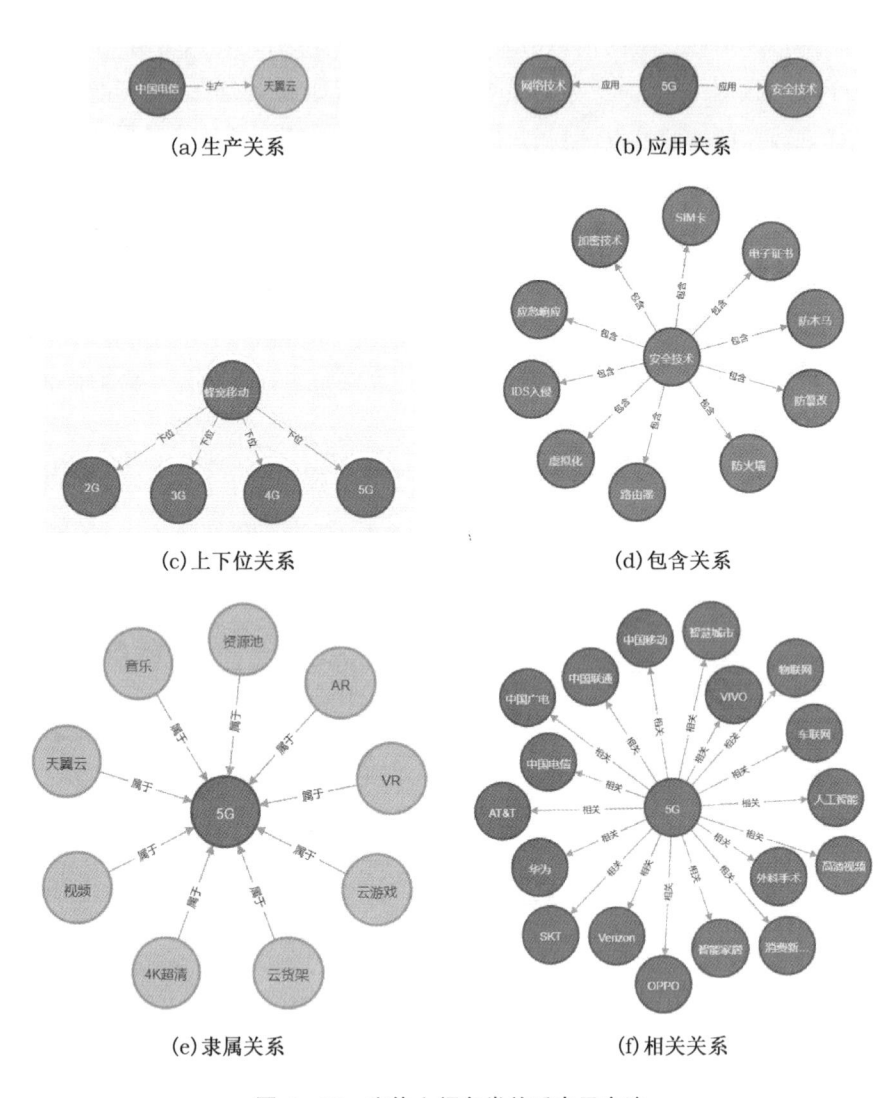

图 6—13　实体之间各类关系表示方法

如"蜂窝移动通信"领域是 2G、3G、4G、5G，属于 5G 的父领域，2G、3G、4G、5G 继承了蜂窝移动领域。图(d)"包含"关系用于技术及其子技术之间关系，表示"安全技术"包含了"加密技术""防火墙""应急响应"等多种技术。"属于"关系用于描述领域和产品之间关系，图(e)表示"云天翼""4K 超清""云游戏"等产品均属于 5G 领域。"相关"关系用于描述"企业与领域"或"领域与领域"之间的关系,表示与 5G 领域相关的企业有"D 企业""中国联通""中国移动""华为"等。与 5G 相关的领域有"智慧城市""物联网""车联网""人工智能"等。

三、基于图谱的知识服务内容

(一)知识服务的关系链条

利用知识图谱技术可以将复杂的产品、技术、行业等知识体系用图形化的形式展现出来,为该领域的知识服务提供整体性、全局性、关联性的参考,展示出领域的发展动态及规律。例如,通过将多种实体和关系汇总,可得到 5G 知识图谱,由知识图谱可以直观地看出 5G 领域所涉及的企业、产品、技术以及其他相关领域,形成的整体化视图有助于企业内部知识管理决策层确定知识服务的总体定位。如图 6－14 所示。

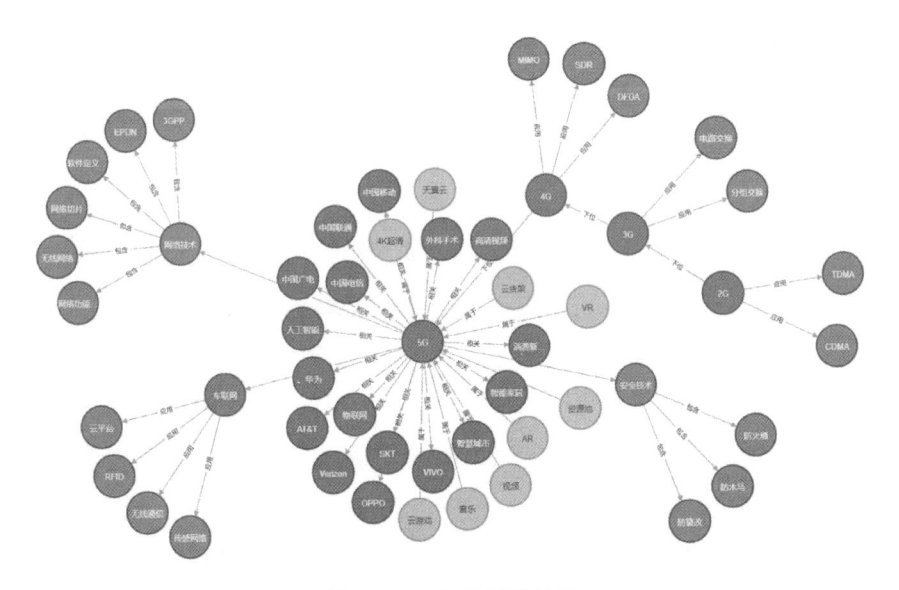

图 6－14　知识图谱示例

(二)知识服务的学习路径

在知识图谱中,可以展示知识点之间的路径,选择所关注的知识服务节点后,则可确定与所关注的节点关联的各级节点;找到确定所关注的知识服务节点以及所述各级节点对应的关键路径,并采用可视化的形式进行展示,这种展示形式更加直观,便于企业管理者更清楚地建立知识点之间的学习路径。例如,以 5G 技术图谱为例,可以根据技术之间的关联划分成基础知识、初级阶段、中级阶段和高级阶段,根据各知识模块种所涵盖的知识点来进行知识服务内容的设计,确定知识之间的层级关系与递进关系,如图 6-15 所示。

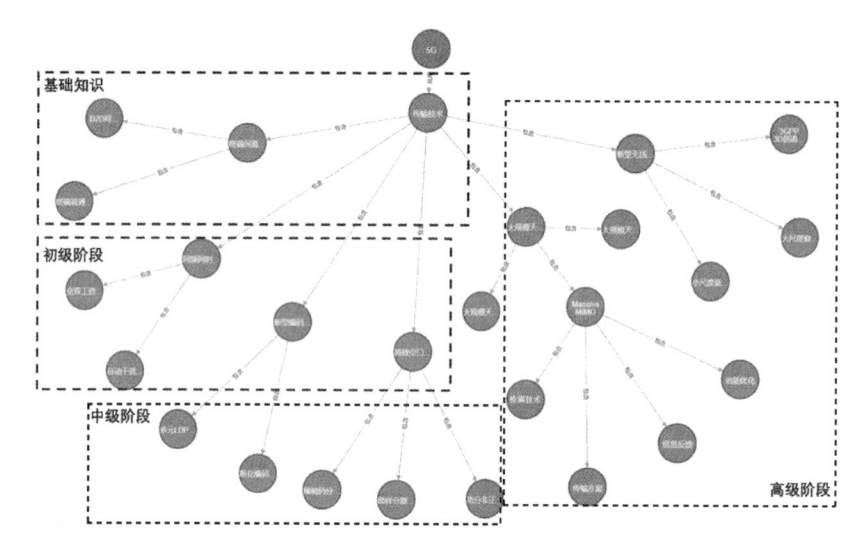

图 6-15 技术图谱及其学习路径示例

(三)知识服务的产业关联

通过知识图谱的构建,可以方便理解产业之间的关联,从而为企业知识服务提供战略支持。对于企业而言,其所在的产业与其他产业部门之间有连带关系,其生产及服务也会对相关产业产生直接或间接的影响。因此,理解产业之间的关联对于知识服务而言也是非常重要的组成部分。前文采用基于 Faiss 框架的相关关系抽取方法,可以实现产业关联。如图 6-16 所示,假设我们关注的产业是"移动医护"产业,那么通过搜索,可以发现与其相关的产业包含移动查房、视频通信、智慧医疗、远程手术以及远程会诊等领域。这里采用 neo4j 可视化，包含所有实体以及各实体与其最相似的十个实体之间的关系（关系中包含了两个实体之间的相似程度）。实体之间的连线系数表示两个实体的相似程度。例如，"移动医护"和"远程医疗"之间的相似度是 0.66。如果希望进一步理解"远程医疗"相关的产业实体，则可以进一步展开，如图 6－17 所示，对这部分内容可视化，发现与"远程医疗"相关的领域还包括：健康管理、云医疗、医疗监管和精准诊断等。采用这种方式企业就可以更系统地发现所关注的产业与其他相关产业之间存在的广泛的、复杂的和密切的技术经济联系。在知进行识服务内容体系设计时，也应关注相关产业的发展，并围绕相关产业设计出更为细化的知识点。

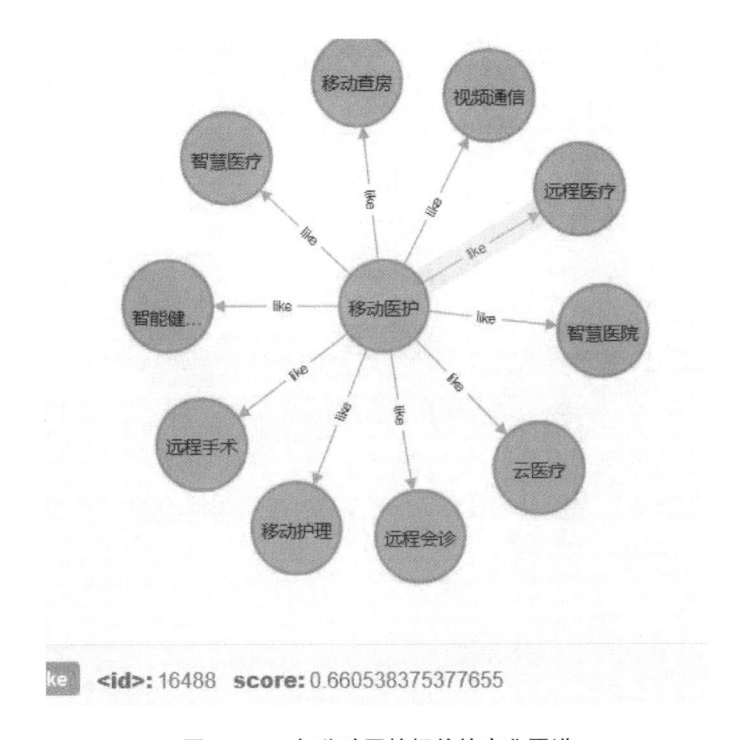

图 6－16　与移动医护相关的产业图谱

为了便于更清晰地呈现图谱中的实体及相互关联，图 6－17 选取了局部节点进行图谱的展示，并举例说明了图谱在知识服务中发挥的作用。

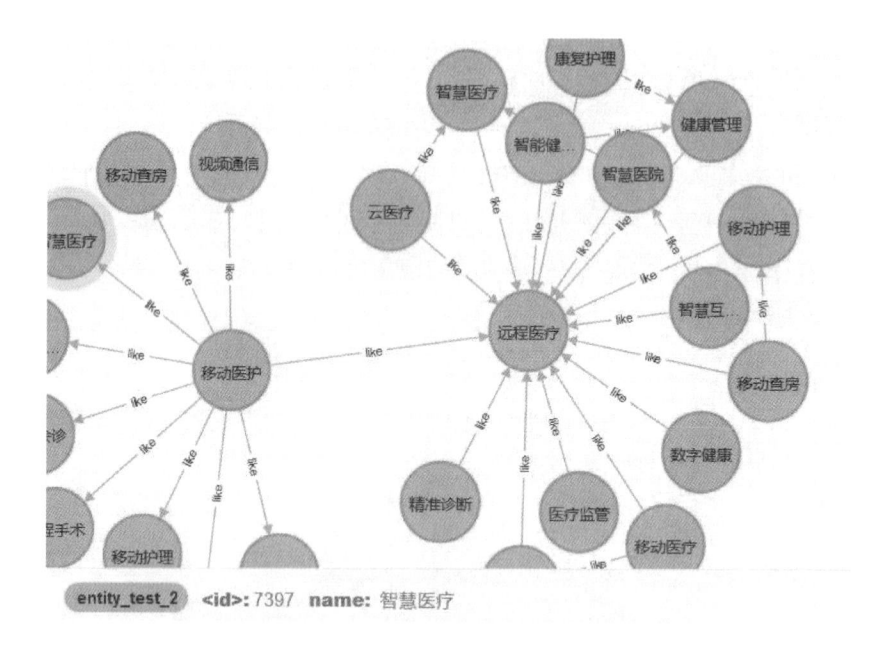

图 6—17 与智慧医疗相关的产业图谱

图 6-18 展示了更大范围内的图谱,企业管理者可以围绕图谱选取感兴趣的节点,利用 Cypher 查询语言抽取相应的子图,进行更为深入的分析。

综上所述,通过企业知识图谱可以对内外部资源进行组织,并形成关联知识节点。在构建了知识图谱之后,企业管理者可以以知识图谱为纲要,进一步明确知识服务的要点,创建培训的知识地图,形成知识服务的体系,优化企业知识服务的质量,促使知识在企业数字化学习中发挥更大的作用。

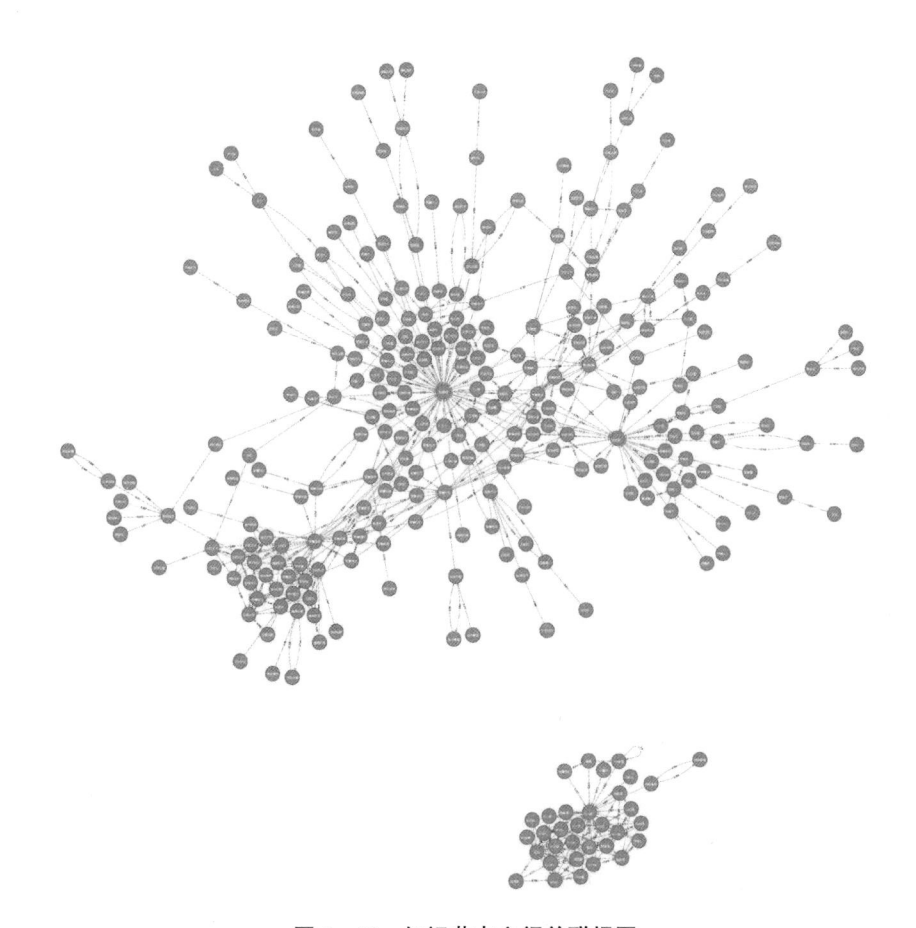

图 6-18 知识节点之间关联视图

第七章 基于深度学习的企业知识服务推荐

第一节 引 言

企业数字化学习高度关注数字技术的实践应用,同时更注重学习者的体验和学习效果的转化。学员在具体学习过程中、登录时间、学习持续时间、学习频次、评论及点赞等交互数据可呈现出具体的学习过程和学习结果。通过对学习行为数据的汇总分析及处理,实时为培训效果的监控和质量管理提供有力的支撑,促进更准确、更及时、更有效的管理,即基于数据的数字化学习设计和运营管理。

如何围绕企业业务战略要求,并针对不同人员发展所需的个性化知识服务进行知识设计,是知识服务需要重点解决的现实性问题。因此,从知识服务的视角看,知识推荐是确保知识服务体系有效性的重要环节。知识推荐服务强调个性化和专业化,服务过程强调知识的增值。数字化学习环境更强调以学员为中心,以结果为导向,学员在线上学习时,通常需要对所选课程的难易程度、相关专业的关联度、兴趣度等进行比较与分析,通过分析数据理解不同职位、年龄、岗位学员的偏好信息等,可以为学员定制个性化的课程内容,从而提升学员的学习能力和专业技能,助力企业的可持续发展。

第二节　知识服务推荐的特点及算法选择

一、课程推荐特点

随着越来越多的企业提供在线学习平台,有大量员工借助在线学习平台进行课程学习。人工智能和大数据的应用,将为不同岗位、职级的员工进行画像,可根据不同类型、行业、组织层级的系统化学习与技能提升需求,提供千人千面的内容推荐和良好的学习体验。基于各个环节的培训学习数据,以帮助企业更好地搭建培训体系、管理和打造优秀的人才队伍。当前,由于网络平台上的课程信息繁多,精准选择有针对性的、有效的学习课程就成为紧迫而现实的问题。企业在持续提升内部学习的效果中,通过对在线学习数据进行分析挖掘,构建用户个性化学习策略的模型,不仅有助于帮助学员进行高效学习,对于促进员工个人成长,有效落实企业战略也有重要的促进作用。

在推荐领域的研究中,个性化推荐是最重要的研究方向之一。主要是根据客户的主要特征,包括需求和兴趣等,通过科学的推荐算法从大量的源数据中挖掘客户所感兴趣的信息、娱乐、商品等,并将结果以个性化列表的方式推荐给用户。相比而言,现有的推荐算法主要集中在商品推荐、新闻推荐,这些推荐是To-C方式,推荐是离散的,推荐的内容之间缺乏连贯关系,而本章研究的是企业内部的课程推荐,是一种To-B-To-C的方式。主要表现在以下几点。

(1)企业内部课程推荐受到企业的战略和计划的指引,企业需要通过对员工的培训实现整个企业的战略意图,因此,在进行课程推荐时应引入战略计划信息。

(2)企业内部课程推荐还受到组织结构的约束,不同的员工在企业所处的工作岗位不同,发挥的作用也各不相同,因此,在为学员推荐课程时能够兼顾学员的岗位信息。

(3)员工学习的知识之间有更强的关联性,由于课程之间具有前后依赖和衔接关系,未来的课程选择会有一定的路径依赖性,因此可以通过对学员历史学习的课程内容进行特征提取,发现学员的偏好。

(4)课程推荐和其他商品推荐的不同之处还在于其课程名称本身包含了相对丰富的语义信息,可以利用深度学习等技术进行语义特征的提取。

当前针对企业内部知识推荐的文献很少,因此,本章将结合企业课程推荐的特点,研究适合的方法与模型,设计相应的算法,并通过实验进行验证。

二、课程推荐框架

基于企业内部课程推荐的特点,本章在推荐框架中重点引入三方面的信息:一是学员历史学习记录,主要反映学员的历史偏好。二是岗位信息,主要反映学员的职责与技能要求。三是企业培训计划,主要反映企业的战略导向和战略重点。将上述信息引入推荐模型,用以指导课程推荐。算法的总体设计如图7-1所示。

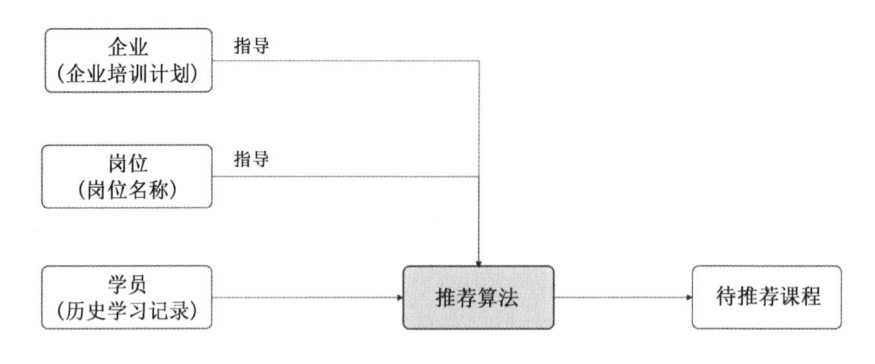

图7-1 多维度课程推荐总体思路

本书提出的方法具有以下特点:从课程名称中进行特征提取,将自然语言处理技术引入知识推荐模型中,丰富了课程的语义信息。同时也实现了利用神经网络对学员的历史学习记录进行自动化的偏好识别,并且利用企业培训计划、岗位名称、学员历史学习记录等来指导推荐算法，从而从多维度挖掘用户的偏好。实现课程推荐领域的定制化学员推荐，并为解决推荐的时效性以及变化性提供了新的思路。

基于上述课程推荐的总体思路，以 D 企业大学样本数据为研究对象，进一步研究知识推荐的方法，整体研究路线如图 7－2 所示。

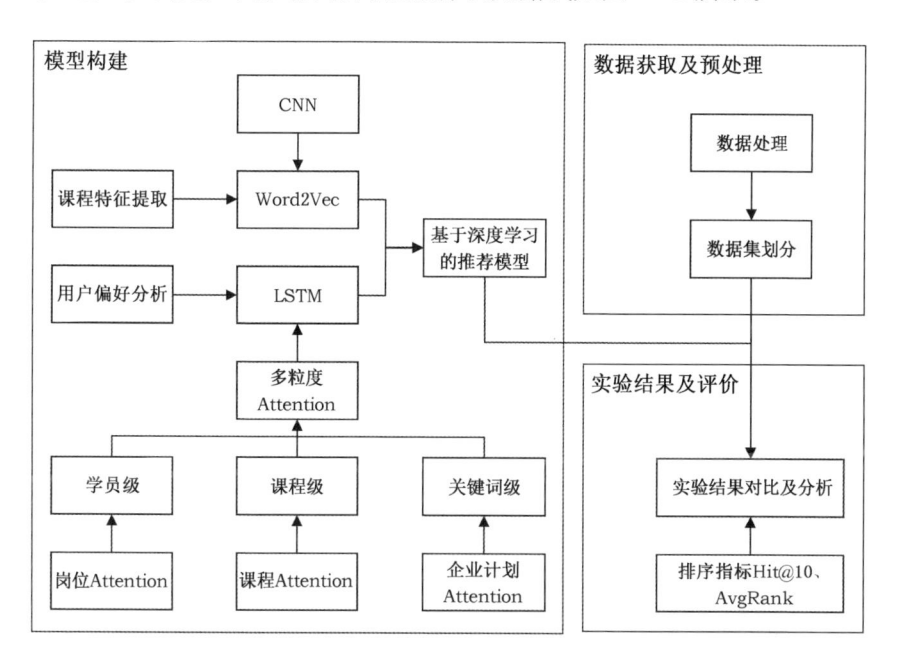

图 7－2　课程推荐技术路线

本章首先进行课程特征的提取，利用 LSTM 进行学员偏好的提取，同时加入 Attention 机制从多角度刻画动态的学员偏好，丰富课程的语义信息。研究从整体上主要分为数据获取、数据预处理、模型构建和实验结果及评价等步骤。

(1)数据获取。本书获取的数据分为课程数据，包括课程的标题、内容等信息，此外有每次登录的时间和时长等学习轨迹。

(2)数据预处理。对课程数据利用 Jieba 进行分词，并通过加入外部语料以及停用词来提高分词的效果。根据总体的学习记录得到每个学员的课程学习序列。之后利用负采样方法生成实验需要的训练集以及测试集。

(3)模型构建。模型构建主要分为课程特征提取以及学员特征提取两部分。课程特征提取分别利用了 Word2vec 以及 CNN 来实现,并在 CNN 的基础上加入了知识图谱的信息来帮助模型进行学员偏好的推理。学员特征提取通过 LSTM 来实现,并在 LSTM 的基础上加入课程 Attention、企业计划 Attention 和工作岗位语义信息三种不同粒度的机制来发掘学员的偏好,从综合的角度进行推荐,以期得到符合企业战略的推荐效果。

(4)实验结果及评价。在实验过程中,设计了多组不同算法和参数的实验,从而得出较优的实验结果,并与传统的协同过滤模型进行对比,分析模型效果优劣的原因以及适用的情况,为推荐算法的实际应用提供参考。

三、推荐算法选择

推荐算法是个性化推荐技术中的关键环节。个性化推荐主要包括两种:一种是传统的协同过滤模型,另一种是深度学习模型。传统的协同过滤算法主要的思想是基于矩阵分解(MF),将用户行为通过矩阵分解为用户的隐式向量和项目的隐式向量,然后通过隐式向量的内积推荐。这种算法存在一定的数据稀疏和冷启动问题。同时,因为没有考虑动态因素,客户的偏好和产品流行度往往被忽略。深度学习模型算法借助非线性的深层网络结构,可以实现在海量数据中对客户个体的特征进行提取和表示。长短期记忆模型(LSTM)被广泛地应用于推荐算法,并在此基础上增加了时间门,在一定程度上提高了推荐的精准性(Zhu,2017)。此外,有学者建立了协同过滤算法与深度学习模型相结合的混合推荐框架,并利用网络结构代替了传统推荐模型中的矩阵分解点积,从而改善推荐效果。在此基础上,还有学者进一步将分解矩阵与 RNN 模型结合应用,研究客户的短期和长期特征,优化相应的推荐结果,例如利用广告信息提高精准推荐度(Zhao,2017)。

由此可见,深度学习模型算法可以对来自多个源的异构数据进行学习训练,在得到数据的统一表示后,更易于数据的预处理,并在同一个隐空间内映射不同的数据,更便于算法的运行。

因此,本书在推荐算法的选择上,主要采用 LSTM 作为主要推荐算法,并结合本数据集的特点对算法进行了优化和改进,以适合当前的推荐场景。

四、推荐算法评估指标

为了实现计算的方便性,实现模型的快速收敛,推荐算法中通常会采用负采样的方法将模型转化为一个分类问题,即判断是否推荐即可。然而,在实际应用过程中,往往是一次推荐多个项目,推荐的效果由多个项目的准确程度共同决定。

因此,本书将算法的评估指标分为分类指标和排序指标两部分。首先每个用户正负样本按照 1:50 的比例进行测试,然后通过模型为每个样本计算出对应的 0~1 之间的数值。

分类部分将此数值以 0.5 为界划分为两类,即超过 0.5 则预测为正例,低于 0.5 预测为负例。然后采用分类问题常用的查准率(Precision)、查全率(Recall)、准确率(Accuracy)等常用的评估指标进行评价。

排序部分将样本按照数值进行排序,将用户 i 的正样本在用户 i 的总样本中的排序记为 R_i,然后根据 R_i 进行排序指标计算。具体排序指标如下。

(1)Hit@10 准确率。现实中推荐算法并非一次只推荐一个项目,而往往一次推荐多个项目。本书采用的推荐 Hit@10 准确率用于衡量模型一次推荐十项课程时的推荐效果,即判断当模型一次推荐十项课程时,此十项课程中是否含有符合用户偏好的课程,是则认为此次推荐成功,否则推荐失败。具体计算方法如下。

$$Hit@10 = \frac{1}{N}\sum_{i=1}^{N} isTop10(R_i)$$

$$isTop10(R_i) = \begin{cases} 1, R_i \leqslant 10 \\ 0, R_i > 10 \end{cases} \quad (7.1)$$

其中 N 为用户总数，$isTop10(\cdot)$ 用于判断正样本是否在模型推荐的前十项中，如果是则置为 1，否则为 0。Hit@10 指标越接近 1 表明推荐的结果越有效。

（2）平均排序指标。Hit@10 准确率在某种程度上可看作是批量推荐的准确率，考察的是正例（即用户真实感兴趣的课程）是否被包含在推荐的结果中。但是这一指标无法考察到正例并未排在前十项的情况，以及正例在推荐结果中的具体位置，因此本书采用平均排序指标来评估正例在推荐结果中的总体情况。具体计算方式如下。

$$AvgRank' = \frac{1}{N}\sum_{i=1}^{N} R_i \quad (7.2)$$

其中 N 为用户总数，由于此指标计算的是正例平均排序位置，正例在推荐序列中的排序越靠前表明推荐得越好，因此，此项指标值越小表明推荐的结果越准确。为了更好地表达模型的平均排序情况，本书将平均排序指标转换为百分比，即

$$AvgRank = \frac{AvgRank'}{M}$$

其中 M 为每个用户的总样本数。在本书中按照每个用户正负样本 1:50 的比例，则每个用户总样本数 M 为 51，因此，$AvgRank$ 表示正例位于 51 个样本的百分比。

第三节　数据来源及样本处理

企业员工在线学习的影响因素有很多，包括员工所在的工作岗位、个人的学习偏好等，员工在选取不同学习资源的过程将不同程度地表现出行为模式，包括学习参与水平，这些将会反作用于学习绩效。

一、样本与数据来源

本章的在线学习数据为D企业在线学习平台提供的2019年度学习情况统计汇总的脱敏数据。包括各部门学员年度学习详情汇总表、在线学习详情表、面授学习详情表、线上班学习详情表、技能认证详情表和考试详情表。本章主要探索的内容是基于企业员工的自主线上学习行为的知识推荐,而对于面授学习、线上班学习、技能等级认证及考试均被视为在企业的要求下开展,具有一定的强制性,其数据统计对在线学习研究的意义较小,不作为参考。对部门年度学习详情汇总,与在线学习详情数据进行合并处理,统一标识为学员的账号。合并后的在线学习数据表中具体包括以下信息:学员账号、性别、年龄、职务、岗级、岗位名称、课程名称、在线学习时长(时)、在线学习次数、本次学习时长(秒)、完成百分比、学习时间、开始时间以及结束时间。

二、学习行为数据

学习行为数据主要是关于课程登录进行在线学习的数据,之后再从中提取出模型需要的相关字段,最终得到的字段如表7-1所示。

表7-1 课程相关数据字段说明

字段	说明
学员账号	学员的在线唯一标识
课程名称	文本类型,所学习的课程名称
本次学习时长	每次登录的时长
开始时间	每次登录的时间点,具体到分秒
结束时间	每次退出登录的时间点,具体到分秒

由于在实际推荐时,学员在推荐页面内一般只会看到课程的标题,点

击进入之后才会看到课程的完整内容,课程名称是学员判断推荐的结果是否符合自己需求的首要依据。与此同时,课程的标题及标签是对课程主要内容的高度概括,虽然文本长度有限,但主要由一些关键词构成,因而呈现出文本内容较短但关键信息高度凝练的特点。综上所述,课程推荐最重要的特点为其内容的文本性,因此本书将标题作为课程特征提取的主要依据。

第四节 课程特征的提取及学员的偏好抽取

一、文本嵌入式的表示

在课程特征的提取过程中,需要重点关注从课程的标题中准确地提取有效的特征。句子通常用词袋模式进行表示。通过统计句子中词的数量来作为句子的特征,这种方法忽略了句子中词与词之间的顺序,同时也很容易产生维度灾难的问题。词袋模型文本表示显示出的特征包括:高稀疏性和高维度性,在特征表达方面显示出能力很弱,所采用的神经网络对此缺乏有效的处理能力,采用额外的人工方式开展特征工程成本较高。深度学习法则有效解决了这些问题,最大程度地实现了特征的自动提取。

运用 Word2vec 技术可以将句子用低维稠密的向量表示。Word2Vec 是一个分布式文字的词向量表示工具,主要包括两个模型:CBoW 和 Skip-gram,前者可以在上下文的基础上,实现当前单词的有效预测。本书将每条课程的标题进行分词后连接形成一个词序列,每个词在输入 Word2vec 模型之后会被转化为一个词向量,词向量的具体计算方法如下。

令 w 表示某单词。$Context(w)$ 表示单词 w 的上下文,$Context(w)$ 中包括 w 的前后各 C 个单词。单词总数为 $2C+1$。所以 CBoW 的目标函数分别为

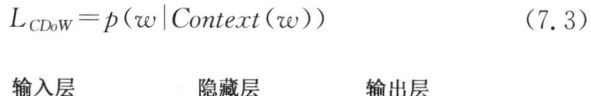

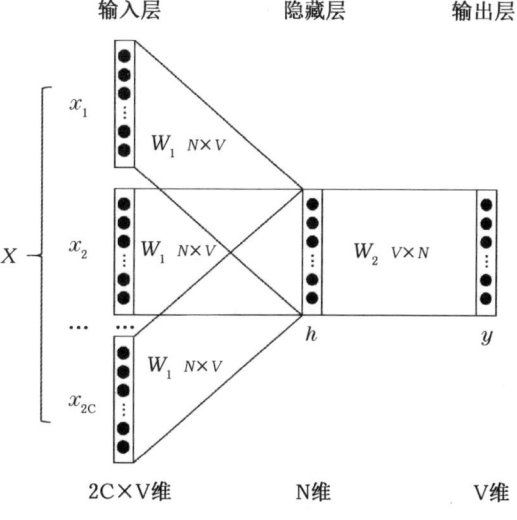

$$L_{CBoW}=p(w|Context(w)) \qquad (7.3)$$

图 7—3 CBoW 模型

CBoW 模型如图 7—3 所示,其输入为上下文单词的 one-hot 向量。隐藏层形成一个全连接层,然后对隐层向量求平均值,最后不经过激活函数直接从 Softmax 层输出。输出的是词典中每个词出现的概率分布。具体计算方法如下

$$H=W_1X \qquad (7.4)$$

$$h=\frac{1}{2}\sum_{i=1}^{2C}h_i,h_i\in H \qquad (7.5)$$

$$y=\text{softmax}(W_2h) \qquad (7.6)$$

其中 X 表示单词 w 上下文 $Context(w)$ 的 one-hot 矩阵,$X\in R^{V\times 2C}$,V 为字典长度。W_1,W_2 均为权重矩阵,$W_1\in R^{N\times V}$,$W_2\in R^{V\times N}$,N 为隐层维度,y 为得到的词表示。

以课程"云计算基础及业务"为例,课程的特征表示过程如图 7—4 所示。

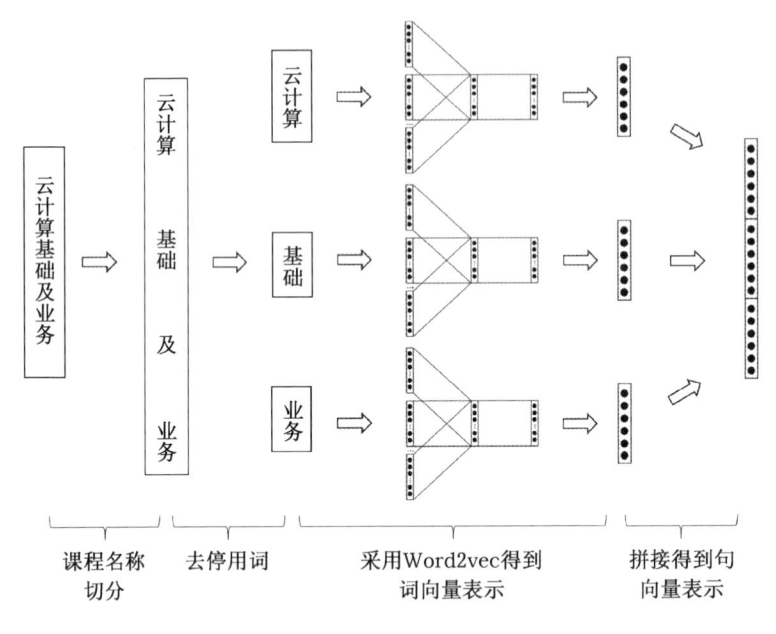

图 7—4 课程特征提取示意

通过 Word2vec 词向量获取句子向量常采用的方法有两种，一是将输入的所有词向量求和或者求平均映射到下一层，二是采用将首尾依次连接输入的所有词向量映射到下一层。这两种方法中，如果求和或求平均，则会损失掉词的顺序信息。如果把所有向量连接在一起，则词的顺序信息还能保留，所以本书选择直接进行首尾连接，将连接后的向量作为课程的特征向量。本书选取的词向量长度为 50，课程词序列长度为 5，所以得到的课程特征表示向量为 250 维。

这种方法虽然在实际应用中比较简单方便，但是很难学习到词和词之间的关系信息，同时课程的向量表示维度也会随着词数目的变化而变化，其维度相对较高。

二、课程向量的表示

在进行课程特征的文本分类时，可将文档或句子的关键词作为特征，基于这些特征对分类器进行训练。卷积神经网络(CNN Convolutional Neural Network)的卷积和池化过程就是一个抽取特征的过程。CNN 可以捕捉局部相关性，在图像分类领域取得较好的效果。本书将课程标题进行分词后的结果和标签连接起来的序列输入 CNN 模型来提取课程的特征。假设将课程进行分词后的结果和标签连接起来形成一个长度为 L 的词序列，根据预先训练好的词向量将句子映射为一个 $w_{1,L}=[w_1 w_2 \cdots w_L] \in R^{D*L}$ 矩阵。之后卷积核 $\theta \in R^{D*S}$ 经过对词向量矩阵进行卷积操作得到特征地图，特征地图中每个特征由下面的计算公式得到

$$c_i = f(\theta \times w_{i:i+S-1} + b) \tag{7.7}$$

在对文本词向量进行卷积操作时，卷积核的长度通常和词向量的长度一致，均为 d，这是因为词向量已经提取了词的语义特征，所以卷积操作只需提取词之间的关系特征。在步长为 1 的情况下，一个长度为 L 的序列经过长度为 l 的卷积核卷积后的长度为 L−S+1，在每一个卷积核得到一个特征地图之后，经过如下最大池化公式保留最重要的特征。

$$\widetilde{c} = max\{c_1, c_2, \cdots, c_{L-S+1}\} \tag{7.8}$$

最后将不同卷积核得到的结果拼接在一起得到最终句子的表示向量。如图 7−5 所示。

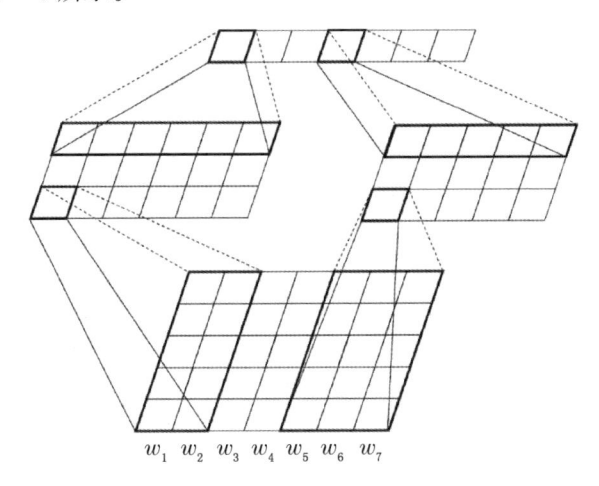

图 7−5　词向量卷积示意

本书实验选取的课程词序列长度为10,词向量为50维,卷积核的大小分别为1*50、2*50,每个大小的卷积核数量为64,由此最终得到的课程特征向量为128维。

三、学员的偏好抽取

学员历史浏览的课程内容反映了其对课程类型的偏好,通过对学员的行为序列进行抽取,可以得到其偏好信息。对于序列数据处理比较常用的深度模型包括 RNN 和 LSTM。LSTM 模型以其独特的门控制系统解决了 RNN 长距离依赖和梯度消失的问题。因此,本书选择利用 LSTM 模型来对学员的浏览序列进行偏好抽取。

学员的课程学习记录主要反映在学员的登录账号、课程编号、开始时间和结束时间等字段。在对学员抽取偏好时,将每位学员历史学习的课程按照学习的时间进行排序,同时将每条课程利用上文的课程特征提取模型得到其特征表示的向量,之后按照时间顺序输入 LSTM 模型中。以一个学员 i 为例,首先取该学员的 n 条课程学习记录,将这 n 条课程按学习的先后时间进行排序,并将每条课程的标题利用 Word2vec 及 CNN 得到特征表示的向量,之后依次输入 LSTM 层中,得到学员的偏好表示的向量。学员偏好 u_i 抽取过程如图7-6所示。

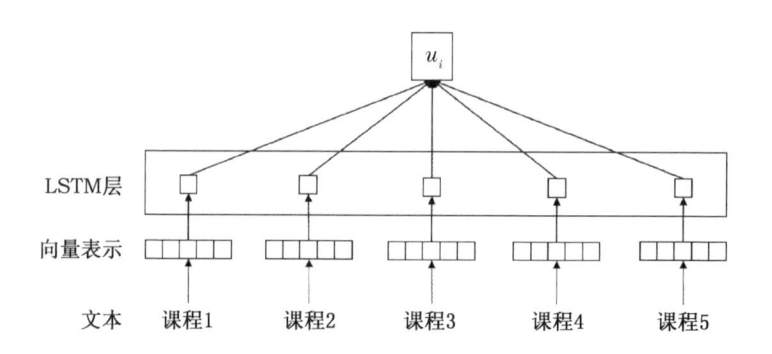

图7-6 学员的偏好抽取示意图(课程学习记录数 n 取 5 时)

参考 Mingyuan(2018)的做法,利用上文介绍的 LSTM 模型来实现

学员的偏好抽取。假设给定一个学员 i，他的历史学习记录为 $\{x_1^i, x_2^i, x_3^i, \cdots\cdots x_n^i | x_n^i \in \mathbb{R}^l\}$，其中 x_n^i 表示学员 i 学习过的第 n 个课程的标题文本，l 表示标题文本长度。$\{c_1^i, c_2^i, c_3^i, \cdots\cdots, c_n^i | c_n^i \in \mathbb{R}^{l \times d}\}$ 中 c_n^i 表示利用课程特征提取模型得到的课程特征向量，d 表示每个词向量的维度。之后利用 LSTM 模型对学员的历史课程学习记录进行表示，LSTM 层包含 $(l \times d)$ 个单元，每个时刻的细胞状态都会输出一个向量 $\{H_1^i, H_2^i, H_3^i, \cdots H_n^i | H_n^i \in \mathbb{R}^{l \times d}\}$，比较简单的做法是将最后一个时刻细胞状态的输出或每个时刻细胞状态的输出经过平均作为学员最终的行为表示向量。

使用最后时刻细胞状态的输出，学员 i 最终的偏好表示向的量为

$$u_i = H_n^i \tag{7.9}$$

使用平均法时，学员 i 最终的偏好表示向量为：

$$u_i = \frac{1}{n} \sum_{k=1}^{n} H_k^i \tag{7.10}$$

由于在后文预测是需要将 LSTM 的输出和课程的向量进行内积，所以 LSTM 层每个细胞状态的输出需要和输入保持一致。

四、预测模型的结构

得到学员和候选课程的向量表示之后，接下来要考虑如何实现课程对学员的合理推荐。考虑到计算的方便性通常会将一个排序问题转化为一个概率预测问题，转化的方法是通过进行负采样得到一些已观测的正样本和随机生成的负样本作为训练集，对于正样本的概率记为 1，负样本的概率记为 0。预测的方法如图 7－7 所示。通过将学员的向量和候选推荐课程的向量进行内积得到的向量输入一个全连接的多层感知机进行降维，最后利用 Sigmoid 函数将其映射为一个 0~1 之间的概率值。如图 7－7 所示。

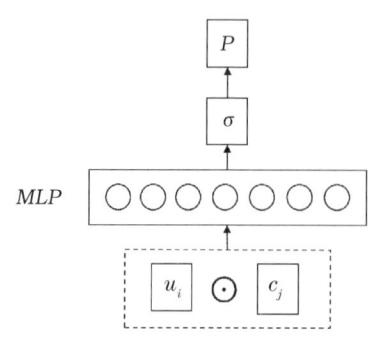

图 7-7 模型预测结构

这个过程可以用公式表达为

$$\hat{y}_{ij} = \sigma[\varphi(u_i \odot c_j)]$$
$$\varphi(x) = Wx + b$$
$$\sigma(x) = 1/(1 + e^{-x}) \qquad (7.11)$$

其中,$\hat{y}_{ij}$ 表示是否向学员 i 推荐课程 j,u_i 为模型得到的学员 i 偏好的向量表示,c_j 为课程 j 的向量表示,$\varphi(\cdot)$ 表示多全连接层,W 和 b 为神经元内待训练的参数,$\sigma(\cdot)$ 是 Sigmoid 函数。

综上,完整的课程推荐模型结构示意如图 7-8 所示。

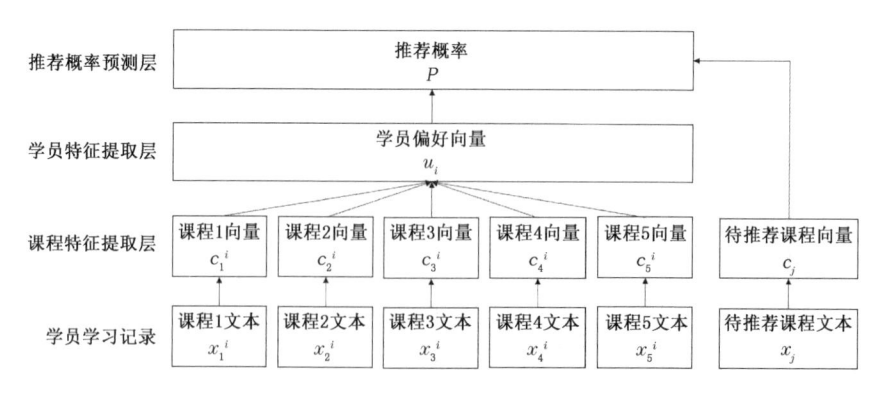

图 7-8 课程推荐模型示意

模型的输出结果为课程推荐给学员的概率的目标,使模型的预测结果能够最大限度地接近真实概率。本书采用交叉熵函数作为模型的目标函数,对于每条样本数据,即向学员 i 推荐课程 j 的损失函数为

$$L_{ij}=-[y_{ij}\times\ln\hat{y}_{ij}+(1-y_{ij})\times\ln(1-\hat{y}_{ij})] \quad (7.12)$$

其中 y_{ij} 为每一条样本的真实概率,$\hat{y}_{ij}$ 为模型的预测概率,由于模型在训练时每一个批次会同时输入多条样本,所以需要对所有样本的 L_{ij} 进行平均来作为模型最终的目标函数:

$$L=\sum_{i=1}^{N}\sum_{j=1}^{M}L_{ij} \quad (7.13)$$

其中,M 为向学员 i 推荐的课程数量,N 为学员数量。

第五节 基于深度学习的课程推荐模型

基于上述数据进行实验,对课程的特征抽取以及学员的偏好抽取的不同模型进行验证。通过对不同的模型进行组合来实现完整的课程算法,并通过对实验结果进行对比来判断不同模型的效果。

一、LSTM 模型

LSTM 模型可用来处理序列数据,例如,将一个序列 $(x_1,x_2,\cdots,x_n)$ 作为输入,输出另一个序列 $(h_1,h_2,\cdots,h_n)$,从中可以得到该模型序列间关系的信息内容(详见第七章第二节)。原 RNN 从前向后连续采集输入的信息,通过线性序列的结构,RNN 的线性序列结构将更有效利用附近状态的相关信息,即仅具有短期记忆能力,但不擅长捕获文本中的长期依赖关系。随着距离的增长,远距离的信息对当前时刻的影响越来越小。但事实上如自然语言这类序列信息,由于其内在包含语义逻辑,词语之间并非序列位置越接近就越相关,而存在一种长期的依赖关系。另一方面由于 RNN 的链式结构,导致反向传播过程中随着循环次数的增多,随着求导深度增加,梯度的消失或爆炸将随之产生。

LSTM 的结构更类似于人类对于知识的记忆方式，主要解决了 RNN 长距离依赖问题与梯度消失问题，其主要在以下两个方面进行了改进，一是加入了细胞单元，二是控制机制门。门作为方法，将允许信息有选择地通过，包括矩阵乘法运算和 sigmoid 层。

首先选择利用词向量直连法生成课程的向量，接着利用 LSTM 模型提取出学员课程学习记录序列的偏好特征，将 LSTM 模型每一步输出的结果进行平均得到学员的行为表示向量，之后利用多层感知机来实现推荐概率的预测。完整的模型结构如图 7-9 所示。

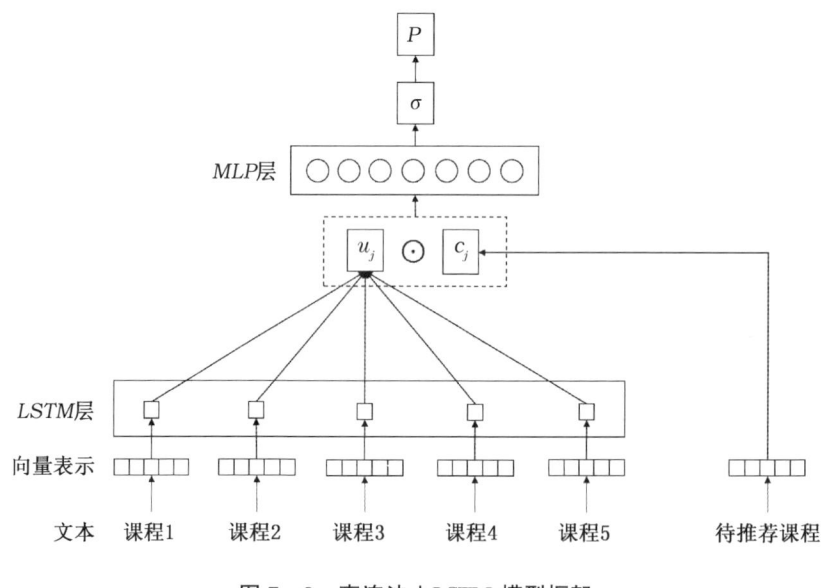

图 7-9 直连法＋LSTM 模型框架

该模型的优点是比较简单且方便，但无法利用其他方面的信息。

二、CNN ＋ LSTM 模型

该模型将用于课程表示的词向量直连法替换为 CNN 模型。完整的模型结构如图 7-10 所示。

图 7-10　CNN＋LSTM 模型框架

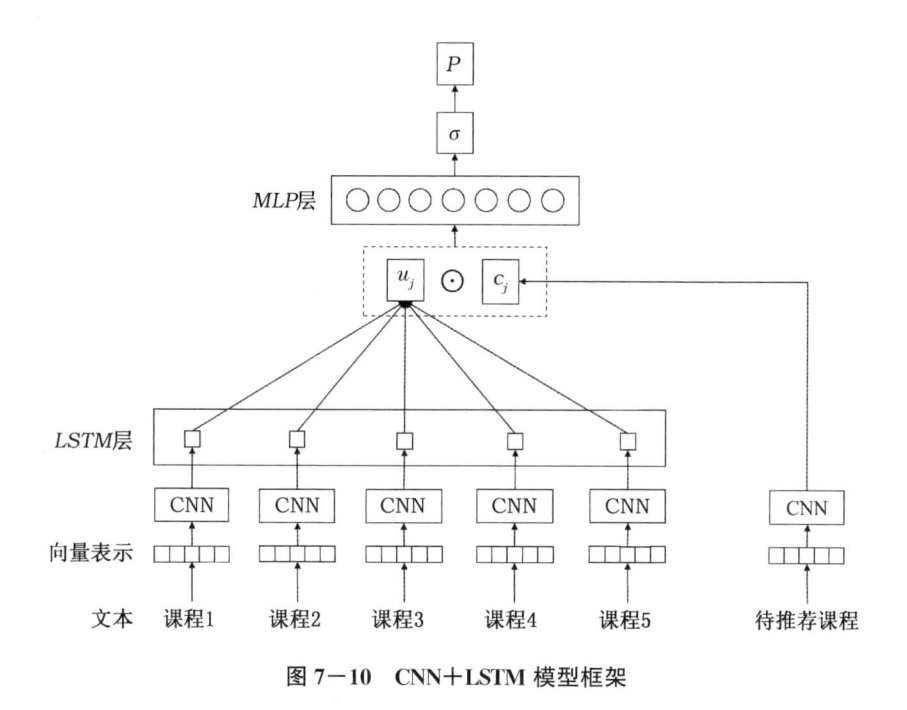

三、LSTM＋CourseAttention 模型

前文中采用了学员的历史课程记录进行学员的偏好表示，在处理过程中采用的方法是对此学员所有课程记录得到的课程向量进行平均值计算，然后将这个平均值作为学员的偏好表示。这种偏好表示方法是静态的，也就是指无论向此学员推荐何种课程，学员的偏好不会发生变化。而且对于待推荐课程而言，学员历史记录中每个课程发挥的作用是平均的，即相当于假设无论学员学习过何种课程，对于待推荐课程接纳与否的影响始终平均且不会发生改变。这明显与实际情况不相符。

对于学员而言，待推荐课程是变化的，因此对于不同的待推荐课程而言，偏好向量中起作用的部分可能是不同的，即可能不同课程符合的是学员不同方面的偏好。在实际中，学员有时候会接受一个课程推荐与其历史学习记录是密切相关的。假如一个学员已经学习过某课程 A，那么势必会对其相关或相似课程 B 产生影响,即如果学员对 A 感兴趣,那么很有可能愿意在这个领域继续深入,从而去继续学习课程 B。当然也有可能由于对 A 不感兴趣或者觉得已经掌握课程 A,而不需要继续学习课程 B。总而言之,无论是产生正向或负向影响,历史记录中的课程对于待推荐课程的影响并不是平均的。因此在面对不同的待推荐课程,由历史学习记录构成的学员偏好中不同部分发挥的作用也是不均匀的,而应随待推荐课程的不同而发生变化。

为更好地刻画学员的偏好对于待推荐课程的作用,本书首先利用课程 Attention 机制来建模不同课程对学员偏好的影响,实现动态的学员偏好向量抽取过程。利用 Attention 机制的特点,根据待推荐课程自动学习学的员历史课程记录中不同课程作用的权重比例,使得与待推荐课程相关的学习记录能够发挥其作用。

参考 Wang(2018)的做法,本书在模型构建过程中对 Attention 机制的实现如下。对于学员 i 过去学习过的课程 x_k^i 和待推荐课程 x_j,将其向量进行内积得到的结果,利用 Softmax 函数进行指数归一化后作为课程的影响权重。具体的权重计算公式如下。

$$a_{x_k^i,x_j}^{class}=softmax(H_k^i \odot c_j), k=1,2,\cdots n$$

$$softmax(s)=\frac{exp(s)}{\sum_{k=1}^{n}exp(s)} \quad (7.14)$$

其中,$a_{x_k^i,x_j}^{class}$ 表示待推荐课程 x_j 是学员 i 已学习过的课程 x_k^i 的课程 Attention 权重,x_k^i 表示学员 i 学习记录中第 k 个课程,c_j 表示课程 j 利用直连法或 CNN 得到的向量表示,H_k^i 表示 x_k^i 所在位置对应的 LSTM 层的输出,计算得到每项课程的权重 $a_{x_k^i,x_j}^{class}$ 之后,学员 i 对于待推荐课程的最终向量为

$$u_i = \sum_{k=1}^{n} a_{x_k^i,x_j}^{class} \times c_j \quad (7.15)$$

该向量 u_i 最大程度地保留了和待推荐课程 x_j 相关的特征,也在之后的推荐过程中能够实现更加准确且多样化的推荐。

因此，本书在原模型的基础上加入课程注意力机制（Course Attention）来刻画学员兴趣的多样性。没有加入 Attention 之前模型将 LSTM 每一步的输出进行平均来作为学员的表示向量，Attention 机制对 LSTM 每一步输出的结果加上了一个权重，使得学员最终的偏好表示为加权平均后的动态向量。完整的模型结构如图 7-11 所示。

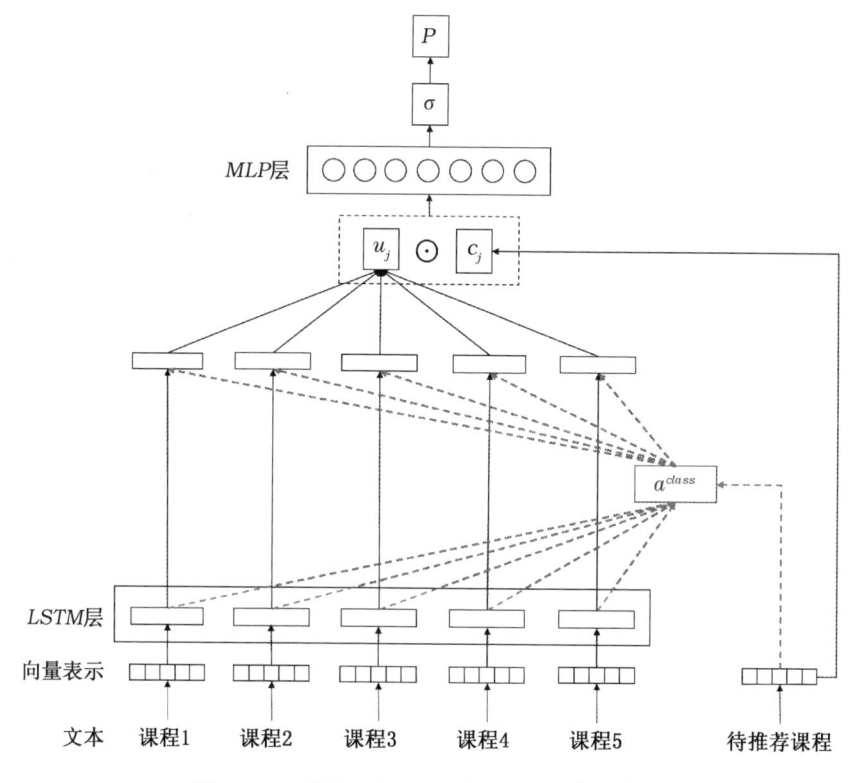

图 7-11　直连法＋LSTM＋Attention 模型框架

模型在训练过程中数据的输入及输出以及参数的设置均和上一节的深度学习模型保持一致，因此不再赘述。

四、LSTM＋PlanAttention 模型

前文中的课程 Attention 机制能够帮助模型更好地发挥出学员学习记录

的作用,实现动态的偏好表示。模型仅考虑到了学员和课程这两方面的信息,然而对于企业学员的课程推荐而言,实际上企业是不容忽视的第三方面。

企业是培训的组织者,因此企业培训与一般的课程学习推荐还存在一个重要的差别,即企业培训往往是以支持企业长期发展为目的对员工进行培训的。企业课程推荐除了需要符合学员的偏好,还应当符合企业长期发展的战略计划。企业课程与企业战略计划的契合程度可能也会对推荐结果产生影响。在这样的情况下,本书通过设计企业计划 Attention 来将待推荐课程与企业计划的匹配程度引入模型。

通常一个课程名称中包含了多个词语,即课程名与词是一对多关系,课程 Attention 是在课程层级使用的注意力机制,而培训计划 Attention 是在词级别使用的注意力机制。培训计划 Attention 机制是更细粒度的注意力机制,通过它能够使得课程标题中符合企业培训目标的关键词能够被模型关注。

具体步骤如下。

(1) 首先本书根据企业人才培训计划抽取关键技术词列表 $S = \{word_1, word_2, word_3, \cdots\cdots, word_s\}$。

(2) 将课程名称与关键技术词列表进行匹配,为每个待推荐课程标识出符合培训计划的关键词,将切词后的 x_j 与 S 进行词匹配,得到共有词文本 $K_j = \{word_1, \cdots\cdots, word_k\}$。通过下式得到待推荐课程 x_j 的计划词向量 p_j 为

$$p_j = \frac{1}{k}\sum_{i=1}^{k} Word2vec(word_i), p_j \in \mathbb{R}^d \tag{7.16}$$

其中,$Word2vec(\cdot)$ 表示采用 $Word2vec$ 方法进行词向量表示,d 表示词向量的维度。

(3) 使用 LSTM 模型对学员的历史浏览序列进行表示,LSTM 层包含 $(l \times d)$ 个单元,每个时刻的细胞状态都会输出一个向量,学员 i 的 n 条学习记录表示为 $\{H_1^i, H_2^i, H_3^i, \cdots H_n^i | H_n^i \in \mathbb{R}^{l \times d}\}$,其中每个 $H_n^i = \{h_1, h_2, \cdots\cdots, h_l | h_l \in \mathbb{R}^d\}$,$l$ 为课程标题文本词序列长度。因此可将 $\{h_1,$

$h_2,\cdots\cdots,h_l\}$看作是课程标题中每个词对应的隐层状态。

（4）每个 LSTM 层的输出对应一个计划注意力向量组 $\{A_1^i,A_2^i,A_3^i,\cdots A_n^i|A_n^i\in\mathbb{R}^{l\times d}\}$，其中每个 $A_n^i=\{a_1^{plan},a_2^{plan},\cdots\cdots,a_l^{plan}|a_l^{plan}\in\mathbb{R}^d\}$，具体的计划 Attention 权重 a_l^{plan} 计算公式如下

$$a_l^{plan}=h_l\odot p_j \tag{7.17}$$

（5）在使用培训计划 Attention 之后

$$a_{x_k^i,x_j}^{class}=softmax(H_k^i\odot c_j\odot A_k^i),k=1,2,\cdots\cdots n$$

$$softmax(s)=\frac{exp(s)}{\sum_{k=1}^{n}exp(s)} \tag{7.18}$$

（6）学员 i 对于待推荐课程的最终向量为

$$u_i=\sum_{k=1}^{n}a_{x_k^i,x_j}^{class}\times c_j \tag{7.19}$$

企业课程推荐结果除了和待推荐课程本身有关，还涉及企业的人才培养计划，因此本书在原推荐模型基础上增加了培训计划注意力机制（Plan Attention）。它与课程注意力机制的区别在于，课程注意力是以课程为单位实现的注意力机制，而针对企业计划，本书采用的更细粒度的注意力机制，即以词为单位来判断企业计划和课程标题之前的影响。模型完整结构如图 7-12 所示。

五、LSTM＋JobSemantic 模型

企业培训涉及企业、学员、课程三个方面，本书首先采用课程 Attention 更好地建模了学员的偏好和待推荐的课程之间的关系，又通过培训计划 Attention 建模了企业战略计划与课程之间的关系。但实际上企业和学员之间并未被考虑。

在企业实际中，不同的员工学员在企业中发挥的作用是不同的，具体的差别是由员工的工作岗位而导致的。因此在企业培训过程中，对于不同工作岗位的学员推荐的课程应是有所不同的。不同岗位需要的专业技能有所差异，不同工作岗位的学员的课程选择也会存在不同，因此本书考

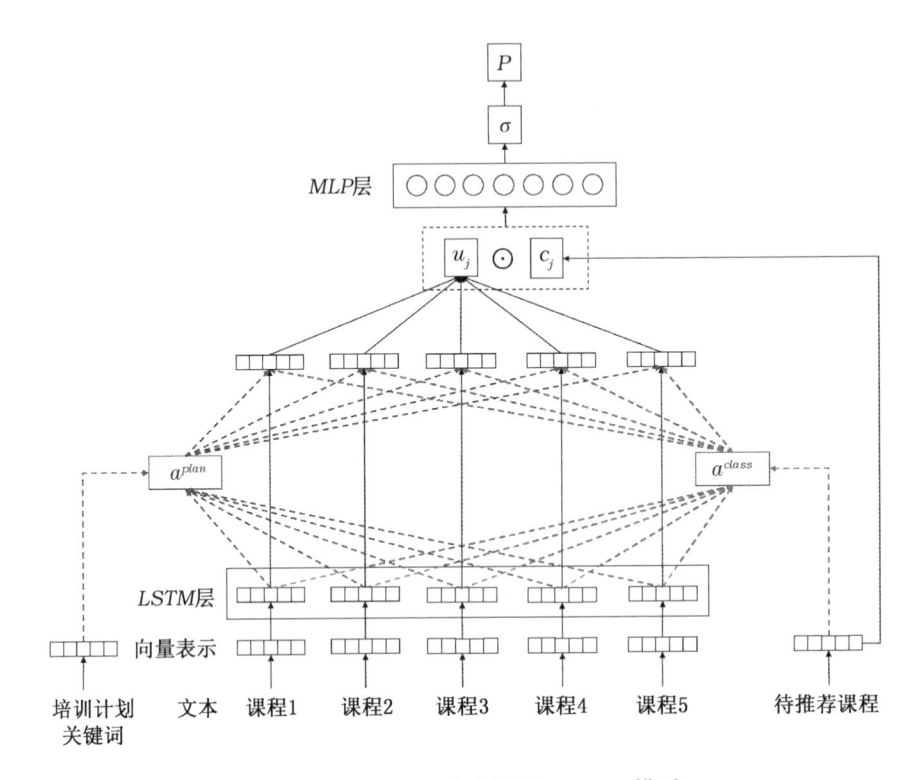

图 7-12 LSTM+企业计划 attention 模型

虑将企业学员的工作岗位的语义信息引入推荐模型中,使得模型在为学员推荐课程时能够兼顾学员的岗位信息。如图 7-13 所示。

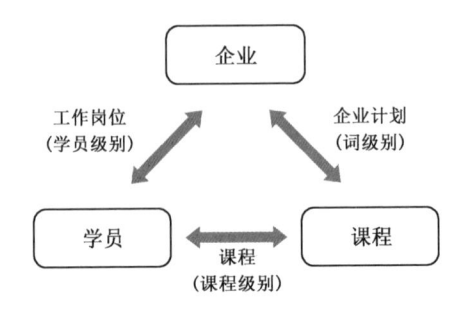

图 7-13 工作岗位信息在课程推荐中的作用

通常一个学员有对于多个课程的学习记录，因此相比于课程注意力而言，工作岗位对应学员层级，可以看作是更粗粒度的机制。为了将工作岗位信息引入模型，本书首先将企业学员岗位名称转化为岗位向量，用 w_i 表示，然后将岗位向量 w_j 融合到推荐过程中，则推荐概率计算方法下

$$\hat{y}_{ij} = \sigma[\varphi(u_i \odot c_j \odot w_j)]$$
$$\varphi(x) = Wx + b$$
$$\sigma(x) = 1/(1 + e^{-x}) \tag{7.20}$$

模型框架如图 7-14 所示。

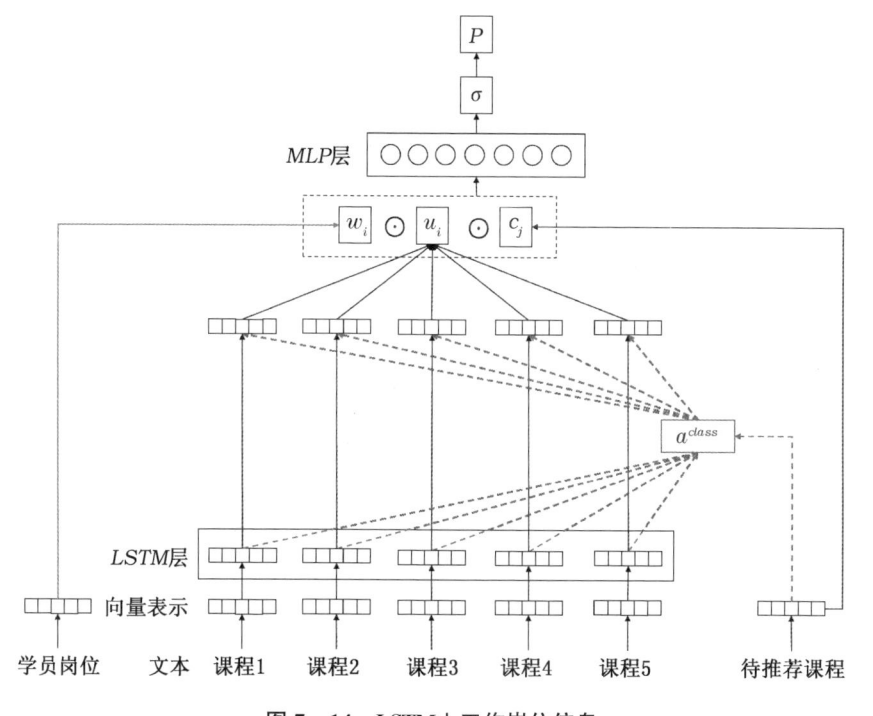

图 7-14 LSTM+工作岗位信息

六、混合推荐模型

此模型为改进模型汇总，模型中包含了 Course Attention、Job Semantic 和 Plan Attention，能够同时兼顾企业、学员、课程三方面之间的关系，同时考虑企业培训计划与课程、企业岗位与学员、课程与学员之间的相互影响。但同时模型结构更加复杂，参数量更大。模型完整结构如图 7-15 所示。

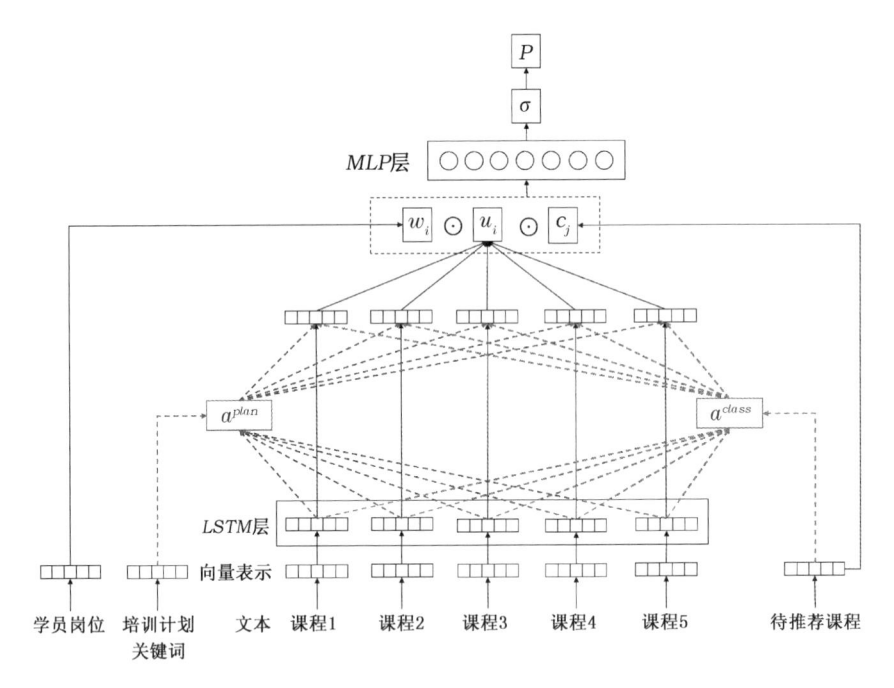

图 7-15　混合推荐模型

第六节　实验及结果对比

一、实验数据预处理

本数据集共有有效样本 15 691 个，剔除无效样本 4 004 个，其中无效样本是指从没有参加过任何在线学习、面授班学习或者线上班学习，同时没有参加考试或者技能认证考试的员工，共有 3 130 种职务类别、21 种岗级类别、235 种岗位类别。课程数据示例如图 7-16 所示。

学员账号	课程名称	本次学习时长	完成百分比	学习时间	开始时间	结束时间
K10 72	2019年第9期：解密云货架——让销售变得更简单	1131	100	3	2019/9/24 19:01	2019/9/24 20:03
K10 72	智慧家庭产品——家庭云	200	18.52	2	2019/10/22 12:19	2019/10/22 21:03
O13 72	追问信仰与共产党人的初心	0	0	1	2019/11/25 19:33	2019/11/25 19:33
O13 72	云计算基础及业务	75	1.74	1	2019/11/25 19:31	2019/11/25 19:31
B21 62	网络信息安全防护专题-工作篇（11-20）	2186	100	22	2019/8/13 9:06	2019/8/13 9:43
B21 62	网络信息安全防护专题-工作篇（1-10）	4501	100	5	2019/8/12 14:15	2019/8/12 15:31
B21 62	网络信息安全防护专题-生活篇（1-10）	4222	100	5	2019/8/14 8:37	2019/8/14 9:48
B21 62	网络信息安全防护专题-企业篇（1-10）	965	100	11	2019/8/13 15:14	2019/8/13 15:30
B21 62	网络安全法	3485	100	2	2019/8/14 16:28	2019/8/14 17:26
E31 5	私有云架构-IaaS	2358	59.55	5	2019/12/10 10:50	2019/12/10 12:18
E31 5	网络信息安全防护专题-其他篇（1-10）	1563	100	12	2019/7/29 13:44	2019/7/29 14:00
E31 5	私有云架构-IaaS	8212	100	8	2019/12/9 14:31	2019/12/9 16:56
E31 5	云使能技术	2972	100	3	2019/11/5 8:42	2019/11/5 9:31
E31 5	资源池	12683	100	5	2019/11/5 10:04	2019/11/5 13:36
G10 02	2019年网络及生产运营情况介绍	2441	100	2	2019/11/7 8:49	2019/11/7 9:30
G10 02	各类人群沟通技巧（实用干货）	2860	100	1	2019/11/1 9:50	2019/11/1 10:38
G10 02	中国电信集团的业务产品	2199	100	1	2019/11/7 8:49	2019/11/7 9:43
G10 02	据说这个时间管理工具很好用	5240	100	1	2019/11/1 10:38	2019/11/1 12:06
G10 02	做自己情绪的主人——如何做好情绪管理	5260	100	1	2019/11/1 10:38	2019/11/1 12:06
G10 02	爱自己，就接纳自己的情绪	5250	100	1	2019/11/1 10:38	2019/11/1 12:06
G10 02	解决团队"冲突"打造高效团队	10685	100	1	2019/10/31 9:44	2019/10/31 12:42
G10 02	团队合作，说到点子上了	3696	100	2	2019/10/31 8:42	2019/10/31 9:43

图 7-16　课程数据示例

实验数据处理过程主要包括数据合并、课程记录排序、学员类别划分、实验学员选择、实验课程记录学者、课程标题分词、预训练词向量、计划词匹配及负采样等步骤，如图 7-17 所示。

首先，数据合并部分主要是由于学员的上课记录与学员的岗位信息分别存放于不同的表中，因此需要根据学员账号来使得每条课程记录都能够与学员及其岗位信息相对应，以方便后续的数据处理。然后进行课程记录排序，主要目标是将学员的课程学习记录按照时间先后顺序排出每个学员的课程记录序列。通过这个序列可以比较出用户的学习行为相

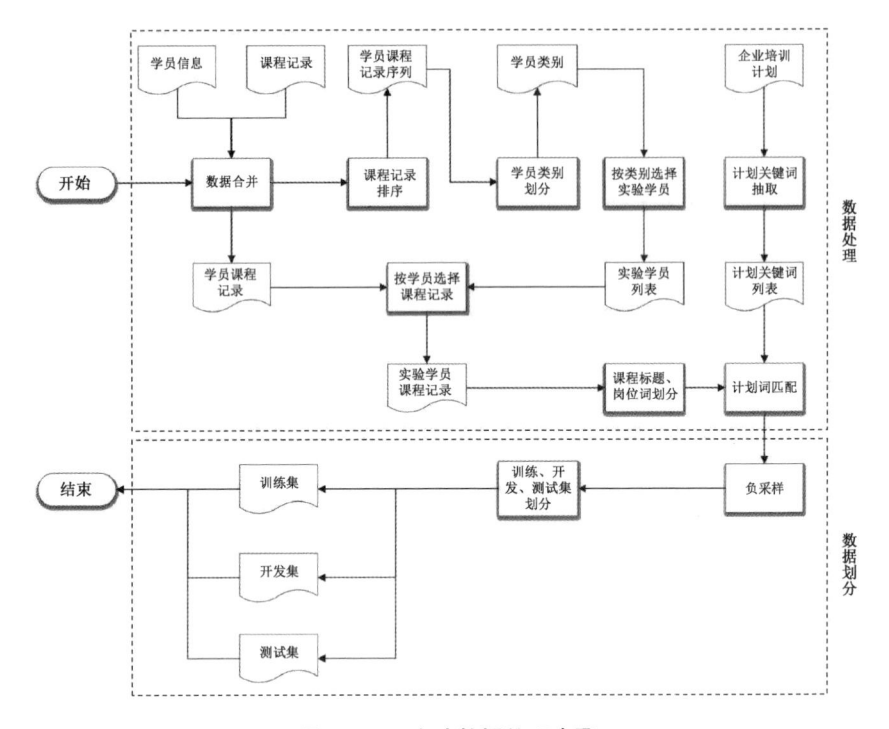

图 7-17 实验数据处理步骤

似程度，进而完成对学员的类别划分。

之所以对学员进行类别划分，是由于同部门或岗位的学员可能具有比较相似的学习记录，可能会导致模型训练和测试过程中数据过于相似，干扰模型性能评估的准确性。具体做法是比对两个学员的学习记录，如果他们各自学习记录总数相差不超过 5，且重复课程超过各自总数的 60%，就将他们划分到同一类别中。重复此操作循环遍历所有学员，最后将学员划分为 558 类。每个类别选取一位学员，再选择其相应的课程学习记录作为实验数据。

经过上述处理步骤得到的具体数据格式如表 7-2 所示。

表 7—2　　　　　　　　　　数据处理格式举例

学员编号	课程编号	课程标题分词结果	学员岗位名称	企业计划关键词
54	18	IT 软硬件 基础	接入 网络 技术 支撑	/
36	277	云堤 域名 无忧 域名 解析 高枕无忧	服务 投诉	云堤
38	222	工作篇 SIM 卡 SD 卡丢失	应急 通信 支撑	SIM 卡

由于课程标题以及学员岗位都是文本信息，不能直接被神经网络模型所使用，因此需要将输入的文本数据转换为神经网络模型方便处理的数字表达形式，即采用 Jieba 分词工具对课程标题及工作岗位文本进行切分。在对课程标题进行切分的同时，本书将课程词汇与企业计划关键词列表进行比对，挑选出课程标题中的符合企业计划的关键词语。最后将上述提及的词语文本转化成对应的词语编号。如表 7—3 所示。

表 7—3　　　　　　　　　数据处理输出格式举例

学员编号	课程编号	课程标题分词结果	学员岗位名称	企业计划关键词
54	18	128,129,104,6,0,0,0,0	7,26,221,0,0,0	6,0,0
36	277	2,164,165,166,167,168,6,0	65,0,0,0,0,0	164,6,0
38	222	223,2,406,407,408,409,6,0	737,822,221,0,0,0	406,6,0

二、实验数据划分

本书利用预处理后的数据集来进行实验，并利用负采样方法生成实验需要的训练及测试数据。

（一）模型采样

推荐问题实质为机器学习领域的搜索排序问题，研究中通常会被转化成机器学习领域的预测或是分类问题。比较常用的传统机器学习方法有逻辑回归（LR）、分解机（FM）以及决策树（GBDT）等，以实现样本被推荐概率的预测或是对候选样本进行分类找出待推荐样本。近年来随着网络信息技术的不断推广应用，每天都有海量的学员数据产生，实现精准个性化排序越发变得困难。深度学习算法以其强大的拟合能力、特征发现以及泛化能力在该领域展现出了巨大的优势。

由于学员的喜好不像产品那样存在明显的特征，所以推荐领域中最核心的工作是对学员偏好的刻画，通常需要根据其历史行为来进行学员喜好的推测。实际中观测到的只有学员的正样本数据，即只知道学员对哪类产品感兴趣，对于这类问题在构建模型的目标函数时比较自然地会想到利用最大似然估计。但是由于最大似然函数的条件概率会涉及所有样本，例如式(7.21)：

$$Pr(n_i \mid f(u)) = \frac{exp[f(n_i) \times f(u)]}{\sum_{v \in V} exp[f(v) \times f(u)]} \tag{7.21}$$

式 7.21 表示 n_i 在所有样本 V 中的条件似然概率，$f(u)$ 表示参数，所以当模型最大化 $Pr(n_i|f(u))$ 时，每次更新参数都会涉及所有的样本，巨大的参数更新量使得模型的效率低下，同时也很难得到最优的解。对于这类问题深度学习算法常用负采样（NCE）方法来解决，即将问题的目标转化为一个分类问题，对每一个正样本利用随机替换的方法生成一定数量的负样本，这样就可以利用对数损失、交叉熵损失等常用的损失函数来学习模型的参数。

（二）训练及测试数据的生成

本书得到的原始数据集包含学员 7 940 人、课程 1 624 门、学习记录 342 234 条。由于本书的方法需要根据用户的学习记录进行用户偏好构建、训练集及测试集的划分，如果用户的学习记录过少则无法支持模型的训练和测试。因此本书选取了学习记录超过 10 条的用户（共计 2 603 条）进行后续操作。

此外，由于同部门或岗位的用户可能具有比较相似的学习记录，可能会导致模型训练和测试过程中数据过于相似，干扰模型的性能评估的准确性。因此本书对学习记录较为相似的学员进行了类别划分。此外还存在一些课程是所有用户都学习过的,此部分课程对于所有用户不具有区分度,因此进行剔除。

经上述处理后,实验数据中共包含学员 558 位、课程 1 293 门,涉及学习记录 14 846 条。取每位用户的前五条学习记录用于构建用户偏好,最后一条记录用于构建开发集和测试集,其余用于构建训练集。由于学习记录均为真实学员真实交互过的课程,因此记录中存在的课程均为正例,负例由模型随机选择学员未交互过的课程按正负样本比例 1∶50 生成。举例说明如图 7-18 所示。

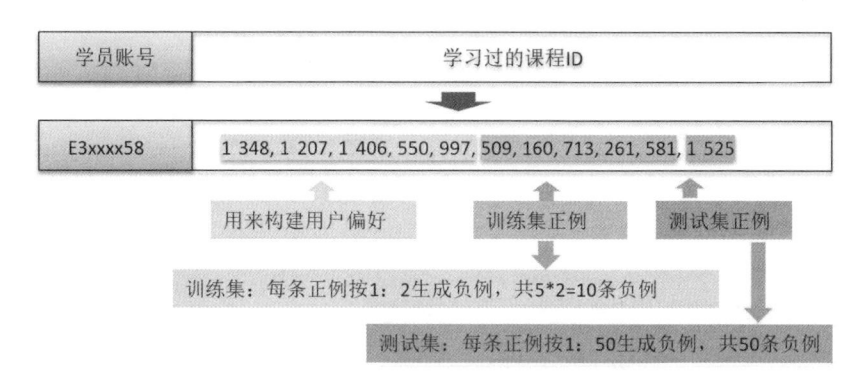

图 7-18 实验数据生成举例

例如,账号为"E3xxxx58"的学员,其学习过的课程 ID 按照时间先后排序为"1 348,1 207,1 406,550,997,509,160,713,261,581,1 525"。其中前面 5 条记录,即"1 348,1 207,1 406,550,997"对应的课程用于构建用户偏好,最后一项"1 525"课程作为测试集或开发集的正例,其余 5 门课程"509,160,713,261,581"作为训练集正例。每条正例按 1∶2 的比例生成负例,则学员"E3 xxxx 58"对应的训练集包含 5 条正例、10 条负例。每个学员的最后一条学习记录作为正例,生成 50 条负例,558 位学员则共计 558 * 51 = 28 458 条记录,再剔除其中与用于构建学员偏好相同的课程记录,将这些记录一分为二分别作为开发集和测试集。最后得到本书实验部分采用的数据,包括训练集 40 455 条、开发集 10 498 条、测试集 10 443 条,如表 7－4 所示。

表 7－4　　　　　　　　　　实验数据集统计结果

项目	数目
学员数	558
课程数	1 293
训练集	40 455
开发集	10 498
测试集	10 443

实验数据明细与数据处理后的格式分别如表 7－5 和 7－6 所示。

表 7－5　　　　　　　　　　实验数据明细

学员编号	课程编号	课程标题分词结果	学员岗位名称	企业计划关键词	正/负例
49	416	浅谈 5G 大规模 天线 Massive MIMO	客户经理	5G	0
39	479	天翼云 重点 行业 营销 拓展 研讨	设备 现场 维护	天翼云	0
54	18	IT 软硬件 基础	接入 网络 技术 支撑	NULL	1
36	277	云堤 域名 无忧 域名解析 高枕无忧	服务 投诉	云堤	1
38	222	工作 篇 SIM 卡 SD 卡 丢失	应急 通信 支撑	SIM 卡	1

由表中可以看出,对比表 7－2,经过负采样得到的数据已经带有标签,即表 7－2 中样本均为正样本,标签为 1,而负采样得到的样本标签为 0。将词转换为词典编号,则得到如下数据形式,此数据即为训练模型时最终采用的数据。

表 7-6　　　　　　　　　　数据处理输出格式举例

学员编号	课程编号	课程标题分词结果	学员岗位名称	企业计划关键词	正/负例
49	416	42,43,6,6,44,45,46,6	0,0,0,0,0,0	43,6,0	0
39	479	107,108,109,110,82,111,6,6	559,433,0,0,0,0	107,6,0	0
54	18	128,129,104,6,0,0,0,0	7,26,221,0,0,0	6,0,0	1
36	277	2,164,165,166,167,168,6,0	65,0,0,0,0,0	164,6,0	1
38	222	223,2,406,407,408,409,6,0	737,822,221,0,0,0	406,6,0	1

如表 7-6 中所示，每个词转换成数字编号后都采用定长的数组来表示，词序列过长则切断，不足则补零。

三、预训练词向量

数据经过上述处理后可作为模型的输入信息，输入的原始词序列被转化为一个词向量矩阵作为待训练的参数，它作为最基本的用来表达课程语义的信息，其质量的好坏会对模型产生很大的影响。同时词嵌入之后的特征相较于人工提取的特征稀疏且弱化，所以可能会造成模型的收敛速度较慢。因此，为了提高模型的训练效果，本书使用了预训练词向量。

预训练利用大量的外部文本信息获取词向量的表示，一方面可以利用这些先验知识提高词向量的质量，另一方面也可以加快模型的收敛。本书主要选用了百度百科及各类课程文本的语料，通过 Word2vec 中的 CBOW 模型进行 50 维词向量的训练，将得到的词向量作为课程推荐模型的输入，使其包含词在中文语境中的语义关系，帮助模型更好地理解课程的语义信息。

四、模型参数的选取与调试

模型参数主要分为两类：一是语料相关参数，二是算法相关参数。这些参数的选取对模型最终的结果都会产生一定程度的影响，所以需要通过多次实验来找到最适合的参数。常用的参数选致包括以下几种。

(1)语料相关参数的选取。模型中和语料相关的参数主要有学员的最大历史浏览次数以及标题最大词数目。由于学员的历史浏览次数以及每条标题分词后的词序列长度是不相同的,为了训练模型中固定大小的参数需要对输入的语料设置一个固定的长度。根据对数据统计的结果,模型选择相对比较平均的长度作为输入语料长度的参数,将最大历史浏览次数设置为5,将标题最大词数目设置为8。

(2)深度学习算法相关参数选取。深度学习算法的网络中有很多需要自定义的参数,例如训练的次数、词向量的维数、每个batch的大小、隐藏层神经元的数目、卷积神经网络中卷积核的大小以及学习速率等。本书参照已有的文献研究经验,经过实验测试,将模型训练过程中的主要参数设置如表7-7所示。

表7-7 常规参数选取结果

参数	主要含义	本书取值
词向量维数	输入特征维数	50
Epoch	指所有的数据送入网络中完成一次前向计算及反向传播的过程。神经网络中权重更新迭代的次数随着Epoch数量增多,根据具体实验情境进行调整,防止数据最终进入过拟合状态	100
Batch_size	批数据量(Batch_size),是每一批输入训练样本的数据量	256
Hidden_size	隐藏层状态的维数,即隐藏层节点的个数	100
L2正则化	正则化主要通过在原目标(代价)函数中添加惩罚项,对复杂度高的模型进行惩罚,用于控制模型的复杂度,减小过拟合。深度学习算法中用的比较多的正则化技术是L2正则化	0.01
学习速率	在训练过程中,根据训练轮数设置动态变化的学习率。通常,初始训练的学习率以0.01~0.001为宜。一定轮数过后逐渐减缓。在接近训练结束时,学习速率的衰减应该在100倍以上	0.001

续表

参数	主要含义	本书取值
Dropout	训练集带有噪声、学习速率的大小等问题都会使模型产生过拟合的问题,所以对于全连接层的神经网络通常会采用 Dropout 机制来预防模型陷入局部最优。在深度学习法网络的训练过程中,将神经网络单元按照一定的概率将其暂时从网络中丢弃,Dropout 取值在 0~1 区间,0 表示不 dropout。通过这种方式可以随机将一部分连接层的矩阵参数的值设为 0,使得模型重新优化目标函数并对参数进行更新	0.2
优化器	模型需要通过不断迭代来优化目标函数,以达到更好的性能。深度学习法相关的优化器算法的实践表明,Adam 可以计算每个参数的自适应学习率,节省了大量训练时间和资源,比其他适应性学习方法效果要好	Adam 算法

五、实验结果分析

基于上述数据进行实验,以及课程特征抽取与学员偏好抽取的不同模型进行验证。通过对不同的模型进行组合来实现完整的课程算法,并通过对实验结果进行对比来判断不同模型的效果。

(一)LSTM 模型结果

利用前文生成的训练集以及测试集对直连法+LSTM 模型进行测试,可以观察训练过程的损失和 AUC 值,训练过程如图 7—19 所示。

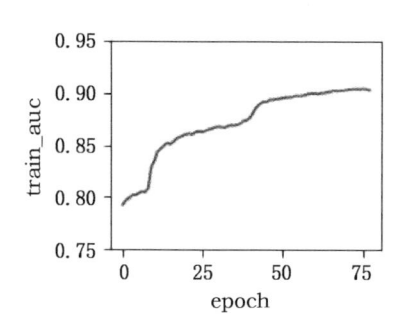

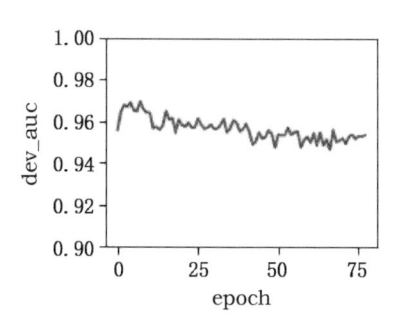

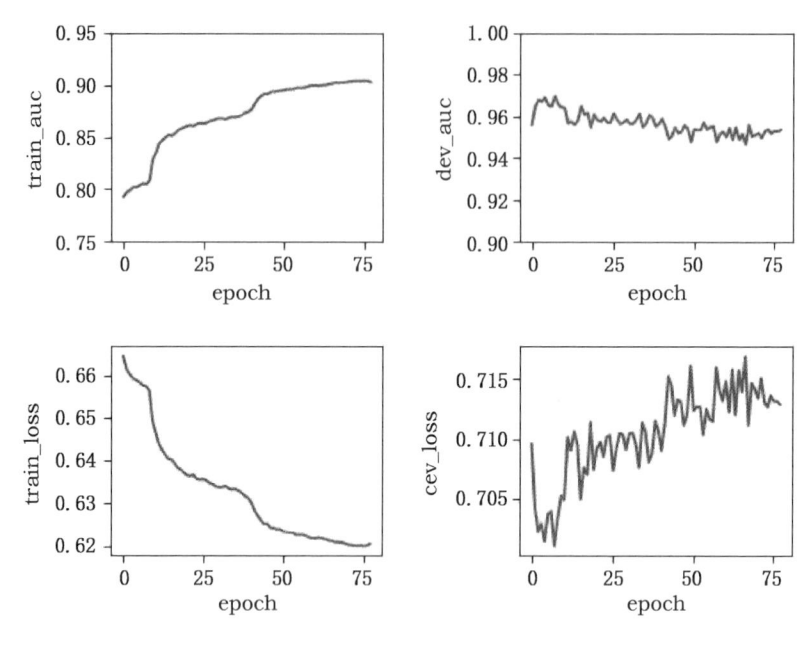

图 7-19 LSTM 模型训练过程

结果显示迭代到收敛状态时训练集的 ACCURACY 为 90.27%,开发集 ACCURACY 为 95.36%,测试集的 ACCURACY 为 95.55%,测试集 Hit@10 为 65.37%,表示有 65.37%正样本的推荐概率排在了所有正负样本的前 10 位。测试集 Avg_rank 为 22.05%,表明平均情况下正样本的推荐概率排在正负样本的前 22.05%。实验结果如表 7-8 所示。

表 7-8　　　　　　　　　直连法+LSTM 模型实验结果

	Precision	Recall	F1	合计	Accuracy	Hit@10	Avg_rank
负例	0.99	0.96	0.98	10 238			
正例	0.25	0.63	0.36	205	0.955 5	0.653 7	0.220 5
宏平均	0.62	0.80	0.67	104 43			

(二)CNN + LSTM 模型结果

利用前文生成的训练集以及测试集对 CNN+LSTM 模型进行测试,

可以观察训练过程的损失和 AUC 值，训练过程如图 7－20 所示。

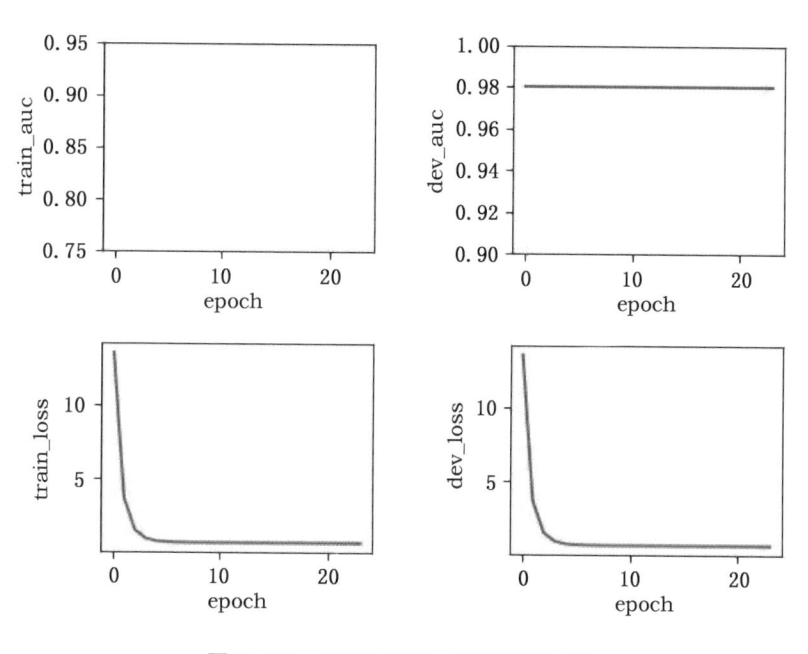

图 7－20 CNN＋LSTM 模型训练过程

由于 CNN 增加了模型的参数，所以相比直连法＋LSTM 模型的收敛速度较慢。模型迭代到收敛状态时，训练集的 Accuracy 为 70.57％，开发集 Accuracy 为 98.04％，测试集的 Accuracy 为 98.04％，Hit@10 为 20.49％，Avg_Rank 为 50.96％。

与无 CNN 情况对比，各项指标均存在明显的下降，而且从表 7－9 中正例行可以看出此模型对正样本完全失效，而其准确率较高完全是因为数据不平衡，模型将所有样本都分类为负样本所致。因此，使用 CNN 处理课程标题是不合适的，对课程标题的卷积可能破坏了原来文本中的一些关键信息。实验结果如表 7－9 所示。

表 7－9   CNN＋LSTM 模型结果

	Precision	Recall	F1	合计	Hit@10	Avg_rank
负例	0.98	1.00	0.99	10 238		

续表

	Precision	Recall	F1	合计	Hit@10	Avg_rank
正例	0.00	0.00	0.00	205	0.204 9	0.509 6
宏平均	0.49	0.50	0.50	10 443		

(三) LSTM+CourseAttention 模型结果

利用前文生成的训练集以及测试集对直连法+LSTM+Attention模型进行测试,可以观察训练过程的损失和 AUC 值,训练过程如图7-21 所示。

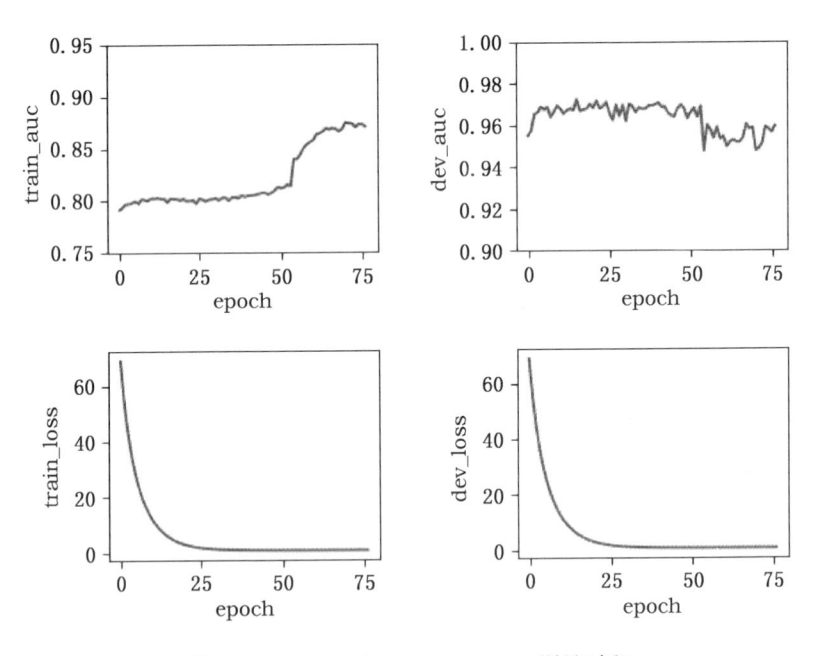

图 7-21 LSTM+CourseAttention 训练过程

模型迭代到收敛状态时训练集的 Accuracy 为 87.03%,开发集 Accuracy 为 95.93%,测试集的 Accuracy 为 96.10%,Hit@10 为 66.34%,Avg_Rank 为 20.36%。

相比于未使用 Course Attention 机制的 LSTM 模型,此模型在准确率、Hit@10 和 Avg_Rank 指标上均有提高。表明 Attention 机制在刻画不同待推荐课程对学员偏好的影响，实现对学员兴趣多样性的抽取方面确实产生了正向的影响，如表 7-10 所示。

表 7-10　　　　　　直连法＋LSTM＋Attention 模型结果

	Precision	Recall	F1	合计	Hit@10	Avg_rank
负例	0.99	0.97	0.98	10 238		
正例	0.26	0.52	0.34	205	0.663 4	0.203 6
宏平均	0.62	0.75	0.66	10 443		

（四）LSTM＋Job Semantic 模型结果

利用前文生成的训练集以及测试集对 LSTM＋工作岗位语义信息模型进行测试，可以观察训练过程的损失和 AUC 值，训练过程如图 7-22 所示。

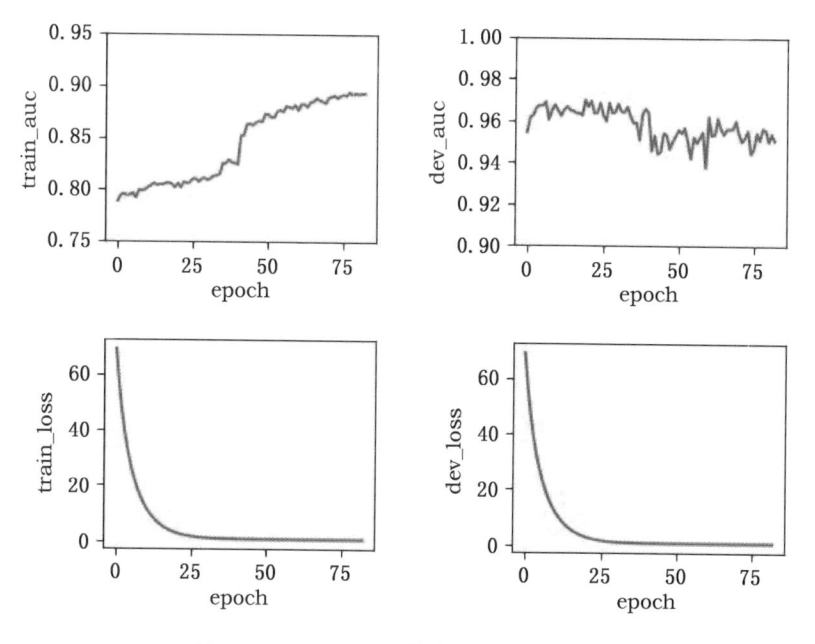

图 7-22　LSTM＋工作岗位模型训练过程

模型迭代到收敛状态时训练集的 Accuracy 为 89.15%，开发集的

Accuracy 为 94.04%,测试集的 Accuracy 为 94.924%,Hit@10 为 72.20%,Avg_Rank 为 19.22%。

与前文的 LSTM 模型、LSTM+CourseAttention 模型相比,此模型准确率略有下降,而 Hit@10、Avg_Rank 指标效果有所提升。其中准确率用来衡量模型对单一样本的分类准确率,而 Hit@10、Avg_Rank 则用于衡量批量推荐时的总体推荐效果。考虑到现实中往往采用的是批量推荐,因此,本书认为引入岗位语义信息的模型推荐效果更好(见表 7-11)。

表 7-11　　　　　　　　LSTM+工作岗位信息实验结果

	Precision	Recall	F1	合计	Hit@10	Avg_rank
负例	0.99	0.96	0.97	10 238		
正例	0.22	0.62	0.32	205	0.722 0	0.192 2
宏平均	0.61	0.79	0.65	10 443		

(五)LSTM+Plan Attention 模型结果

利用前文生成的训练集以及测试集对企业计划 LSTM+Plan Attention 模型进行测试,可以观察训练过程的损失和 AUC 值,训练过程(见图 7-23)。

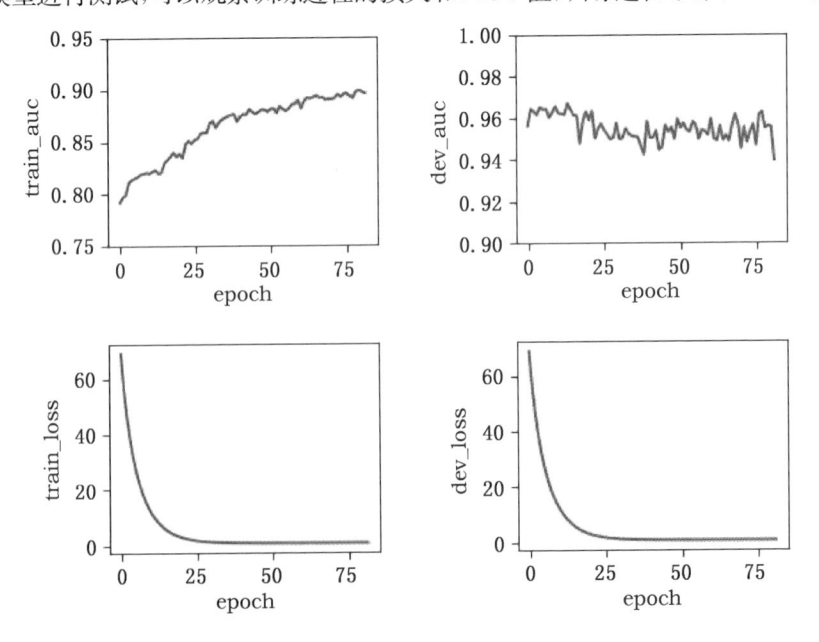

图 7-23　LSTM+PlanAttention 训练过程

模型迭代到收敛状态时训练集的 Accuracy 为 89.54%，开发集 Accuracy 为 93.95%，测试集的 Accuracy 为 94.14%，Hit@10 为 75.12%，Avg_Rank 为 15.91%。

实验结果如表 7-12 所示。与前文模型相比，此模型同样准确率略有下降，但 Hit@10、Avg_Rank 均有较多提升。表明企业计划 Attention 有助于提升推荐效果。

表 7-12　　　　　　LSTM+企业计划 attention 模型结果

	Precision	Recall	F1	合计	Hit@10	Avg_rank
负例	0.99	0.95	0.97	10 238		
正例	0.20	0.65	0.30	205	0.751 2	0.159 1
宏平均	0.60	0.80	0.64	10 443		

(六) 混合推荐模型结果

利用前文生成的训练集以及测试集对混合模型进行测试，可以观察训练过程的损失和 AUC 值，训练过程如图 7-24 所示。

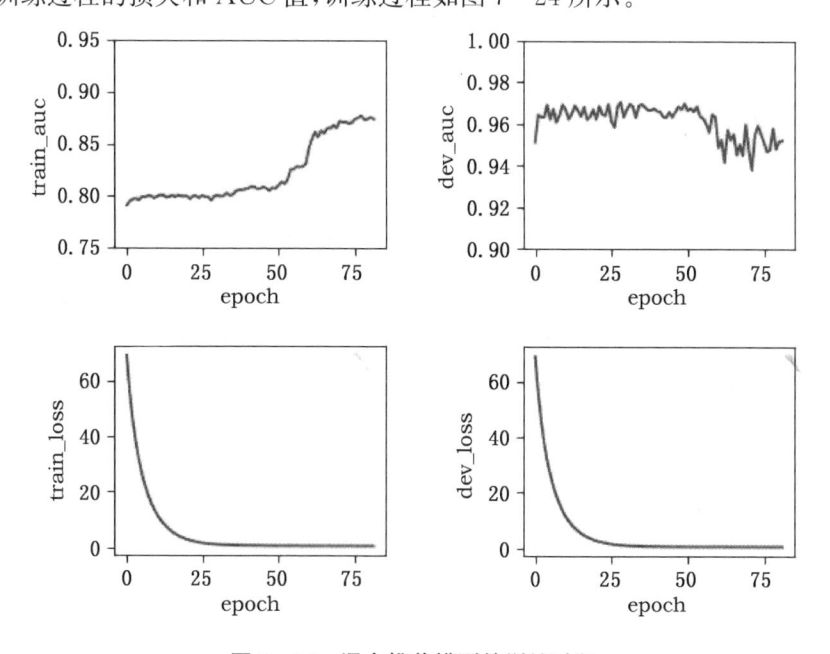

图 7-24　混合推荐模型的训练过程

由图可知，模型迭代到收敛状态时训练集的 Accuracy 为 87.40%，开发集 Accuracy 为 95.21%，测试集的 Accuracy 为 95.26%，Hit@10 为 67.32%，Avg_Rank 为 21.66%。

此模型的排序性能下降，Hit@10、Avg_rank 均低于其他改进模型。可能是由于模型过于复杂，导致难以得到有效的训练。模型结果如表 7-13 所示。

表 7-13　　　　　　　　　多重注意力模型结果

	Precision	Recall	F1	合计	Hit@10	Avg_rank
负例	0.99	0.96	0.98	10 238		
正例	0.22	0.56	0.32	205	0.673 2	0.216 6
宏平均	0.61	0.76	0.66	10 443		

六、模型结果对比

本书提到的所有模型的结果如表 7-14 所示。

表 7-14　　　　　　　　　模型结果对比

	模型	Hit@10	Avg_rank
1	LSTM	0.653 7	0.220 5
2	CNN+LSTM	0.204 9	0.509 6
3	LSTM+课程 Attention	0.663 4	0.203 6
4	LSTM+课程 Attention+工作岗位 Attention	0.722 0	0.192 2
5	LSTM+课程 Attention+企业计划 Attention	0.751 2	0.159 1
6	混合模型	0.673 2	0.216 6

首先，在对文本输入特征处理方面，从实验结果可以看出，在 LSTM 层之前使用 CNN 来处理课程标题文本效果不佳，可能是由于 CNN 的加入破坏了原本输入特征的一些关键信息，导致模型失效。

对比其他 LSTM 及其他引入注意力机制的改进模型可以看出，课程注意力机制、工作岗位语义信息以及企业计划注意力机制均能够有效提升模型效果，尤其是企业计划注意力效果最为显著。表明对于不同的待推荐课程不同注意力机制学员偏好发挥的作用会不同。但是当三种机制共同使用时，模型效果并没有得到提升。可能的原因是模型结构过于复杂，参数过多使得模型未能得到有效训练。从实验数据来看，目前是使用课程注意力机制和企业计划注意力的模型效果最好。

本章小结

为了更有针对性地进行知识服务的推荐，本章主要对基于深度学习的课程推荐模型进行了构建和实验。

基于学员用户的历史学习记录，利用词嵌入技术实现对课程文本的语义抽取，利用 LSTM 挖掘学员的偏好，构建了基础的课程推荐模型；设计企业计划注意力机制，将课程计划转化成词语级的向量，引入深度模型中，使得在推荐过程中能够关注到企业计划中的技术关键词；将工作岗位信息融合进深度学习模型，来兼顾学员岗位上的差异。实验发现课程注意力、企业计划信息、岗位信息对课程推荐均有一定的提升作用，其中企业计划效果最明显。

第八章　企业知识服务质量评价

第一节　引　言

企业开展知识服务质量的评价具有重要意义,有助于提升知识管理水平、增强创新能力和优化知识结构。

(1)提升知识管理水平。知识服务质量的评价能够帮助企业提升其知识管理水平。在知识经济时代,知识已经成为企业重要的生产要素之一,而知识管理则成为企业获取竞争优势的关键。通过评价,企业可以发现其知识管理流程中存在的问题,如知识的获取、存储、共享、应用等环节的不足之处,进而采取相应的措施进行改进。例如,完善知识库的建立,优化知识分类和检索方式,提高知识共享平台的使用效率等,从而提升整体管理水平。

(2)增强创新能力。知识服务质量的评价能够增强企业的创新能力。创新是企业持续发展的动力源泉,而知识的获取、整合和创新是推动企业创新的重要手段。通过评价,企业可以了解其创新流程中存在的问题,如缺乏创新意识、创新资源配置不合理等,并采取相应的措施进行改进。例如,加强创新意识的培养,提高创新团队的合作效率,鼓励员工积极参与创新活动等,从而提升企业的创新能力。

(3)优化知识结构。知识服务质量的评价能够优化企业的知识结构。

企业的知识结构直接影响到其业务发展和市场竞争能力,因此需要不断地进行优化。通过评价,企业可以了解其知识结构中存在的问题,如知识储备不足、知识老化等,并采取相应的措施进行改进。例如,加强知识获取的渠道建设,提高知识的更新速度,推动员工参加培训和学习活动等,从而提升知识结构的优化程度。

本章以评估企业知识服务质量为目标,建立在服务管理理论的基础之上,通过对比企业知识服务和公共服务的本质和内涵,借助服务管理理论著名的 SERVQUAL 服务质量评价模型,在模型的基础上选取在企业知识服务管理领域的合适指标,构建企业知识服务质量评价模型。通过问卷发放来收集企业员工对企业知识服务的满意度,根据数据结果对企业知识服务各个维度的满意度进行打分,最后得到企业知识服务效果的最终评分,评估企业知识服务的质量。最后,通过回归分析找出影响企业知识服务效果的重要影响因素,通过相关性分析从不同角度找出的改善企业知识服务质量的建议。

第二节 知识服务质量研究的现状

一、国外学者对服务质量的研究

20世纪70年代起社会经济开始从商品经济向服务经济转型,越来越多的学者开始总结研究关于服务行业的相关理论和方法。基于对实体商品和服务商品的不同特性,Batseon、Shostack、Berry 等人总结了服务的四大特性:差异性、同时性、无形性和易逝性,为服务管理理论的研究奠定了基础。之后大量的研究从服务的特征入手,建立服务质量评价模型。Sasser(1978)结合服务的特性,比如无形性、复杂性、瞬时性等特点提出服务的方式和服务的效果决定服务的质量。他们从消费者角度出发提出影响服务质量的因素,包括安全性、一致性、便利性和时效性等。Gronroos(1982)从心理学的角度提出服务的质量应该由消费者的主观感知来决定,因为服务的最终目的是满足消费者的需求,提出服务的质量取决于顾客对服务的期望和主观感受到的服务质量之间的差距。Parasuraman、Zeithaml 和 Berry 3 位学者(PZB,1985)提出服务的质量取决于 5 个因素:可靠性、保证性、响应性、移情性、有形性。Lin 和 chiu(2004)认为服务质量包括了便利性、舒适性、响应性、学习性和创新性 5 个维度。最终由 Parasuraman、Zeithaml 和 Berry 3 位学者提出的 SERVQUAL 模型成为运用广泛的的服务质量评价模型。

二、国内学者对知识服务质量评价的研究

关于知识服务的基本理论,较早研究这个理论的张晓林(2000)认为知识服务是服务提供方从知识的获取到知识的应用,建立在服务对象的需求和问题上,为服务对象提供专业的解决问题的方案。张秀珍(2002)将信息技术、数据智能化的管理纳入知识服务的概念中。孙成江(2002)指出知识服务除了解决相应需求的服务,通过多媒体学习、网上用户交互、讨论等方式形成了体验式的知识服务;周文辉(2015)提出知识服务的内容包括创新规划、需求管理、团队建设和流程规范四个要素,从四个角度将企业知识服务转化为企业的创新绩效。

对知识服务的质量评价,姜永常、陶颖(2005)认为在分析知识服务特征的基础之上,从知识服务所采用的服务资源、服务内容、服务方式、服务手段、服务对象、服务过程、服务人员和服务经营角度,探讨服务质量的全面控制问题。赵学金、吴育华(2009)将有形性、可靠性、响应性、保证性、移情性作为结构变量对知识服务的质量进行评价。于宏国(2010)等人从服务人员素质等 5 个一级指标,下设 18 个二级指标对知识服务的用户满意度进行评价。陈茗君(2012)提出基于图书馆知识服务质量的因素和对策分析,指出影响图书馆知识服务质量的因素有用户、馆员、知识资源、信息政策、信息环境、经费以及技术等因素。孙小鸥(2014)从 5 个一级维度、15 个二级指标、28 个三级指标来评价高校图书馆知识服务的质量。宋雪雁、张祥青(2018)等人提出用 MUSA 模型评估政府网站知识服务质

量用户的满意度。王萍、朱立香(2018)等人选取了 24 个政务微信公众号知识服务质量影响因素,从不同角度探究政务微信公众号知识服务质量。

关于评价模型和方法,运用到实际研究中的质量评价模型方法有结构方程模型、PZB 模型、SERVQUAL 模型和 ACSI 模型等。王宇栋(2016)运用 SERVQUAL 模型进行电子政务服务质量评价研究;步会敏、魏敏、林娜(2018)基于 SERVQUAL 模型对旅游景区服务质量问题研究。

对企业知识服务的相关研究总结可以发现,目前服务管理体系的理论研究相对成熟,借鉴服务质量评价的相关成熟模型,很多学者已经将服务质量管理运用到了各行各业的管理中,但是对于企业知识服务的研究侧重于知识服务体系建设、知识服务影响因素分析、知识服务转型等方面,研究的领域更多在图书馆和档案馆,关于针对企业知识服务的质量评价研究较少。

第三节 服务管理理论基础和相关概念

一、理论基础

(一)服务管理理论与 SERVQUAL 模型

随着社会经济的发展,服务业逐渐成为社会经济中的重要组成部分,商品经济不断向服务型经济转型,随着越来越多的人进入服务业,服务方提供的服务质量成为人们关心的重要问题。随着服务管理理论的成熟,越来越多的学者开始以评估服务行业质量为主题展开相关研究,服务质量管理就是通过科学的方法建立服务质量的评估模型,为服务提供方提供改善服务的建议。

服务是一种特殊的商品,其特点主要有无形性、瞬时性、复杂性等,不同于实物商品可以通过产品的参数来直接评估产品的质量,服务的质量很难用产品本身的特性来衡量,由于服务的根本目的是为了满足消费者的需求,有学者从心理学的角度提出消费者感知的服务质量评价模型,认为可以用消费者感知和消费者期望之间的差距来衡量服务的质量。Parasuraman、Zeithaml、Berry 3 位学者将服务质量分为五大要素：可靠性、响应性、保证性、移情性和有形性，最终构建了消费者感知服务质量模型，SERVQUAL 模型是量表式问卷的服务质量评价模型，从消费者实际感知的服务质量和消费者期望的服务质量两个维度展开，该模型通过计算消费者对服务质量的感知与对服务质量预期的差距来评价服务的质量。包含服务质量的五大影响因素，通过设计问卷调查的方式，服务的接受者对每一个问题进行评分，通过计算消费者感知和消费者期望之间的差距来衡量服务的质量。Cronin 提出在 SERVQUAL 模型的基础上不采用差距法，直接利用消费者对服务质量的感知来评价服务的质量，并且该方法的合理性被广泛验证。

(一)企业知识服务的特性

越来越多的企业开展面向企业内部员工的知识服务，希望通过提供这类服务，能帮助企业员工解决在工作中遇到的问题，提高企业员工的素质，从而为企业的战略服务。对企业员工来说，企业的知识服务满足了员工及时解决工作中遇到的问题和提升自己工作能力的需求，也满足服务的无形性、瞬时性、复杂性等特点，因此从服务管理的角度企业知识服务符合公共服务管理的概念。

随着电子信息技术的不断普及发展，企业开展知识服务的方式也变得多样化，可以通过线上、线下多种方式开展，服务的方式具有多样性。企业还能对提供的知识服务进行管理，包括通过将相应的数字化学习制度纳入考核方案等措施，不同的企业根据企业自身发展的实际情况对知识服务有不同的管理方式。企业员工对知识服务实效的感知可以从人才培养和人才储备的贡献度以及对企业战略发展的贡献度来体现，企业员工能够及时有效感知到企业知识服务的实效性。

二、企业知识服务质量的评价指标与概念模型的建立

由于知识服务与一般商品的服务不同，其质量评价是来源于用户的感知。企业知识服务是服务的一种特殊形式，是公共服务在企业这个特定的环境下的展现，既具有公共服务的特性，又与一般的服务有差别，共性是消费者参与服务的全过程、服务无形、易消逝等特点，区别于一般服务的特性是企业针对内部员工开展的专门服务，其服务的范围有限以及服务的内容形式根据不同公司的不同情况有一定的差异。因此可以借鉴服务管理理论的普遍理论原则，建立适用于企业知识服务质量模型对企业知识服务的实效进行评价。

企业员工使用知识服务平台，是基于工作场景的需要和自身成长的需要，因此对企业员工来说，企业提供的知识服务是否成功地应用到工作场景中，知识服务内容是否符合每一个员工的工作需求，在技术实现和制度制定方面的实施水平如何，知识服务的应用实效如何，这些都是企业员工可以在使用企业知识服务的过程中感知到的指标，可以从这几个维度来构建企业知识服务质量评价的指标。企业知识服务质量的概念可以定义为：企业提供的知识服务满足企业员工工作场景需求的满意度以及对企业发展有预期实效的满意度。

对企业知识服务质量的评价，借鉴服务质量管理理论，在企业知识服务实效评价中突出员工的满意度，体现知识服务给企业员工带来的价值，根据 SERVQUAL 模型的定义和特性，可以运用该模型来评估企业知识服务的质量。通过对该模型进行相应的调整和改正，得出适合评估企业知识服务的 5 个维度的指标，修正后的企业知识服务评价模型更具有针对性，基本覆盖了企业知识服务的全部内容。

基于上述讨论可知：企业知识服务作为服务在企业场景下的一个服务形式，对服务质量的要求符合传统的商业服务的性质，对企业知识服务质量的评估仍然可以沿用其他服务领域对服务质量的评估方法，即用户感知的服务质量来评估。因此，采用改进的 SERVQUAL 模型对企业知识服务的质量进行评估，基于对企业知识服务的特性和实际操作的简便性，本研究对服务的质量评价不涉及期望的服务水平，只利用 SERVQUAL 量表的消费者感知水平来评价企业知识服务的质量。

第四节 企业知识服务质量评价模型及其指标体系的构建

一、企业知识服务质量评价模型

(一)企业知识服务质量评价模型的建立

对 SERVQUAL 模型进行修正,使之能在理论上适合用来评估企业知识服务的质量,选取了感知性、移情性、可靠性、保证性和实效性 5 个维度为基础,寻找其在企业知识服务情境下的合理解释,构建了基于 SERVQUAL 的五个维度评价模型来对企业知识服务的质量进行科学评估。在模型中加入实效性的指标主要基于两方面的考虑:一是员工接受知识服务后能直接在工作过程中感知到该服务对工作的帮助,可以直接从是否提高工作效率来体现。除此之外,企业提高的知识服务是否符合企业的发展战略,企业员工也能从提供的知识服务是否有利于部门业务目标的实现来感知。二是开展知识服务能为企业的人才培养和战略发展提供帮助也是企业管理者的目标之一。因此加入实效性这个指标来作为企业知识服务质量评价的其中一个指标具有合理性和现实意义。5 个维度在企业知识服务语境下的基本含义如下。

(1)感知性。指消费者能够看得见、摸得着的服务。

(2)可靠性。服务方是否按照承诺提供相应的服务。

(3)保证性。指用户对企业提供的服务的信赖感和认同感。

(4)移情性。在服务的过程中考虑每一个消费者自身的实际情况提供定制化的服务。

(5)实效性。是指提供服务之后消费者能否及时感知到服务带来的效果。

(二)企业知识服务质量评价模型的特点

基于 SERVQUAL 模型改进的质量评价模型,从理论上参照了服务管理的相关理论,借鉴了商业服务质量评估的模型,并且结合企业知识服务的价值取向,以企业员工的需求和企业的目标为根本出发点,对企业知识服务背景下的相关指标进行定义。结合 SERVQUAL 模型的内涵,在操作上只选用消费者感知量表来衡量企业知识服务的质量评价,在操作上降低了服务质量测量的操作难度。在各个指标赋权的方法上,以用户实际感知为中心,根据用户的满意度来对各个指标进行赋权,避免了专家打分法和平均赋权法的局限性,并且不需要被调查者重复一回答个问题,增加了问卷数据的可信度,在实际运用中更具可操作性。

二、企业知识服务质量评价指标体系的构建

(一)指标建立以及指标意义

使用 SERVQUAL 模型的理论原理从感知性、可靠性、保证性、移情性和实效性 5 个维度来建立企业知识服务的实效评价模型。基于 SERVQUAL 模型各个维度的内涵,创建了 17 个指标。

感知性是指能够看得见摸得着的服务设施,在企业知识服务中,这种有形性体现为员工能够直接使用知识资源来开展工作,包括知识管理系统,比如数据库、知识库、信息系统等;多元化的行业资源,比如线上慕课、行业研报、白皮书等;行业的前沿技术包括云计算、数据挖掘、深度学习、5G 知识等;知识图谱包括行业图谱、产品图谱、技术图谱等。这些知识资源在企业的应用水平能够直接体现员工在日常工作中对服务的感知程度。

可靠性是指服务提供方对承诺提供服务的履行能力,在企业知识服务中,表现为是否提供包括线上学习平台、是否构建内部知识问答社区、是否提供专门的信息技术支持,因此可以从企业是否提供此类的知识服务平台来保证知识服务的可靠性。

保证性是指企业员工对企业提供的知识服务的信赖感和认同感,如果企业有一套健全的知识管理体系,建立一些规章制度来保证知识服务实施的实效,比如定期组织员工进行学习与培训、建立内部培训制度、将

企业数字化的培训实效纳入岗位考核方案等措施，能提供员工对企业知识服务更高的认同和信赖感。

移情性是指是否根据用户需求提供定制化的个性化服务，在企业知识服务中体现为企业知识服务的内容推荐是否满足、不同员工不同部门的需求，主要体现在企业推荐的知识是否与岗位相关、是不是工作所需要的、是否帮助员工提升了专业能力，企业提供的专业知识之间是否具有关联性和系统性，企业提供的培养方案是不是独特的。

实效性是强调企业知识服务为公司带来的实际效果，也是企业开展知识服务最重要的目的，主要从两个方面来衡量，分别是对人才培养的贡献度和对企业战略发展的贡献度。因此基于 SERVQUAL 模型改进的企业知识服务效果评价模型包括感知性、可靠性、保证性、移情性和实效性 5 个维度，共 17 个指标项。

（一）指标构建及问卷测度项生成

评价模型从 5 个维度构建了 17 个指标，从理论上构建的模型架构，在实际问卷调查中，需要将每个指标在问卷设计时转化成可以测度的项，指标构建如表 8-1 所示。

表 8-1　　　　　　　　指标构建及问卷测度项生成

维度	编号	指标	问卷项
感知性—知识服务的应用水平	A1	知识管理系统的应用程度	我了解并使用知识管理系统（数据库、知识库、信息系统等）开展工作
	A2	知识资源的应用程度	我了解并使用多元化的知识资源（慕课、案例、行业研报、白皮书等）开展工作
	A3	前沿技术应用程度	我了解并使用行业前沿的技术（云计算、数据挖掘、深度学习、知识图谱、5G 等）开展工作
	A4	知识图谱的应用程度	我了解并使用知识图谱（行业图谱、产品图谱、技术图谱等）开展工作

续表

维度	编号	指标	问卷项
移情性—知识服务的内容推荐	B1	推荐内容相关性	企业为我推荐的专业知识是岗位相关的
	B2	推荐内容应需性	企业推荐的知识是我工作所需要的
	B3	推荐内容能力提升度	企业提供的知识帮助我提升了专业能力
	B4	推荐内容系统性	企业为我提供的知识之间具有关联性和系统性
	B5	推荐内容个性化程度	企业给我提供的培养方案是独特的
可靠性—知识服务技术支持	C1	在线学习平台	企业提供了在线学习的平台
	C2	知识问答社区	企业构建了内部的知识问答社区
	C3	信息技术支持	企业为员工学习提供了专门的信息技术支持
保证性—知识服务制度建立	D1	培训常规化	企业定期组织员工进行学习与培训
	D2	内部制度健全	企业学习培训内部制度健全
	D3	岗位考核方案	企业数字化培训纳入岗位考核方案
实效性—知识服务的实效	E1	对人才培养的贡献	企业知识服务对人才培养与人才储备的贡献度
	E2	对战略实施的贡献	企业知识服务对战略实施的贡献度

三、研究设计

(一)问卷设计

使用 SERVQUAL 模型设计测量指标之后,采用李克特 5 点指标评价体系,将用户对每一个指标的满意度分为 5 个量级,非常满意为 5 分,非常不满意为 1 分。

问卷由三部分组成:开头部分、个人信息部分、指标主体部分,开头部分为问卷的说明和背景介绍,个人信息部分为问卷填写者的基本资料,主体部分为问卷填写者对企业知识服务指标的满意程度,分别包括对知识服务的应用水平、知识服务的内容推荐、知识服务技术支持、知识服务的制度建立、知识服务实效的满意程度,一共包含 17 个测度项,问卷填写者需要分别对每一项满意度打分,一共有 5 个等级选项,得分越高表示被测试者对该项指标越满意。

基于本次研究的主题,以企业知识服务的对象企业员工为中心,针对企业员工发放问卷调查企业知识服务的满意度。问卷发放时间为 2021 年 2 月~2021 年 3 月,通过线上收集问卷的形式,对某企业的员工进行调查,一共收集问卷 943 份,有效问卷 943 份。

(二)描述性统计分析

运用 SPSS 统计软件进行数据分析,问卷填写者的基本资料如表 8-2 所示。

表 8-2　　　　　　　　频数分析结果

名称	选项	频数	百分比(%)	累积百分比(%)
性别	男	614	65.11	65.11
	女	329	34.89	100.00
年龄	20~30 岁	164	17.39	17.39
	31~40 岁	249	26.41	43.80
	41~50 岁	351	37.22	1.02
	50 岁以上	179	18.98	100.00
文化程度	大专	419	44.43	44.43
	大学本科	460	48.78	93.21
	研究生以上	64	6.79	100.00
部门	综合管控部门	158	16.76	16.76
	市场经营部门	280	29.69	46.45
	运营管理部门	106	11.24	57.69
	技术研发部门	116	12.30	69.99
	其他	283	30.01	100.00

续表

名称	选项	频数	百分比(%)	累积百分比(%)
职位	党委/经营管理层	14	1.48	1.48
	部门经理	180	19.09	20.57
	普通员工	749	79.43	100.00
工作年限	1年以下	45	4.77	4.77
	1~3年	70	7.42	12.20
	3~5年	48	5.09	17.29
	5~10年	109	11.56	28.84
	10年以上	671	71.16	100.00
合计		943	100.0	100.0

性别分布:受访者中女性员工为329人,占总受访人数的34.89%,男性员工为614人,占总受访人数的65.11%。

年龄分布:20~30岁占17.39%,31~40岁占26.41%,41~50岁占37.22%,50岁以上占18.98%;

文化程度:大专学历占44.43%,大学本科学历占48.78%,研究生学历及以上占6.79%;

部门分布:综合管理部门占16.76%,市场经营部门占29.69%,运营管理部门占11.24%,研发技术部门占12.3%,其他部门占30%;

职位分布:党委/经营管理层占1.48%,部门经理占19.09%,普通员工占79.43%;

工作年限:工作一年以下的占4.77%,工作1~3年的占7.42%,工作4~5年的占5.09%,工作6~10年的占11.56%,工作10年以上的占71.16%。

统计结果表明,问卷收集样本具有很好的代表性,样本的男女比例较为均衡、大部分被访者有较好的教育背景,被访者的年龄范围涉及广泛,基本涵盖各个不同岗位、不同级别的企业员工,在数据收集阶段基本不存在数据偏差的情况。因此该数据用于研究企业知识服务的质量评价具有较好的参考价值。

(三) 问卷信度检验

信度分析用来测量调查结果的稳定性和调查结果的一致性,问卷调查通常会因为外界环境的不同导致数据的不稳定性,因此为了保证问卷设计的合理性和结果的可靠性,通常需要对问卷结果做信度分析。

常用的方法有复本信度、重测信度、折半信度和克隆巴赫 α 信度系数,由于我们采用的是态度式、意见式量表问卷,因此采用克隆巴赫 α 信度系数来做问卷的信度分析。利用 SPSS 对 5 个维度 17 个指标进行信度检验,一共 943 份问卷数据。五个维度的克隆巴赫 α 信度系数分别为:0.917,0.953,0.770,0.909,0.924。问卷整体的克隆巴赫 α 信度系数为 0.909。问卷的各个部分和整体的克隆巴赫 α 信度系数都大于 0.7,表明问卷主体部分的内部保持很高的一致性,问卷数据信度质量很高,各个指标的 CITC 值均大于 0.4,问卷数据均处于可信范围内,收集的数据可以用于后续的研究。具体如表 8-3 至表 8-8 所示。

表 8-3　　　　　　　　　　感知性信度分析

指标	(CITC)	项已删除的 α 系数	Cronbach α 系数
知识管理系统	0.735	0.916	
知识资源	0.844	0.879	0.917
行业前沿的技术	0.813	0.890	
知识图谱	0.846	0.879	

表 8-4　　　　　　　　　　移情性信度分析

指标	(CITC)	项已删除的 α 系数	Cronbach α 系数
知识是岗位相关的	0.864	0.943	
知识是我工作所需要的	0.898	0.937	
知识帮助提升专业能力	0.900	0.937	0.953

续表

指标	（CITC）	项已删除的 α 系数	Cronbach α 系数
关联性和系统性	0.895	0.938	
培养方案是独特的	0.809	0.955	

表 8—5　可靠性信度分析

指标	（CITC）	项已删除的 α 系数	Cronbach α 系数
在线学习的平台	0.650	0.683	
内部的知识问答社区	0.734	0.574	0.770
专门的信息技术支持	0.543	0.859	

表 8—6　保证性信度分析

指标	（CITC）	项已删除的 α 系数	Cronbach α 系数
组织员工进行学习	0.825	0.866	
学习培训内部制度健全	0.842	0.851	0.909
纳入岗位考核方案	0.794	0.894	

表 8—7　实效性信度分析

指标	（CITC）	项已删除的 α 系数	Cronbach α 系数
人才储备的贡献度	0.859	—	
战略实施的贡献度	0.859	—	0.924

表 8—8　问卷信度分析

项数	样本量	Cronbach α 系数
17	943	0.964

（四）问卷效度检验

效度分析是衡量问卷能否准确有效地反映研究者想要研究的问题，反映问卷设计的科学程度和准确程度，效度越高越能反映出问卷对企业知识服务质量反映的准确程度。这里,效度检验是指本次问卷调查对企业知识服务质量水平的科学性和准确性程度的检验,效度越高表示调查越能反映出企业知识服务质量的相关性。在内容上通过对服务管理理论的理解和对企业知识服务内涵的分析,因此从内容上保证问卷设计的科学性。在结构效度上,通过 KMO 值检验和 Bartlett 球形检验来分析,运用 SPSS 计算问卷的 KMO 值,KMO 值为 0.962,表明该问卷数据适合进行因子分析。Bartlett 球形检验显著性小于 0.05,表示设定的企业知识服务质量 17 个指标之间的相关性非常大。因此从内容效度和结构效度上看问卷的各个指标设计和理论架构都上具有较好的一致性。具体如表 8—9 所示。

表 8—9　　　　　　　　　　　　效度检验

	KMO 值	0.962
Bartlett 球形度检验	近似卡方	170 82.814
	df	136
	p 值	0.000

(五)因子分析

采用主成分分析法,选取的主成分可以反映原始数据的大部分信息,而且所包含的信息不重复,用 SPSS 进行因子分析,结果如表 8—9,得出 5 个公共因子,累计变异解释程度为 85.45%,满足有效性的要求。

基于主成分分析,表 8—10 中因子 1 的含义是企业知识服务的保证性,包括企业内部制度的构建和主动推进员工知识学习的主动性。因子 2 的含义是企业知识服务的移情性,反映企业为员工定制提供个性化的服务。因子 3 的含义是企业知识服务的感知性,反映企业的知识服务在日常工作中的应用水平。因子 4 的含义是企业知识服务的可靠性,反映企业是否为员工的日常学习提供平台和服务支持。因子 5 反映企业的信息技术应用水平,反映企业是否将现代化的信息技术用于构建企业的知识服务平台。

基于主成分分析的结果,5 个主成分与前面理论设计的 5 个维度的影响因子保持一致,并且 5 个主成分累计解释的总方差为 85.45%,因此说明问卷的结构设计与理论模型在结构上具有严格的相关性和一致性。具体如表 8—11 所示。

表 8—10　　　　　　　　　方差解释率表格

编号	特征根	方差解释率%	累积%	特征根	旋转前方差解释率 方差解释率%	累积%	特征根	旋转后方差解释率 方差解释率%	累积%
1	11.197	65.865	65.865	11.197	65.865	65.865	4.108	24.165	24.165
2	1.411	8.297	74.162	1.411	8.297	74.162	3.846	22.623	46.788
3	0.712	4.189	78.351	0.712	4.189	78.351	3.702	21.776	68.564
4	0.664	3.908	82.259	0.664	3.908	82.259	1.615	9.497	78.061
5	0.543	3.195	85.455	0.543	3.195	85.455	1.257	7.393	85.455
6	0.364	2.140	87.595	—	—	—	—	—	—
7	0.292	1.716	89.311	—	—	—	—	—	—
8	0.271	1.596	90.907	—	—	—	—	—	—
9	0.243	1.427	92.333	—	—	—	—	—	—
10	0.216	1.268	93.602	—	—	—	—	—	—
11	0.192	1.132	94.734	—	—	—	—	—	—
12	0.187	1.102	95.835	—	—	—	—	—	—
13	0.178	1.050	96.885	—	—	—	—	—	—
14	0.166	0.977	97.862	—	—	—	—	—	—
15	0.129	0.759	98.620	—	—	—	—	—	—
16	0.126	0.742	99.363	—	—	—	—	—	—
17	0.108	0.637	100.000	—	—	—	—	—	—

表 8-11　　　　　　　　旋转后因子载荷系数表格

指标	因子1	因子2	因子3	因子4	因子5	共同度
知识管理系统	0.153	0.260	0.732	0.365	0.086	0.767
知识资源	0.249	0.231	0.850	0.055	0.106	0.852
行业前沿的技术	0.239	0.241	0.808	0.168	0.088	0.804
知识图谱	0.276	0.226	0.849	0.024	0.120	0.862
知识是和岗位相关的	0.306	0.764	0.300	0.294	0.125	0.870
知识是工作所需要	0.342	0.775	0.291	0.280	0.135	0.900
帮助提升专业能力	0.404	0.751	0.283	0.216	0.172	0.883
关联性和系统性	0.412	0.733	0.317	0.182	0.175	0.871
培养方案是独特的	0.499	0.606	0.415	−0.025	0.208	0.832
在线学习的平台	0.394	0.358	0.175	0.735	0.151	0.878
知识问答社区	0.534	0.392	0.301	0.462	0.269	0.815
信息技术支持	0.234	0.225	0.173	0.154	0.910	0.987
组织进行学习	0.625	0.370	0.267	0.380	0.209	0.787
内部制度健全	0.663	0.306	0.274	0.440	0.191	0.838
纳入岗位考核方案	0.762	0.299	0.303	0.177	0.205	0.835
人才储备的贡献度	0.762	0.393	0.276	0.136	0.187	0.865
战略实施的贡献度	0.780	0.394	0.280	0.197	0.008	0.881

第五节　企业知识服务质量评价结果

一、企业知识服务指标权重分布

各个维度对服务质量的影响是不一样的,对各个指标的赋权是评价模型的重要组成部分。最常见的办法有平均赋权法和专家打分法,具备一定的科学性,但个人主观性比较明显。基于实际考虑,采用每个维度的平均得分占各个维度加和总得分的比例来给各个维度赋权,得分高的维度说明消费者的满意度比较高,因此在总的满意度得分中占的比例也应该比较高。该方法排除了专家打分的主观性,同时以消费者的满意度为中心,考虑消费者在实际中真正感知到的各个维度的实际服务效果,具有一定的科学性和合理性。

通过计算 17 个指标的平均满意度 $X_i(i=1,2,3\cdots17)$,将每个维度的各个指标的加权平均满意度作为这个维度的满意度得分 $K_j(j=1,2,3,4,5)$,结果如下所示,经过修正后将评分转化为 100 分制。

$$K_j = (\sum_{i=1}^{n} \frac{X_i}{\sum X_i} \times X_i)/5 \times 100 \ (n \text{ 为第 } j \text{ 个维度包含的因子数})$$

根据每一个维度的得分占总得分的比重计算出每一个指标的权重 Y_j

$$Y_j = K_j / \sum_{j=1}^{5} K_j$$

可以得出评价企业知识服务的指标权重由高到低依次为可靠性、保证性、实效性、移情性和感知性。具体如表 8-12 和表 8-13 所示。

表 8-12　　　　　　　　　　5 个维度的平均数

结果	感知性	移情性	可靠性	保证性	实效性
平均值	3.226 5	3.771 6	4.04	3.97	3.88
修正后得分 K_j	64.53	75.432	80.8	79.4	77.6
权重 Y_j	17.09%	19.97%	21.39%	21.02%	20.53%

表 8-13　　　　　　　　　各个指标平均值和权重

名称	样本量	最小值	最大值	平均值 X_i	标准差	中位数	权重
知识管理系统	943	0	5	3.534	1.399	4	0.051
知识资源	943	0	5	3.121	1.482	3	0.056

续表

名称	样本量	最小值	最大值	平均值 X_i	标准差	中位数	权重
行业前沿的技术	943	0	5	3.266	1.438	3	0.049
知识图谱	943	0	5	2.985	1.520	3	0.051
知识是岗位相关	943	0	5	3.807	1.335	4	0.046
知识和工作所需要	943	0	5	3.863	1.265	4	0.059
帮助我提升专业能力	943	0	5	3.896	1.243	4	0.06
关联性和系统性	943	0	5	3.849	1.287	4	0.061
培养方案是独特的	943	0	5	3.443	1.476	4	0.060
在线学习的平台	943	0	5	4.218	1.129	5	0.054
知识问答社区	943	0	5	3.931	1.268	4	0.066
信息技术支持	943	0	5	3.971	1.866	4	0.061
组织进行学习	943	0	5	4.056	1.212	5	0.062
内部制度健全	943	0	5	4.051	1.218	5	0.063
纳入岗位考核方案	943	0	5	3.811	1.336	4	0.063
人才储备的贡献度	943	0	5	3.869	1.288	4	0.059
战略实施的贡献度	943	0	5	3.894	1.295	4	0.060

二、企业知识服务质量实效评价

通过943份问卷调查收集的数据样本测量得来的感知服务质量调查

信息，基于上述 5 个指标的权重分配，利用服务质量的计算公式 $SQ = \sum_{j=1}^{5} K_j Y_j$ 对各项指标感知服务的得分乘以权重，修正转化为 100 分的评分制，将其进行加和，就能得到企业知识服务质量水平的总得分。

计算得出企业知识服务质量得分情况为 75.996 分，我们选取 80 分以上为服务质量非常好，70~80 分为服务实效良好，60~70 分为一般，60 分以下为服务质量偏低。因此该企业的最终得分为 75.996 分，该企业提供的知识服务质量水平达到良好水平。

企业知识服务可靠性维度的得分为优秀水平，说明在企业知识服务的开展过程中，员工对企业承诺提供服务的履行能力满意度较高，企业提供的知识服务学习平台能基本满足员工学习和工作的需求。保证性、实效性的得分是良好偏上的水平，企业员工对于企业提供的服务的信赖感和认同感比较满意，员工对于企业开展知识服务在实际工作中的效果比较满意。企业可以不断改进相关知识服务的制度管理，使得制度建设更加人性化和科学化。移情性的得分为中等偏下水平，企业管理者还需要在考虑知识服务内容推荐个性化服务上更加精细化，真正基于企业员工的需求提供服务。感知性维度的得分较低，企业在开展知识服务后员工所学的知识真正运用到实际工作中的很少，企业知识资源的应用水平较低，企业应该将知识资源运用到平时工作中，提高知识资源的利用效率。

三、企业知识服务质量分析结果

（一）企业知识服务效果的回归分析

用回归分析方法分别从定性和定量的角度对调研的企业知识服务的感知质量情况进行影响因素的分析，能够为企业提供更多的信息，来提高所提供服务的质量。以企业员工感知到的企业知识服务实效性为因变量，其他指标作为自变量，探究影响企业知识服务实效性的影响因素。

1. 企业知识服务对人才培养贡献度的回归分析

运用逐步回归的方法找出企业知识服务对人才储备贡献度的影响因

素,结果如下表8-13,将问卷除去实效性维度以外的15个指标作为因变量,企业知识服务对人才培养与人才储备贡献的满意度为自变量进行逐步回归,经过模型自动识别,最终余下 B2、B5、C2、D1、D2、D3 共6项指标在模型中,R 方值为0.741,说明这6项指标一共可以解释74.1%的企业知识服务对人才培养与人才储备的贡献度感知项的74.1%变化原因,而且模型通过 F 检验(F=446.184,p=0.000<0.05),说明模型有效。另外,针对模型的多重共线性进行检验发现,模型中的 VIF 值全部均小于5,意味着不存在共线性问题,并且 D-W 值在数字2附近,因而说明模型不存在自相关性,样本数据之间并没有关联关系,模型较好。具体如表8-14所示。

表8-14　　　　　　　　　逐步回归分析结果

	非标准化系数 B	非标准化系数 标准误	标准化系数 Beta	t	p	VIF	R^2	调整 R^2	F
常数	0.144	0.081	—	1.776	0.076	—	0.741	0.739	$F(6,935)$ $=446.184,$ $p=0.000$
B2	0.142	0.030	0.139	4.805	0.000**	3.043			
B5	0.136	0.025	0.156	5.521	0.000**	2.884			
C2	0.081	0.031	0.079	2.618	0.009**	3.322			
D1	0.115	0.034	0.108	3.394	0.001**	3.644			
D2	0.198	0.035	0.187	5.727	0.000**	3.858			
D3	0.295	0.029	0.306	10.244	0.000**	3.225			

2. 企业知识服务对战略发展贡献度的回归分析

运用逐步回归的方法找出企业知识服务对企业战略贡献度的影响因素,结果如表8-14所示,以问卷除去实效性维度以外的的15个指标为因变量,企业知识服务对战略实施的贡献满意度为因变量进行逐步回归,经过逐步回归,最终余下8项指标在模型中,得到的模型的 R 方值为0.746,意味着这8项指标可以解释知识服务对战略实施的贡献度感知项的74.6%变化原因。另外,针对模型的多重共线性进行检验发现,模型中

VIF 值全部小于 5,意味着不存在共线性问题。D-W 值在数字 2 附近,因而说明模型不存在自相关性,样本数据之间并没有关联关系,模型较好。具体如表 8-15 所示。

表 8-15 逐步回归分析结果

	非标准化系数 B	标准误	标准化系数 Beta	t	p	VIF	R^2	调整 R^2	F
常数	0.186	0.082	—	2.279	0.023*	—			
B1	0.062	0.030	0.063	2.073	0.038*	3.439			
B3	0.105	0.036	0.101	2.923	0.004**	4.382			
B5	0.129	0.025	0.147	5.094	0.000**	3.052			$F(8,933)$
C2	0.161	0.032	0.157	5.099	0.000**	3.500	0.746	0.744	$=342.134$,
C3	−0.106	0.014	−0.153	−7.500	0.000**	1.529			$p=0.000$
D1	0.072	0.034	0.067	2.137	0.033*	3.656			
D2	0.256	0.035	0.241	7.417	0.000**	3.866			
D3	0.284	0.029	0.293	9.851	0.000**	3.248			

根据回归结果分析得知,服务的个性化定制、服务的可靠性和服务的保证性三个维度影响知识服务对人才培养的贡献度和企业战略发展的贡献度,

(二)企业知识服务质量满意度的影响因素

运用方差分析来衡量第一部分数据的性别、年龄、文化程度、部门、职位、工作年限、参加线下培训班次数及参加线上培训小时数是否对企业线上知识服务实效满意度产生显著影响。

问卷样本一共收集了 943 份,评价指标数为 25,比值大于 10,因此可以看成大样本数据,经过方差分析,比较性别、年龄、文化程度、部门、职位、工作年限、参加线下培训班次数、参加线上培训小时数对用户感知企业知识服务对人才培养贡献的满意度的差异性,得出不同企业知识服

对人才培养贡献满意度样本对于性别、年龄、文化程度、部门和工作年限共5项不会表现出显著性(p>0.05),意味着不同企业知识服务对人才培养贡献满意度的感知样本对于性别、年龄、文化程度、部门和工作年限均表现出一致性,并没有差异性。另外,企业知识服务对人才培养贡献满意度感知样本对于职位,参加线下培训班次数、参加线上培训小时数共3项呈现出显著性(p<0.05),意味着不同企业知识服务对人才培养贡献满意度样本对于职位,参加线下培训班次数,参加线上培训小时数有着差异性,技术含量越高的职位对企业知识服务对人才培养贡献满意度越高,同时积极参加企业举办的线上线下培训活动的人对企业知识服务对人才培养贡献满意度越高。

表 8—14　　　　　　　　　　方差分析结果 1

	企业知识服务对人才培养与人才储备的贡献度(平均值±标准差)						F	p
	0.0(n=11)	1.0(n=46)	2.0(n=95)	3.0(n=181)	4.0(n=181)	5.0(n=429)		
性别	1.27±0.47	1.33±0.47	1.33±0.47	1.34±0.47	1.36±0.48	1.36±0.48	0.196	0.964
年龄	2.36±1.12	2.80±0.98	2.58±0.98	2.61±0.96	2.63±0.97	2.52±1.00	1.010	0.410
文化程度	1.73±0.47	1.63±0.61	1.64±0.63	1.65±0.62	1.69±0.59	1.58±0.61	1.129	0.343
部门	2.82±1.47	2.78±1.47	3.02±1.47	3.10±1.50	3.06±1.49	3.16±1.54	0.677	0.641
职位	3.00±0.00	2.91±0.28	2.78±0.47	2.83±0.38	2.72±0.51	2.76±0.46	2.481	0.030*
工作年限	4.18±1.40	4.52±0.98	4.45±1.07	4.44±1.12	4.48±1.07	4.27±1.24	1.415	0.216
线下培训班次数	2.55±1.29	2.17±0.97	2.43±1.03	2.81±1.05	3.10±1.14	3.35±1.22	18.978	0.000**
线上培训小时数	2.36±1.80	1.80±1.07	2.68±1.57	3.04±1.52	3.27±1.48	3.54±1.53	15.655	0.000**

利用方差分析去研究知识服务对战略实施的贡献满意度对于性别、年龄、文化程度、部门、职位、工作年限、参加线下培训班次数以及参加线上培训小时数共8项的差异性,从8—14表可以看出:不同知识服务对战略实施的贡献满意度样本对于性别、年龄、文化程度、部门和职位共5项不会表现出显著性(p>0.05),意味着不同知识服务对战略实施的贡献

满意度样本对于性别、年龄、文化程度、部门、职位均表现出一致性,并没有差异性。另外知识服务对战略实施的贡献满意度样本对于工作年限、参加线下培训班次数、参加线上培训小时数 3 项呈现出显著性($p<0.05$),意味着不同知识服务对战略实施的贡献满意度样本对于工作年限、参加线下培训班次数、参加线上培训小时数有着差异性。

根据分析结果可知,工作年限越长对企业知识服务对企业战略贡献满意度越高,积极参加企业举办的线上线下培训活动的人对企业知识服务企业战略贡献满意度越高,具体如表 8-16 所示。

表 8-16 方差分析结果

	知识服务对战略实施的贡献度(平均值±标准差)						F	p
	0.0($n=9$)	1.0($n=41$)	2.0($n=106$)	3.0($n=164$)	4.0($n=182$)	5.0($n=441$)		
性别	1.22±0.44	1.39±0.49	1.29±0.46	1.37±0.48	1.31±0.46	1.37±0.48	1.001	0.416
年龄	2.11±1.05	2.90±0.94	2.68±0.99	2.62±0.98	2.62±0.98	2.50±0.99	2.181	0.054
文化程度	1.78±0.44	1.61±0.59	1.58±0.65	1.63±0.61	1.70±0.59	1.60±0.61	1.007	0.412
部门	2.78±1.30	2.95±1.56	3.05±1.53	3.16±1.49	3.00±1.49	3.13±1.53	0.437	0.823
职位	3.00±0.00	2.90±0.30	2.78±0.46	2.79±0.41	2.74±0.50	2.78±0.45	1.425	0.213
工作年限	4.00±1.50	4.68±0.85	4.42±1.09	4.48±1.05	4.47±1.07	4.25±1.26	2.254	0.047*
线下培训班次数	2.56±1.42	2.05±1.00	2.51±0.95	2.82±1.08	3.10±1.19	3.32±1.21	17.580	0.000**
线上培训小时数	2.22±1.72	1.80±1.10	2.64±1.47	3.04±1.52	3.30±1.54	3.52±1.53	15.240	0.000**

四、结论与建议

通过对理论方法的总结,运用 SERVQUAL 模型建立对企业知识服务质量评价模型,根据企业知识服务的概念内涵及其特性构建评价指标,再生成调查问卷的内容开展调查,对收回问卷的数据结果做信度和效度的检验,计算出各个指标和不同维度的克隆巴赫 α 信度系数,最终检验结果表明,问卷的一致性良好。通过效度检验,得出问卷的 KMO 值,得出问卷适合用主成分分析法对问卷进行结构效度分析,证明设计的问卷对企业知识服务质量评价具有良好的解释性。

通过对企业员工进行问卷发放,进行企业知识服务质量的测评,收集企业员工对每一项指标的满意度,对问卷数据进行统计后,一共有 943 份有效问卷数据,通过主成分分析、回归分析、相关性分析,主要得到以下结论。

(1)企业知识服务的服务质量评分为 75.996 分,当所有指标都满足员工需求时,服务质量得分为 100 分,当前的服务质量水平虽然处于良好水平,但距离企业员工心中良好的服务状态还有一定差距。根据当前评估结果,可以采取一些方法不断改进企业知识服务的服务效果,提高员工满意度,对于得分项较高的指标应该采取相应措施,发挥优势。对于评分项低的指标应该补足短板。调查数据显示,评分项较高的指标是企业为员工提供了在线学习平台、提供了知识问答社区、提供了信息技术支持以及知识服务内部制度建立,说明企业在基础设施以及制度建设方面做得不错,但是知识的应用水平得分较低,说明提供的知识服务在日常工作中的应用程度还需要不断提高,需要企业不断将比较前沿的科学技术运用到工作中来,不断提高企业的资源利用效率。在知识服务的个性化推荐方面,也需要不断提高,关注业务部门的真正工作需求,向不同的部门员工提供不同的专业知识服务也是需要提升的一部分。

(2)通过回归分析,得出影响知识服务对人才培养的贡献度和知识服务对企业战略实施的贡献度的主要因素有服务的个性化定制、服务的可靠性和服务的保证性三个维度。企业管理层在衡量企业知识服务效果和设定相关服务考核指标时,可以借助当前企业知识服务影响因素的分析结果,抓住重点关注指标,推进企业更加科学化管理。服务的可靠性是知识服务的前提,衡量知识服务的实施程度;服务的保证性是指在知识服务提供的过程中是否制定相应的政策来保证服务的效果。个性化定制服务则贯穿服务的全程,需要从企业员工不同部门的业务性质出发,提供针对性的服务才能达到服务的效果。

(3)通过用户的基本信息对企业知识服务效果的相关性分析得知，技术含量越高的职位对企业知识服务对人才培养与人才储备的贡献满意度越高，同时积极参加企业举办的线上线下培训活动的人对企业知识服务对人才培养与人才储备的贡献满意度越高。他们工作年限越长对企业知识服务对企业战略发展贡献的满意度越高，积极参加企业举办的线上线下培训活动的人对企业知识服务对企业战略发展贡献的满意度越高。可以看出不同岗位的员工对企业知识服务效果的满意度不同，技术含量越高的岗位需要更多的专业知识，同时学到的技术在工作上能及时体现，因此越需要技术的岗位对企业提供的知识服务的价值感知度越高。相反，综合能力岗位的知识运用在工作中的体现有一个滞后性，工作效果的反馈没有那么及时，因此对于综合能力岗位的员工来说，对企业知识服务效果的感知度也就越低。工作年限越长对企业知识服务效果对企业战略贡献度的满意度越高，由于老员工熟悉企业的业务情况，相比于新员工更能了解企业的市场定位与战略发展，因此也就能更容易感知到企业知识服务对企业战略发展的贡献度。

基于调查问卷分析结果，可以在以下三方面进一步提升知识服务质量。

(1)提供个性化服务

通过问卷数据分析发现，企业知识服务的内容推荐满意度为3.77，由于问卷是态度式选项，诸多实践研究表明，选项结果会向前置选项偏移，因此实际对与企业知识服务内容推荐的满意度得分不足3.77。因此企业应在后续的调整过程中更加精细化地为员工提供知识服务，从不同的部门、职位、入职年限等角度出发，为员工定制满足自身需求的个性化知识服务。提高员工对知识服务的满意度，更好地服务于员工成长、服务于企业的战略发展。

(2)完善相关硬件设施和制度建设

问卷数据显示，企业提供完善的知识服务平台并且制定管理制度来规范知识服务的过程，知识服务的效果更能被员工感知到。因此通过给员工提供线上学习平台、知识问答社区以及提供信息技术支持能直接让员工接触有形的企业知识服务,制定相应政策,比如将数字化学习体系纳入员工考核标准、举办线上线下培训班,能够在知识服务的过程中及时得到员工的反馈,也能更好地调整企业的知识服务体系。

(3)提高企业知识服务的应用水平

在数据调查的结果中,企业的知识服务应用水平的满意度最低,说明企业在提供相应的知识资源服务之后,这些知识极少数被实际应用到工作场景中。企业应该构建完善知识资源应用的体系,将前沿技术应用到实际工作中,使得知识服务能够真正为企业的创新绩效提供帮助。

第九章　企业知识服务及数字化学习能力提升策略

第一节　引　言

党的十九届五中全会通过的《中共中央关于制定国民经济和社会发展第十四个五年规划和二〇三五年远景目标的建议》中，突出了新发展理念的引领作用，强调"把新发展理念贯穿发展全过程和各领域"。本章以新发展理念的视野就当前企业数字化学习能力的发展进行研究，深入剖析了D企业数字化学习发展的现状及问题，从五个层面展开对提升企业数字化学习能力的思考，创新构建以企业员工为核心的企业数字化学习能力模型，从构建数字化能力体系，提升资源运营能力、环境支持能力、内容构建能力、赋能和评估能力五个方面提出对策建议。

第二节　企业数字化学习能力的提升空间

D企业数字化学习以企业网上大学平台为载体，构建企业内部唯一覆盖全集团数字化学习平台，该平台于2003年开始投资建设并投入使用。数字化学习实现从线上学习管理、在线岗位技能认证开始，为企业提供有效的全局性学习管理与知识管理平台。面向企业实现战略转型和高质量发展的最新要求，以新发展理念的视野客观分析企业数字化学习能力存在的问题这有助于更深层次地分析根源,把准针对性解决问题的突破点。

一、数字化学习创新理念的深化

围绕数字化学习,企业数字化学习平台不断创新运用移动学习、微信端培训班小助手等新模式,实现了 PC 端、移动端的一体化学习运营管理。随着后疫情时代线上学习需求的持续增加、数字化学习实践转化的要求不断提升,以创新思维围绕平台协同、环境建设、资源开放和精准赋能中出现的新矛盾和新问题,具体问题具体分析,不断推进数字化学习理论模型创新和实践创新。

分析原因在于目前企业数字化学习平台发展传统线上化思维定式尚未全面打破,数字化学习运营在系统性分析与解决问题的能力方面还存在差距。在数字化运营中,需更强调"问题导向",通过发现问题、筛选问题、研究问题、解决问题,进而提出数字化学习的新模型和新思路。在数字化学习运营方面,需创新地将数字化学习思维贯穿到系统运营当中,推动线上学习向智慧学习的转变。

二、数字化学习平台协同的完善

从 D 企业数字化学习平台的学习资源的来源构成可以看出,每年由基层一线员工直接分享的各类经验和知识达到 10 万条左右,但仅有 5% 的内容会被组织整理并在平台展现,进入集团共享的学习资源库。基于一线员工的经验智慧、最佳实践案例等内容从数量上未能得到体系化的呈现,在知识共享上存在瓶颈,数字化平台的资源的协同度有待提高。此外,知识库规模化发展不够,师资库调用协同性不足。

在分析存在问题的原因中,可以发现数字化学习中台的作用发挥仍不明显,在激励优秀实践转化为知识沉淀的平台尚存不足,"互联网+"学习时代的 UGC(User Generated Content,用户生成内容)发展模式应用不够充分。根据集团战略占星要求,在数字化学习平台的构建中,基于集团公司学习平台和各省公司各系统,通过企业中台,逐步构建成为优势互补、高质量发展的优质学习资源,既发挥各经营单元的实践优势,又以全国一盘棋的协同理念,促进课程知识、最佳实践案例的快速流动和高效集聚。要配套建立有效的激励机制和体系保障,大力营造"我为人人,人人为我"的经验智慧共享氛围,促进一线优质学习资源的系统性梳理和沉淀。

三、数字化学习技术应用的加强

当前,随着虚拟现实、混合现实及增强现实技术的快速发展,该数字化学习技术已在国际化教学场景下被广泛应用。通过将人工智能和计算机动画相结合,通过模拟真实课堂教学场景,向教师提供更新颖、更直观和更生动的教学条件,有效地提高了教学效果。目前虚拟现实、混合现实及增强现实技术在企业的应用尚处于起步阶段,仅在企业学院及部分省红色教育基地有党性教育的"5G+VR(Virtual Reality 虚拟现实)"的体验。

产生此问题的原因在于目前在教学场景的组织设计中,未能对虚拟现实、混合现实及增强现实技术所带来的生动性和感染力教学优势充分地把握和应用。需要根据不同课程的授课设计特点,不同授课对象和授课预期进行分析评估,根据评估实际情况,采用新技术场景应用的嵌入式授课。从新技术应用的角度,缺乏对场景总体建设、场景设备配置和课程开发的总体规划和设计。同时,此类课程的普及还需与 VR 眼镜终端设备的普及紧密相关。

四、数字化学习资源共享的改善

从外部开放的角度看,数字化学习平台现已与省区市、行业优秀学习应用和资源平台实现互联互通,并将部分社会优秀资源向全企业开放共享。但从目前平台内容分类超过 157 个基准岗位、总计 2 万多门课程中,外部课程占比不到 20%。从内部开放的角度看,目前数字化平台已完成超过20个省份和单位的能力开放与对接,各项能力累计被调用次数超过57万次。但仍有近半数的集团二级省公司及专业单位未实现能力开放与对接的全覆盖,一定程度上存在学习能力重复开发。

形成此问题的原因在于践行共享新发展的理念不够深入,在学习资源的构建中,需要加大统筹集约力度,充分发挥数字化学习的开放性产业特征,更多更好引入市场化优质资源,更大范围覆盖企业体系内业务单元,充分实现资源共享,避免学习能力重复开发的资源浪费。

五、数字化学习赋能效果的提升

目前数字化平台CPCP(Customer+Product+Channel+Promote人员画像+内容供给+渠道推送+绩效提升)精准赋能已与销售助手、翼管店、智慧营维平台的CPCP内容对接,覆盖装维、政企、营业厅店长以及客户维系经理等族群,并已逐渐扩大影响范围。但从整个企业全岗位族群来看,建立集约、全面的人才标签库,向内部各平台共享更多管理或业务系统中的人才标签信息显得更加的紧迫。同时,数字化学习内容推荐的模型算法需进一步提高科学性。

究其原因,主要是生态化与智慧化精准运营的理念和导向不够明确,员工基础属性的数据源不够集中,动态更新不够准确,全面人才标签库需要进行体系化设计。在新技术应用的推荐模型的算法上,需全面结合员工基础属性信息与员工动态历史学习信息,形成科学推荐算法,为实现千人千面的个性化、多元化知识服务推荐提供精准性支撑。

第三节 提升企业知识服务质量的建议

一、企业知识服务资源建设与管理

坚持开放理念,应用数字化技术方法,更科学地构建学习内容,并加强外部合作建设,鼓励内部单位和一线员工共建共享学习内容资源。

1. 依托数字化技术方法,科学构建企业知识服务内容

通过数字化技术方法,从行业发展研究(含用户需求变化)、专业学科和技术前沿等方面,通过搜寻、组织和分析构建过程,采用大数据技术、文本挖掘的知识图谱方法等,准确搜集显性知识,深入挖掘隐性知识,形成学习知识图谱,确保企业学习资源库构建的系统性和科学性。

2. 强化资源共享与互通,建设内容生态

根据实证研究中对D企业现状的分析,需进一步加强多元化的知识资源和行业前沿技术知识资源,重点强化与行业外部知识资源的共享与互通,通过建设内容生态,实现知识资源的最大化拓展和使用。建议加强与权威智库、知名高效、顾问机构建立良好的沟通和合作渠道,引入动态最新、权威准确、有针对性的内容服务,通过加强内容生态建设,持续提升学习质量。同时,在合作中坚持平台互联、资源共享和数据互通。

3. 调动一线员工的积极性,共建经验知识库

把握"互联网+"在数字化学习发展的规律,搭建MOOC(massive open online course 大规模开放式在线课程)平台,积极组织广大一线员工总结分享工作中的经验及收获体会,系统性梳理其中的优秀知识内容,纳入知识库动态管理,通过平台最大范围内实现共享,促进知识快速转化。同时,建立分享共享的激励机制,使员工的知识分享实现价值体现。

二、企业知识服务推荐方法优化

坚持共享的发展理念,体现以人为本,实现精准赋能方面,实施标签化的精准画像,梳理个性化需求,依托数字化技术方法,提高赋能和评估的精准性。

1. 打通平台接口,丰富全量数据

推进数字化学习平台对接D企业生产作业系统,持续开放产品能力,清单化管理产品API接口,实现D企业各类软件自主对接学习平台资源接口;推进反向数据汇聚,通过集团各生产系统的数据融合,打通信息壁垒;通过数据开放,让数据流动和利用起来,助力学习培训向精细型

转变升级。

2. 标注人才标签,精准需求画像

从整个D企业全岗位族群的角度,建立集约、全面的人才标签库,向内部各平台共享更多管理或业务系统中的人才标签信息。依据人才标签标识,便于对员工进行精准的数字化需求画像,并根据个性化需求赋能学习资源。

3. 基于全息数据,改善算法推荐

在学习内容构建的基础上,针对不同员工的个性化学习需求,通过科学推荐算法精准推荐学习内容。推荐的精准性主要取决于员工个性化需求的精准画像和算法的精准性。对个性化需求的分析源于两方面:一是员工基础属性信息,如年龄、专业和岗位分类等情况;二是历史信息,包括员工的工作履历、专业履历以及历史学习记录信息,以上信息有助于对员工进行精准的学习画像。基于学习内容构建的知识图谱,采用协同过滤、深度学习等科学方法,构建精准的推荐算法。精准的推荐有助于实现对员工千人千面的个性化和动态化赋能。

三、企业知识服务评估与实施保障体系

学习效果评估是企业知识服务全过程中最重要的环节,是对内容构建和精准赋能的检验,将直接决定着该体系是否有助于企业战略及员工实现共同发展的有效性。

1. 强化企业员工双向评估

建立科学客观的双向评估机制,既包括员工在企业知识服务过程中的效果评估,也包括对企业构建知识服务的效果评估,使双向评估应用于双向迭代优化,持续优化提升企业内部知识服务体系。

2. 分级分类科学评估的层次

学习评估分四个层次评估:(1)反应层。学习者对于学习满意度的衡量。(2)学习层。学习者在完成学习之后的知识和技能的提升、态度的转变程度。(3)行为层。学习者在工作上对于学习内容的运用程度和行为

改变。(4)绩效层。学习者在工作上通过行为的改变从而改变绩效。

3.精确运用科学计量的方法

效果评估的科学性取决于影响因素的细化和评估模型的科学性。影响因素的细化主要围绕内容构建和推荐中的关键要素,通过采用多元线性回归计量模型实现对知识服务效果的评估。

四、企业知识服务新技术的持续应用

在当今时代,企业知识服务体系与生成式人工智能(Generative Artificial Intelligence)之间的关系日益密切。知识服务体系旨在有效地管理和利用企业知识资源,而生成式人工智能则通过强大的自然语言处理和机器学习技术,自动化地生成或优化企业知识服务。未来生成式人工智能将对企业知识服务提供更多的助力。

(1)知识管理

知识管理是企业知识服务体系的重要组成部分,它涵盖了知识的收集、存储、共享与业务需求相结合等多个方面。生成式人工智能可以运用自然语言处理技术,自动提取和整理大量信息,形成结构化知识库,方便员工查询和使用。同时,通过机器学习技术,对知识库中的信息进行自动分类和关联,提高知识管理的效率和准确性。

(2)智能咨询

智能咨询是企业知识服务体系中的一项重要功能,它能够帮助员工快速解决各种问题,提高工作效率。生成式人工智能技术可以通过自然语言处理和语义理解,自动回答员工的问题。此外,还可以利用知识图谱和深度学习技术,对咨询问题进行自动分类和预测,提供更加精准的答案。

(3)培训与发展

培训与发展是企业知识服务体系中不可或缺的一环。生成式人工智能技术可以通过自动分析员工的学习需求和绩效数据,为员工提供个性化的培训建议和发展规划。此外,还可以利用虚拟现实(VR)和增强现实(AR)技术,为员工提供沉浸式的培训体验,增强培训效果。

(4) 业务流程优化

业务流程优化是企业知识服务体系中的重要应用之一。生成式人工智能技术可以通过对业务流程的自动分析和优化，提高企业的生产力和效率。例如，在生产流程中，可以利用机器学习技术对生产数据进行自动分析，找出生产过程中的瓶颈和浪费，并提出优化建议。在客户服务流程中，可以利用自然语言处理和情感分析技术，自动回复客户的问题和反馈，提高客户的满意度和对客户的服务效率。

(5) 创新支持

创新支持是企业知识服务体系的重要发展方向之一。生成式人工智能技术可以通过对大量数据的自动分析和预测，为企业提供创新支持和建议。例如，可以利用深度学习技术对市场趋势进行自动分析和预测，帮助企业制定更加精准的市场策略。此外，还可以利用自然语言处理和文本生成技术，自动化地生成市场调研报告、产品说明书等文档，节省企业的时间和人力成本。

企业知识服务体系与生成式人工智能之间的关系密切而广泛。从知识管理到智能咨询，从培训与发展到业务流程优化，再到创新支持，生成式人工智能技术在各个领域都能发挥其独特的优势，推动企业知识服务体系的发展和提升。随着技术的不断进步和发展，两者之间的结合将更加紧密，为企业的持续发展和竞争优势的提升提供强大的支持。

第四节　提升企业数字化学习能力的思路分析

新发展理念是精准破解发展瓶颈和难题、塑造发展新优势、引领新阶段高质量发展的理论指导和实践指南，贯彻新发展理念要坚持解放思想，实事求是，与时俱进，求真务实。因此，基于以新发展理念对企业数字化学习能力问题的分析，从"创新""协调""绿色""开放""共享"五个理念的角度，来分析提升企业数字化学习能力的思路，进一步激发数字化学习能力的提升，提升数字化学习助力企业高质量发展的促进作用。

一、打造学习内容的系统性

以创新的理念打造数字化学习,要坚持马克思主义唯物辩证法的发展观,坚持用发展的观点来分析和判断事物。对数字化学习的内涵和外延要用发展的眼光来认识和判断,随着信息技术从计算机技术、网络技术、信息技术到人工智能技术的不断发展,数字化学习已不仅是学习内容的数字化、学习资源传播的数字化,而是学习过程的数字化。要通过创新发展的理念来深刻认识数字化学习的新内涵,把创新数字化学习能力的提升作为提高数字化学习高质量发展的根本动能。以创新理念统筹数字化学习的资源运营、环境支撑、内容建设和学习效果。

二、优化资源运营的协同性

协调是高质量发展的内生特点。在推进数字化学习的过程中,各省各单位的师资及课程资源不平衡。因此,要坚持一切从实际出发,用辩证方法认识"全局"和"局部"的关系,在数字化平台统筹资源运营全局资源的情况下,关注局部情况,将发展的重点放在解决发展不平衡不充分的问题上。提升解决数字化学习发展不平衡不充分的短板和薄弱环节的能力,正是高质量发展的巨大潜力所在。借助数字化技术的手段和资源运营的机制方式,促进数字化学习全局的协调可持续发展。

三、提升环境支撑的效益性

绿色是高质量发展的普遍形态。坚持绿色发展理念,坚持节约优先,全面提高资源利用效率。数字化学习通过信息技术提高学习传播的广度和效率,打破了时间和空间的限制,大幅降低单位边际成本,并大大节约了线下培训的成本。同时,无纸化学习的实施有效降低了纸质学习资料的成本。此外,要守住安全底线,数字化学习平台及技术安全能力保障是数字化学习实现高质量的重要前提保障。

四、构建内容资源的丰富性

开放是高质量发展的必由之路。坚持开放的理念就是要实施更大范围、更宽领域、更深层次的合作。在数字化学习的内容构建中,积极拓展市场化的视角,积极引入外部优质资源,面向行业的巨大潜力和广阔空间,坚持互利共赢开放策略,推动形成全面开放新格局。同时,积极推动内部体系的单位和一线员工的共建共享能力,强化机制保障。

五、促进学习效果的有效性

共享是高质量发展的根本目的。坚持以人民为中心的根本立场,体现以人为本。在精准赋能方面,实施标签化的精准画像,梳理个性化需求,匹配推荐针对性、专业化的学习资源,实现千人千面的精准推荐,凸显因人施教的效果。同时,通过科学的培训效果评估,对精准赋能进行迭代优化,确保精准有效。

第十章　总结与展望

第一节　总　结

企业员工的科技创造力是企业发展的重要驱动力。为打造企业人才核心竞争优势，不断提升企业科技创新能力，实现企业可持续发展，本书围绕企业服务体系开展了知识内容构建、知识精准推荐、知识服务评估三个方面的研究，具体研究工作如下。

在知识服务内容构建方面，本书以知识图谱作为知识服务内容及其之间联系的载体。通过构造知识图谱，描述知识之间的上下位关系及其他逻辑联系，为企业知识服务的部署实施提供科学可靠的技术蓝本。因此本书选取通信运营商行业，以当前热点 5G 技术为例，构造知识图谱，旨在探索企业知识图谱构建方法的可行性。本书采用 CRF、LSTM、BERT 等方法，构建 5G 命名实体识别模型，有效识别出与 5G 相关联的重要技术实体和关系，并采用可视化技术对知识图谱进行展示。

在知识服务精准推荐方面，企业内部知识服务内容的精准推荐是对员工知识服务质量的重要保障。为实现更精准的知识服务推荐，本书选取企业课程推荐这一具体场景，构建了企业培训课程推荐模型。首先根据学员用户的历史学习记录和学员用户的偏好构建初始课程推荐模型，然后本书逐步对初始模型进行改进。考虑到学员的历史学习记录对于判断是否接受待推荐课程是具有重要影响的,本书引入了课程注意力机制。除课程和学员间的关系外,本书还考虑到企业培训是以企业长期发展为目的,因此,本书设计了企业计划注意力机制,使得模型在推荐过程中能够关注到企业计划中的技术。最后考虑到学员与企业之间的关系,不同学员在企业中担任不同角色,因此本书引入了工作岗位的语义表示来兼顾学员岗位上的差异。最终在企业数据集上对比实验验证了模型效果。

在知识服务评估方面,本书基于双重视角设计了企业内部知识服务的评估体系,从企业的视角重点考虑知识服务提供过程的有效性;从员工的视角重点考虑知识服务的感知质量,基于相关理论及企业的实际状况构建企业内部知识服务评估的概念模型,基于企业的实际调研数据检验模型的有效性,并基于模型的实证结果提出知识服务的改进方向以及对策建议。

本书的主要研究贡献主要有以下几点。

(1)本书提出了企业内部知识服务体系框架,对知识服务的内涵与特点进行了分析并构建了分层的概念模型,从服务运营的视角对业务模型从过程层、方法层、资源层进行构建;从技术的视角对知识服务的逻辑架构进行了分析,并分析其运行逻辑。

(2)本书提出基于知识图谱的知识服务内容构建方法,可应用于企业内部知识服务的内容构建。首先数据源的采集方面具有代表性,能够将企业核心关注点与知识图谱的构建紧密结合。实体抽取运用 BiLSTM+CRF、BERT+CRF 等深度学习模型,在实体抽取上具有较高的准确性。同时利用 Neo4j 图数据库进行知识服务内容的存储、查询与可视化,能够有效地展现知识服务内容及其之间的联系。

(3)本书提出了面向企业内部知识服务的课程推荐模型,该模型能够兼顾企业、员工学员及企业课程三方面之间的联系,在基本的课程推荐的基础上还能够考虑企业战略计划及员工工作岗位等关键信息。本书对课程推荐模型进行了有效的改进,通过逐步递进的对比实验,实验结果表明,在初始课程推荐模型基础上引入课程注意力能够有效提高推荐模型的 Hit@10 准确率及平均排序效果。在此基础上，分别添加工作岗位信息、企业计划注意力机制也使得模型效果产生了不同程度的提高，其中企业计划注意力机制的作用较为明显。

(4)本书提出了知识服务评估体系，从企业视角和员工视角两方面对知识服务效果进行评价。研究发现，知识服务与工作需求的契合度、企业定期组织员工学习培训、企业学习培训内部制度健全、企业数字化培训纳入岗位考核方案等对提升企业知识服务对人才培养和战略实施具有显著影响。提出关于提升知识服务质量和数字化学习能力的对策建议，对企业更好地建立知识服务体系具有现实指导意义。

由于时间以及运算资源的限制，本书的研究工作尚存在一些局限性，具体表现在以下几方面。

(1)知识图谱构建方面，企业核心关注点不仅局限于技术层面，也不只是一个核心关注点，本书仅以 5G 技术为例进行了探索，还不够全面。在命名实体抽取环节，由于人工标注的数据量有限，结果的准确率和召回率还不够理想。未来可以再增加标注数据的质量，进一步提升抽取效果。

(2)知识服务推荐方面，由于所收集的数据中关于企业在线学习行为的记录不够全面，因此，仅利用了学员的历史学习数据和岗位信息与企业计划信息，今后还可利用更多维度的信息，进一步提升算法的推荐效果。此外，本书构造的图谱有限，未能建立较为全面系统的知识关联体系，今后还可以对课程之间的前后衔接关系等进行深入研究。

(3)在知识服务评估方面，由于企业内部知识服务相关的理论研究文献较少，因此在模型构建方面缺乏有力的参照，本书尝试从构建应用水平、内容推荐、技术支持和制度设计四个维度进行指标体系设计，但其普适性还需检验。回归模型的构建较为简单，今后还可引入更多的控制变量、中介变量以及调节变量，提升模型的稳健性。通过重要度—绩效分析法确定了当前各类指标的改进区间，随着知识服务的应用日益深入，该研究尚需更客观的数据进行动态检验。

本书在实证研究方面，主要以一家大型通信行业企业为对象进行实证研究。由于数据获取的原因,未开展更多行业及企业的研究。

第二节 展 望

未来还将有以下几个方面值得改进和进一步的探究。

在知识图谱构建方法上,本书主要运用了 LSTM、BERT 等监督学习的方法,今后将尝试采用半监督的深度学习模型,进一步提升实体抽取的效果。在关系识别方面,在今后的研究中可以运用深度学习与模式识别混合的方法进行抽取,以提升效果。

在知识服务推荐方面,可提升课程推荐模型的可解释性。目前采用的深度学习模型面临着推荐结果可解释性差的缺陷。但对于推荐问题而言,推荐结果的可解释性是十分重要的,例如,基于知识图谱的推荐更具说服力,有助于提升推荐结果的被接纳程度,基于知识图谱的可解释性的课程推荐模型是将来的一个主要研究方向。

在知识服务评估方面,随着历史数据的积累日趋完整,今后可以纵向追踪学员学习效果与其岗位提升和业绩改善等之间的关联,进行更为深入的分析。

在实证研究方面,后续将进一步扩大实证研究范围,拓展实证研究的视角,开展更多行业、更多企业的研究,更深层次地探索企业内部知识服务方法的规律和方法。

附录　知识服务调查问卷

尊敬的女士/先生：

您好！感谢您在百忙之中参与本课题组的问卷调查。本调查旨在探究影响知识服务效果的影响因素，为促进企业进行知识服务管理提供理论指导和政策建议。

本问卷采用匿名调查方式，所收集的数据会严格保密，仅供科学研究之用。同时为保证研究成果的实效性，请您如实填写。

第一部分　个人基本信息

(1)您的性别
□男
□女
(2)您的年龄
□20～30岁
□30～40岁
□40～50岁
□50岁以上
(3)您的文化程度
□大专

□大学本科

□研究生以上

(4)您所在的部门

□综合管控部门(财务、人力、行政)

□市场经营部门

□运营管理部门

□研发/技术部门

□其他

(5)您的职位

□党委/经营管理层

□部门经理层

□普通员工

(6)您的工作年限

□1年以下

□1~3年

□3~5年

□5~10年

□10年以上

(7)您每年参加公司组织的线下培训班次数

□0次

□1~2次

□3~5次

□5~10次

□10次以上

(8)您每年参加企业的线上培训的小时数

□10小时以内

□10~20小时

□20~30小时

☐30～40 小时
☐40 小时以上

第二部分　知识服务过程

请结合您所在单位的实际对以下问题进行评分,其中 0 表示没有,1 表示实行程度低,5 表示程度高,依次类推,请您选择合适的分值。

一、知识服务的建设与应用水平(　　)

QA1:我了解并使用知识管理系统(数据库、知识库、信息系统等)开展工作

QA2:我了解并使用多元化的知识资源(慕课、案例、行业研报、白皮书等)开展工作

QA3:我了解并使用行业前沿的技术(云计算、数据挖掘、深度学习、知识图谱、5G 等)开展工作

QA4:我了解并使用知识图谱(行业图谱、产品图谱、技术图谱等)开展工作

二、知识服务内容推荐(　　)

QB1 企业为我推荐的专业知识是与岗位相关的

QB2 企业推荐的知识是我工作所需要的

QB3 企业提供的知识帮助我提升了专业能力

QB4 企业为我提供的知识之间具有关联性和系统性

QB5 企业给我提供的培养方案是独特的

三、知识服务技术支持(　　)

QC1 企业提供了在线学习的平台

QC2 企业构建了内部的知识问答社区

QC3 企业为员工学习提供了专门的信息技术支持

四、知识服务制度设计(　　)

QD1 企业定期组织员工进行学习与培训

QD2 企业学习培训内部制度健全

QD3 企业数字化培训纳入岗位考核方案

五、知识服务效果(　　)

QE1 企业知识服务对人才培养与人才储备的贡献度

QE2 企业知识服务对战略实施的贡献度

参考文献

[1]岑咏华,季培培,韩哲.基于隐马尔科夫模型的中文术语识别研究[J].现代图书情报技术:2008(12).

[2]陈海强.数字化学习平台建设的现状及发展对策研究[J].职教论坛:2010(34)34—38.

[3]陈红梅.试析面向知识服务的图书馆管理创新机制[J].图书情报知识,2004(5):79—81.

[4]陈琳,王矗,李凡等.创建数字化学习资源公建众享模式研究[J].中国电化教育,2012(1):73—770.

[5]陈艳春.中小企业的知识管理及其创新[J].北方经贸,2014.

[6]陈英群.知识服务的主要特征及其发展趋势[J].河南图书馆学刊,2002(6):41—44.

[7]陈子豪.在线教育中个性化推荐课程算法的研究与实现[D].北京邮电大学,2018.

[8]陈祖琴,刘喜文,郑昌兴.面向科研跟踪推送的个性化知识服务模型[J].2015(1):78—83.

[9]程博辉.基于SERVQUAL的知识付费服务质量评估模型构建研究[J].创新科技,2019(2):25—30.

[10]程南清.基于本体的个性化知识服务系统的构建[J].计算机应用与软件,2019(9):240—243.

[11]丁晟春,侯琳琳,王颖.基于电商数据的产品知识图谱构建研究[J].数据分析与知识发现,2019(3):45—56.

[12]董迎光,张晓林.人才,教育与知识经济[J].现代企业教育,2000(4):26—27.

[13]杜也力,张开凤.知识服务的网络化模式构建及发展[J].图书情报通讯,2005(4):42-44.

[14]樊海玮,史双,张博敏,张艳萍,蔺琪,孙欢.基于 MLP 改进型深度神经网络学习资源推荐算法[J].计算机应用研究,2020(9):75-79.

[15]冯金慧,陶宏才.基于注意力的深度协同在线学习资源推荐模型[J].成都信息工程学院学报,2020(2):151-157.

[16]龚资.基于 OWL 描述的本体推理研究[M].吉林大学。

[17]何克抗.我国数字化学习资源建设的现状及其对策[J].电化教育研究,2009(2):52-54.

[18]何克抗.一场深刻的教育革命:e-Learning 与高等学校的教学改革[J].现代远程教育研究,2002(3):13-20.

[19]黄毅,王庆林,刘禹.一种基于条件随机场的领域术语上下位关系获取方法[J].中南大学学报:自然科学版,2013(77):355-359.

[20]霍顿.数字化学习设计[M].中译本,北京:教育科学出版社,2009.

[21]蒋勋,苏新宁,刘喜文.突发事件驱动的应急决策知识库结构研究[J].情报资料工作,2015(1):25-29.

[22]蒋勋,徐绪堪.面向知识服务的知识库逻辑结构模型[J].图书与情报,2013(6)23-31.

[23]柯清超.企业数字化学习:概念,研究框架与实践模式[J].远程教育杂志,2010(28)(1):49-54.

[24]李娜.基于 web 资源的企业知识服务研究[D].杭州:浙江理工大学,2012.

[25]李浩君,张广,王万良等.基于多维特征差异的个性化学习资源推荐方法[J].系统工程理论与实践,2017(11):2995-3005.

[26]李建,靖富营,刘军.基于改进 BERT 算法的专利实体抽取研究——以石墨烯为例[J].电子科技大学学报,2020(6):86-93.

[27]李克东.数字化学习(上)——信息技术与课程整合的核心[J].电化教育研究,2001(8):46-49.

[28]李向前,杨海成,敬石开等.面向集团企业云制造的知识服务建模[J].计算机集成制造系统,2012(8):1869-1880.

[29]厉小军,柳虹,施寒潇等.基于深度学习的课程推荐模型[J].浙江大学学报:

工学版,2019(11):2139—2145.

[30]刘桂锋,卢章平,化慧.图书馆大数据知识服务生态体系及其动力机制研究[J].国家图书馆学刊,2016(3):52—60.

[31]刘莉琼,叶平浩.国内数字化学习研究的知识图谱分析[J].现代情报,2014(11):119—125.

[32]刘铁园,谭金丹,常亮等.一种基于学习者偏好建模的个性化学习资源推荐方法.

[33]刘旋.基于谱聚类和LFM的选课推荐算法设计[J].现代信息科技,2020(1)14—16.

[34]刘知远,崔安欣.大数据智能:互联网时代的机器学习和自然语言处理技术[M].北京:电子工业出版社,2016.

[35]刘知远,孙茂松,林衍凯等.知识表示学习研究进展[J].计算机研究与发展,2016(2):1—16.

[36]陆凯华,李正华,张民.汉语上下位关系分类数据集构建和基准方法比较[J].厦门大学学报:自然科学版,2020(6):1004—1010.

[37]罗飞.基于云计算和IRS的在线课程推荐算法研究[J].信息技术,2019(6):43—46.

[38]马跃月,艾比江.企业设计知识服务系统的知识获取[J].新疆职业大学学报,2007.

[39]马建霞,袁慧,蒋翔.基于Bi-LSTM+CRF的科学文献中生态治理技术相关命名实体抽取研究[J].数据分析与知识发现,2020(4):78—88.

[40]马晓军,郭剑毅,线岩团,毛存礼,严馨,余正涛.结合词向量和Bootstrapping的领域实体上下位关系获取与组织[J].计算机科学,2018(1):67—72.

[41]倪煌斌.基于知识实体的课程推荐系统[D].沈阳:大连理工大学,2000.

[42]钮钦,谢友宁.知识服务观下企业大学信息生态系统建构及平衡管理[J].企业大学,2003(4):95—99.

[43]庞艳霞.基于学习序列和相似度距离分析的MOOC推荐技术[D].东华师范大学,2020.

[44]邱晗.网络环境下图书馆开展知识服务探析[J].情报探索,2005(3):95—97.

[45]任俊为.知识经济与图书馆的知识服务[J].图书情报知识,1999(999):12—13.

[46]石晶.中小型高科技企业绩效与知识服务体系知识投入关系研究[D].哈尔滨:哈尔滨工业大学,2010.

[47]史晓宇,林晓晨.知识服务研究现状综述[J].科技情报开发与经济,2013(19):155—157.

[48]孙成江,吴正荆.知识、知识管理与网络信息知识服务[J].情报资料工作,2020(4):10—12.

[49]孙佳伟,李正华,陈文亮,张民.基于词模式嵌入的词语上下位关系分类[J].北京大学学报:自然科学版,2019(1)1—7页.

[50]田红梅,王素青.构建图书馆学科知识服务的门户体系[J].情报理论与实践,2008(1)87—89.

[51]田红梅.试论图书馆从信息服务走向知识服务[J].情报理论与实践,2003(4):312—314.

[52]汤青,吕学强,李卓.本体概念间上下位关系抽取研究[J].微电子学与计算机,2014(6)68—71.

[53]托马斯达文波特等.信息技术的商业价值[M].中译本北京:中国人民大学出版社。2014.

[54]汪诚愚,何晓丰,宫学庆,周傲英.面向上下位关系预测的词嵌入投影模型[J].计算机学报,2020(5):868—883.

[55]王建虎,童名文,王芸,师亚飞.全球数字化学习:挑战、趋向及思考[J].远程教育杂志,2020(5):52—60.

[56]王蓉,李小青,刘军兰等.个性化学习空间优化及路径推荐研究[J].电子设计工程,2020(12):12—17.

[57]王思丽,祝忠明,杨恒,刘巍.基于模式和投影学习的领域概念上下位关系自动识别研究[J].数据分析与知识发现,2020(11):15—25.

[58]王素琴,吴子锐.利用LSTM网络和课程关联分类的推荐模型.计算机科学与探索,2019.

[59]王伟军.网络技术在商务英语教学中的应用[J].中国科技信息。2008(18):286—287.

[60]王曰芬,丁玉飞.基于知识进化视角的科学文献传播网络演变模型构建及仿真[J].情报学报,2019(9):966-973.

[61]王曰芬,李鹏翔.图书情报机构知识服务能力及评价研究(Ⅰ)——服务能力的内涵与构成[J].情报学报,2010(6):1087-1097.

[62]王曰芬,傅柱.大数据环境下知识表示与知识组织方法应用[J].数字图书馆论坛,2014(3):1.

[63]吴峰.企业数字化学习研究[D].北京:科学出版社,2016:8-31.

[64]吴峰.企业大学:当代终身教育的创新[J].北京大学教育评论,2016(3):163-174.

[65]武澎,王恒山.基于特征向量中心性的社交信息超网络中重要节点的评判[J].情报理论与实践,2014(5).

[66]吴婷,李明扬,孔芳.基于同义推理的篇章级实体上下位关系语料库构建[J].中文信息学报,2020(4)38-46.

[67]吴玉.构建面向东北地区中小企业的知识服务模式[J].图书馆学刊,2010(11):64-65.

[68]吴志祥,王昊,王雪颖,祁磊,苏新宁.基于奇异值分解的专利术语层次关系解析研究[J].情报学报。2017(5)473-483.

[69]徐建忠,朱俊,赵瑞等.基亏CRF算法的航天命名实体识别[J].电子设计工程,2017(6):42-46.

[70]徐孝婷,程刚.国内外企业知识服务研究现状与趋势[J].情报科学,2016(6):163-169.

[71]徐增林,盛泳潘,贺丽荣,王雅芳.知识图谱技术综述[J].电子科技大学学报,2016(4):589-606.

[72]颜端武,李晓鹏,王磊等.文本聚类中基于本体的相似性测度[N].东南大学学报,2016(4).

[73]杨俐.辽宁省中小型科技企业孵化平台的知识服务价值的延伸建设[J].经营管理者,2013(23):79-81.

[74]杨晓宏.拨开课改迷雾打造和谐教育[J].陕西教育:教育,2013(10):42.

[75]尤荻,戚安邦.科技企业孵化器知识服务互动模式研究——以天津市科技企业孵化器为例[J].科技进步与对策,2013(1):1-4.

[76]尤如春.高校图书馆在网络信息导航中的思想教育职能[J].江苏高教,2004(6):60－62.

[77]于丹阳.基于 SERVQUAL 的机构知识库服务质量评价模型构建[J].浙江高校图书情报工作,2012(6):6－8.

[78]于宏国,樊治平,张重阳等.一种知识服务客户满意度的评价方法[J].东北大学学报:自然科学版,2012(5):746－749.

[79]余小康,陈岭,郭敬等.结合从句级远程监督与半监督集成学习的关系抽取方法[J].模式识别与人工智能,2017(1):54－63.

[80]张晨童,张佳影,张知行,阮彤,何萍,葛小玲.融合常用语的大规模疾病术语图谱构建[J].计算机研究与发展,2020(11):2467－2477.

[81]张聪品,方滔,刘昱良.基于 LSTM-CRF 命名实体识别技术的研究与应用[J].计算机技术与发展.

[82]张海东,倪晚成,赵美静等.面向基础教育阶段的教学资源推荐系统[J].计算机应用,2014(11):3353.

[83]张丽,张晗.面向科技创新与战略决策的交通行业知识服务平台建设[J].数字图书馆论坛,2020(5):18－24.

[84]张鹏程.基于 LDA 用户兴趣模型的远程教育课程推荐方法研究[J].现代电子技术,2020(3):173－176.

[85]张庆华,彭晓英,杨姝.开放式创新环境下的企业知识服务体系研究[J].科技管理研究,2014(23):133－136.

[86]张森.图书馆协同创新型嵌入式知识服务模式构建研究[J].图书馆学刊,2020(11):64－67.

[87]张晓林.开放获取,开放知识,开放创新推动开放知识服务模式——3O 会聚与研究图书馆范式再转变[J].现代图书情报技术,2013(2)1－10.

[88]张晓林.走向知识服务—寻找新世纪图书情报工作的生长点[J].中国图书馆学报,2020(129):33－37.

[89]张兴旺,李晨晖.数字图书馆大数据知识服务体系协同设计研究[J].图书与情报,2015(3):61－70.

[90]李军峰,等.专利领域本体概念语义层次获取[J].情报学报,2014(9):986－993.

[91]章成志.基于文本层次模型的Web概念挖掘研究——基于概念语义网络的自动标引和自动分类研究[D].南京:南京农业大学,2002.

[92]朱华.基于多特征排序模型的网络课程推荐算法研究与应用[D].杭州:浙江大学,2017.

[93]朱娜.电信企业知识服务的应用[J].电信快报,2019(4)17-19.

[94]朱维乔.大数据环境下图书馆数据安全风险控制的SWOT分析[J].图书馆学刊,2016(11):4-6.

[95]周莹,刘佳,梁文佳,彭鹏.数字图书馆知识服务能力成熟度评价模型研究[J].情报科学,2016(6).

[96]张晓林.走向知识服务:寻找新世纪图书情报工作的生长点[J].中国图书馆学报,2000(5):30-35.

[97]姜永常.论知识服务与信息服务[J].情报学报,2001(5):572-578.

[98]尤如春.论网络环境下的知识服务策略[J].图书馆,2004(06):85-87.

[99]孙成江,吴正荆.知识、知识管理与网络信息知识服务[J].情报资料工作,2002(04):10-12.

[100]周文辉.知识服务、价值共创与创新绩效——基于扎根理论的多案例研究[J].科学学研究,2015,33(04):567-573+626.

[101]姜永常,陶颖.论知识服务质量的全面控制[J].中国图书馆学报,2005(1):65-70.

[102]赵学金,吴育华.基于结构方程的知识型服务质量的评价办法[J].电子科技大学学报(社科版),2009,11(3):32-36

[103]于宏国,樊治平,张重阳,等.一种知识服务客户满意度的评价方法[J].东北大学学报(自然科学版),2010,31(5):746-749.

[104]陈茗君.基于图书馆知识服务质量的因素和对策分析[J].现代情报,2012,32(2):64-66+70.

[105]孙小鸥.高校图书馆知识服务绩效评价研究[D].济南:山东大学,2014.

[106]宋雪雁,张祥青,管丹丹,王萍,李溪萌,刘伟利.基于MUSA模型的政府网站知识服务质量用户满意度实证研究[J].图书情报工作,2018(6):223:32-42.

[107]王萍,张韫麒,朱立香,宋雪雁,刘晓康,贾沣琦.政务微信公众号知识服务质量影响因素研究[J].图书情报工作,2018(6):223:43-50.

[108]王宇栋.基于SERVQUAL模型的电子政务服务质量评价研究[D].成都:电子科技大学,2016.

[109]步会敏,魏敏,林娜.基于servqual模型的旅游景区服务质量问题研究,中国农业资源与区划,2018.

[110]徐孝婷,程刚.国内外企业知识服务研究现状与趋势[J].情报科学,2016,34(06):163-169.

[111]苏新宁等.面向知识服务的知识组织理论与方法[M].北京:科学出版社,2014.

[112]吴峰.企业数字化学习研究[M].北京:科学出版社,2014.

[113]Willian Horton.数字化学习设计[M].吕峰,蒋立佳,译.北京:教育科学出版社,2009.

[114]杨清,游星雅,蒋向红.(2004).基于智能信息处理的数字图书馆知识服务系统的研究与设计.计算机工程与科学,2004(26)(10),11-14.

[115]刘晓强.E-Learning 知识共享与适应性应用环境研究[D].东华大学.2003.

[116]Alraddadi, A. S., Eid, E. E. M., 2012, "An Analiysis of the Effectiveness of E-learning in Corporate Trainning Programs", Elearning & Software for Education, Vol. 1, P4.

[117]Andryushechkin, V., Wood, I. D., Neill, J. O., 2017, "BiLSTM and SVR Ensemble to Detect Emotion Intensity", Workshop on Computational Approaches to Subjectivity, Sentiment & Social Media Analysis.

[118]Banko, M., Cafarella, M. J., Soderland, S., et al., 2007, "Open Information Extraction for the Web", Proc of the 20th Int Joint Conf on Artificial Intelligence, New York: ACM, PP 2670-2676.

[119]Borders, L. D., Fong, M. L., 2011, "Cognitions of Supervisors-In-Training: An Exploratory Study", Counselor Education & Supervision, Vol. 33(4), PP 280-293.

[120]Borders, A., Usunier, N., Garcia-Duran, A., et al., 2013, "Translating Embeddings for Modeling Multi-Relational Data", Proc of NIPS, MIT Press, PP 2787-2795.

[121]Borders, A., Weston. J., ColloBERT, R., et al., 2011, "Learnting

Structured Embeddings for Knowledge Bases", Proc of AAAI, AAAI, PP 301—306.

[122]Brown, C. , Reich, M. , Stern, D. , et al. , 1993, "Becoming a High-Performance Work Organization: the Role of Security, Employee Involvement and Training", *International Journal of Human Resource Management*.

[123]Callan, V. J. , Johnston, M. A. , Poulsen, A. L. , 2015, "How Organisations are Using Blended E-learning to Deliver More Flexible Approaches to Trade Training", *Journal of Vocational Education & Training*, Vol. 67(3), PP 294—309.

[124]Cohen, W. W. , Richman, J. , 2002, "Learning to Match and Cluster Large High-Dimensional Data Sets for Data Integration", Proc of the 2002 ACM SIGKDD Conf on Knowledge Discovery and Data Mining, ACM, PP 475—480.

[125]Davenport, T. , Smith, D. , David, E. , 2000, "Managing Knowledge in Professional Service Firms", The Knowledge Management Yearbook, PP 284—299.

[126]Delic, K. A. , Jeff, A. , Riley, 2009, "Enterprise Knowledge Clouds: Next Generation KM Systems", *Computer Science*, Vol. 28, PP 49—53.

[127]Di Noia, T. , Cantador, I. , Ostuni, V. C. , 2014, "Linked Open Data-Enabled Recommender Systems: ESWC 2014 Challenge on Book Recommendation", *Communications in Computer and Information Science*, Vol. 1(475), PP 129—143.

[128]Dodwad, P. R. , Lobo, L. , 2014, "A Context-Aware Recommender System Using Ontology Based Approach for Travel Applications", *International Journal of Advanced Engineering and Nano Technology*, Vol. 1(10), PP 8—12.

[129]Grad-Gyenge, L. , Kiss, A. , Filzmoser, P. , 2017, "Graph Embedding Based Recommendation Techniques on the Knowledge Graph", Adjunct Publication of the 25th Conference on User Modeling, Adaptation and Personalization, ACM, PP 354—359.

[130]Grant, R. M. , 1996, "Toward a Knowledge Based Theory of the Firm", *Strategic Management Journal*, Vol. 17, PP 109—122.

[131]Guy, S. C. , "Strategic Planning, Operational Analysis, Training and Staff Development for Knowledge Services", (9th April, 2015), http://www.smr0knowledge.com/knowl-edge.htm.

[132]Hertog, P. D., 2002, "Co-producers of innovation: on the role of knowledge-intensive business services in innovation", Productivity, Innovation and Knowledge in Services, Edward Elgar: Cheltenham, PP 247—250.

[133]Hu, J., Zhang, J., Zhang, C., et al., 2016, "A New Deep Neural Network Based on a Stack of Single-Hidden-Layer Feedforward Neural Networks with Randomly Fixed Hidden Neurons", *Neurocomputing*, Vol. 171(C), PP 63—72.

[134]Huang, N., Diao, S. H., 2008, "Ontology-Based Enterprise Knowledge Integration", *Robotics and Computer-Integrated Manufacturing*, Vol. 24(4), PP 562—571.

[135]Kuusisto, J., Viljamaa, A., 2004, "Knowledge-Intensive Business Services and Coproduction of Knowledge-the Role of Public Sector", Frontiers of E—Business Research, Vol. 1, PP 282—298.

[136]Jin, J., 2012, "Understanding Physical Activity Behavior in Inclusive Physical Education", Dissertations & Theses-Gradworks.

[137]Jyothi, N., Bhan, K., Mothukuri, U., et al., 2012, "A Recommender System Assisting Instructor in Building Learning Path for Personalized Learning System", Fourth International Conference on Technology for Education, IEEE.

[138]Kethavarapu, U. P. K. S. S., 2016, "Concept Based Dynamic Ontology Creation for Job Recommendation System", *Procedia Computer Science*, Vol. 85, PP 915—921.

[139]Kotlerman L, Dagan I, Szpektor I, Zhitomirsky-Geffet M., 2009, "Directional distributional similarity for lexical expansion", Acl-Ijcnlp Conference Short Papers16, PP69—72.

[140]Lao, N., Mitchell, T., Cohen, W. W., 2011, "Random Walk Inference and Learning in a Large Scale Knowledge Base", Proc of EMNLP. Stroudsburg, ACL, PP 529—539.

[141]Leino, Mirel, 2004, Value Creation in Professional Service Processes-Propositions for Understanding Value from a Customer Perspective, Publications of the Swedish School of Economics and Business administration.

[142]Lin, Y. F., Tsai, T., Chou, W. C., et al., 2004, "A Maximum Entropy

Approach to Biomedical Named Entity Recognition", Proc of the 4th ACM SIGKDD Workshop on Data Mining in Bioinformatics, ACM.

[143]Liu, S. Y. , Hsu, K. H. , Kuo, L. J. , 2013, A Semantic Service Match Approach Based on Wordnet and SWRL Rules", Proc of the 10th IEEE Int Conf on E-Business Engineering, ACM, PP 419—422.

[144]Liu, X. H. , Zhang, S. D. , Wei, F. R. , et al. , 2011, "Recognizing Named Entities in Tweets", Proc of the 49th Annual Meeting of the Association for Computational Linguistics, ACL, PP 359—367.

[145]Lu, C. , Laublet, P. , Stankovic, M. , 2016, "Travel Attractions Recommendation with Knowledge Graphs", European Knowledge Acquisition Workshop, Springer.

[146]Lu, E. H. C. , Fang, S. H. , Tseng, V. S. , 2016, "Integrating Tourist Packages and Tourist Attractions for Personalized Trip Planning Based on Travel Constraints", Geoinformatica, Vol. 20(4).

[147]Lucas, M. , Antonio, M. , Aida, V. , et al. , 2013, "E-Destination: Ontology-Based Personalized Recommendation of Tourism and Leisure Activities", *Engineering Applications of Artificial Intelligence*, Vol. 26(1).

[148] Marti, A. , Hearst, 1992, "Automatic Acquisition of Hyponyms from Large Text Corpora", PROC. OV COLING—92, PP23—28.

[149]Mbarek, R. , Zaddem, F. , 2013, "The Examination of Factors Affecting E-learning Effectiveness", *International Journal of Innovation & Applied Studies*, Vol. 2(4).

[150]Mccallum, A. , Wellner, B. , 2005, "Conditional models of identity uncertainty with application to noun coreference", Proc of Advances in Neural Information Processing System, MIT Press, PP 905—912.

[151]Miles, Ian, 2002, "Services Innovation: Towards a Tertiarization of Innovation Studies", Productivity, Innovation and Knowledge in Services, Edward Elgar, PP 164—196.

[152]Mohammed, B. , Wlison, W. , Liu, W. , 2012, "Ontology Learning from Text: A Look Back and into the Future", ACM Computing Surveys, Vol. 44(4).

[153]Moreno, A., Valls, A., Isern, D., et al., 2013, "Ontology-based Personalized Recommendation of Tourism and Leisure Activities", *Engineering Applications of Artificial Intelligence*, Vol. 26(1), PP 633—651.

[154]Niaraki, A. S., Kim, K., 2009, "Ontology Based Personalized Route Planning System Using a Multi—criteria Decision Making Approach", *Expert Systems with Applications*, Vol. 36(2), PP 2250—2259.

[155]Nonakai, Takeuchi, H., 1995, The Knowledge Creating Company, Oxford University Press.

[156]Oramas, S., Ostuni, V. C., Di, N. T., et al., 2017, "Sound and Music Recommendation with Knowledge Graphs", ACM Transactions on Intelligent Aystems & Technology, Vol. 8(2), PP 21.

[157]Palumbo, E., Rizzo, G., Troncy, R., 2017, "Learning User-item Telatedness From Knowledge Graphs for Top-N Item Recommendation", Eleventh ACM Conference on Recommender Sytems, ACM, PP 32—36.

[158]Parasuraman, A., 1988, "Customer Service in Business-to-business Markets: an Agenda for Research", *Journal of Business & Industrial Marketing*, Vol. 13, PP 309—321.

[159]Passant, A., 2010, Music Recommendations Using DB Pedia, Springer, PP 209—224.

[160]Pechsiri, C., Kawtrakul, A., 2007, "Mining Causality from Texts for Question Answering System", Transactions on Information and Systems.

[161]Perozzi, B., Al—rfou, R., Skiena, S., 2014, Deepwalk: Online Learning of Social Representations, ACM, PP 701—710.

[162]Popplewell, K., Stojanovic, N., Abecker, A., et al., 2008, Supporting Adaptive Enterprise Collaboration through Semantic Knowl-edge Services, Springer London, PP 381—393.

[163]Rau, L. F., 1991, "Extracting Company Names from Text", Proc of the 7th IEEE Conf on Artificial Intelligence Applications, PP 29—32.

[164]Roy, M., Wittstruck, N. A., 2012, Enhancing Enterprise Service De-sign Knowledge Using Ontology—based Clustering: U. S. Patent Application.

[165]Saint, Clair, Guy, et al. , 2002, "Knowledge Services: Financial Services and Budgeting", Information Outlook, Vol. 6(6), PP 26.

[166]Sarawagi, S. , Bhamidipaty, A. , 2002, "Interactive Deduplication Using Active Learning", Proc of the 2002 ACM SIGKDD Conf on Knowledge Discovery and Data Mining, ACM, PP 269—278.

[167]Sheth, A. P. , Ramakrishnan, C. , Thomas, C. , 2005, "Semantics for the Semantic Web: The Implicit, the Formal and the Powerful", International Journal on Semantic Web & Information Systems, Vol. 1(1), PP 1—18.

[168]Sheth, A. , 2003, "Semantic(Web) Technology in Action: Ontologydriven Information Systems for Search, Integration and Analysis", EEE Data Engineering Bulletin, Special issue on Mak-ing the Semantic Web Real, Vol. 26(4), PP 40—48.

[169]Socher, R. , Chen, D. , Manning, C. D. , et al. , 2013, "Reasoning with Neural Tensor Networks for Knowledge Base Completion", Proc of NIPS, MIT Press, PP 926—934.

[170]Snow, R. , 2005, "Learning Syntactic Patterns for Automatic Hypernym Discovery", *Proceedings of the Neural Information Processing Systems*, 17, PP1297—1304.

[171]Suchanek F M, Kasneci G, Weikum G. Yago, 2008, "A Large Ontology from Wikipedia and WordNet" , Web Semantics Science Services & Agents on the World Wide Web, 3, PP203—217.

[172]Palumbo E , Rizzo G , Raphaël Troncy. entity2rec: Learning User-Item Relatedness from Knowledge Graphs for Top-N Item Recommendation[C]// the E-leventh ACM Conference. ACM, 2017.

[173]Wang, M. , Liu, M. Y. , Liu, J. , et al. , 2017, "Safe Medicine Recommendation via Medical Knowledge Graph Embeddin".

[174]Yamamoto, S. , 2013, "Knowledge Collaboration through Enterprise Information Services", *Computer Science*, Vol. 22, PP 1038—1044.

[175]Zeithaml V. , Mary Y. M. 1996, Services Marketing, McGraw-Hill.

[176]Zhao, W. , Wang, W. , Yej, et al. , 2017, "Leveraging Long and Shory-term Information Incontent-aware Movie Recommendation".

[177]Zhu, Y., Lin, Liao, Y., et al., 2017, "What to do Next: Mode Ling User Behaviors by Time-Lstm", Twenty-SixthInternational Joint Conference on Artificial Intelligence.

[178]Zollo, M. W., Inter, S. G., 2002, "Deliberate Learning and the Evolution of Dynamic Capabilities", *Organization Science*, Vol. 13, PP 339—351.

[179]Bateson, J. E. G. "Why we nee services marketing. Ferrell", O. C., Brown, S. W., Lam b, C. W. (Eds). Conceptualand Theoretical Developments in Marketing. American marketing Association, Chicago, IL, 1979:131—146

[180]Shostack, G. L. "Breaking Free from Product Marketing". *Joumalo of Marketing*, 1977, 41(4):73—80

[181]Berry, L. L. "SERVICES Marketing Is Different."*Bussiness*, 1980, 30(5—6):24—29

[182]Sasser W E, Olsen R P, Wyckoff D D. "Management of service operations: text, cases, and readings." Allyn and Bacon, 1978.

[183]Gronoroos C. "A service quality model and its marketing implication."*European Journal of Marketing*, 1982 (4):33—44.

[184]HuangChang Chiu, "NengPai Lin. A service quality measurement derived from the theory of needs."*Service Industries Journal*, 2004, 24 (1):187—204

[185]Strother, J. B.. (2002). Anassessment of the effectiveness of e-learning in corporate training programs. *International Review of Research in Open & Distance Learning*, 3(1), N/A.

[186] Kuusisto, T., Kuusisto, R., & Armistead, L.. (2004). System Approach to Information Operations. European Conference on Information Warfare & Security.